供应链架构师

——从战略到运营

施 云 著

中国财富出版社

图书在版编目（CIP）数据

供应链架构师：从战略到运营／施云著．—北京：中国财富出版社，2016.4（2025.2 重印）

ISBN 978－7－5047－6046－3

Ⅰ.①供…　Ⅱ.①施…　Ⅲ.①供应链管理　Ⅳ.①F252

中国版本图书馆 CIP 数据核字（2016）第 028621 号

策划编辑　黄正丽　　**责任编辑**　徐　妍
责任印制　梁　凡　　**责任校对**　梁　凡　　**责任发行**　敬　东

出版发行	中国财富出版社（原中国物资出版社）		
社　　址	北京市丰台区南四环西路 188 号 5 区 20 楼	**邮政编码**	100070
电　　话	010－52227588 转 2098（发行部）		010－52227588 转 321（总编室）
	010－52227566（24 小时读者服务）		010－52227588 转 305（质检部）
网　　址	http：//www. cfpress. com. cn		
经　　销	新华书店		
印　　刷	宝蕾元仁浩（天津）印刷有限公司		
书　　号	ISBN 978－7－5047－6046－3/F・2540		
开　　本	787mm×1092mm　1/16	**版　　次**	2016 年 4 月第 1 版
印　　张	14.5	**印　　次**	2025 年 2 月第 14 次印刷
字　　数	309 千字	**定　　价**	52.00 元

作者简介

施云，厦门大学工商管理硕士（MBA），高级经济师、工程师，通过美国供应管理专业人士认证（CPSM），同时也是厦门大学中国供应链管理研究中心核心专家，中国物流与采购联合会专家委员。

自 2001 年以来，施云先生先后担任过国内知名消费类电子品牌产品设计师（拥有实用新型专利一项）、采购资源部主任；美资跨国企业供应链项目经理；英国上市航空航天制造企业采购分部经理、分厂厂长；美资世界 500 强企业亚太区部门负责人、全球流程负责人等职务。

施云先生是《全球采购》《新财经》《世界经理人》、万联网等相关杂志和网站的特约撰稿人。并在“2015（上海）制造业千人论坛”“2015（深圳）中国价值链创新高峰论坛”“2014（深圳）中国供应链创新高峰论坛”“2012（厦门）海峡供应链金融论坛”等多个大型论坛上担任过主持人或演讲嘉宾。

施云先生一直致力于学习和传播供应链管理知识，曾在美国、法国、英国、新加坡工作或进修供应链管理，并走访过十多个国家的数十家知名企业。他与厦门大学许志端教授等合著的多篇案例入选了“全国 MBA 教育指导委员会百强案例”，同时入选了加拿大毅伟商学院案例库（全球第二大案例库）并共享于哈佛案例库。

施云先生创立的微信公众号“供应链架构师”（SCM_ Art），坚持每周分享一篇原创性的供应链管理文章，获得了读者的广泛好评。

施云先生热心于公益活动，他所创立的厦门大学 MBA 供应链管理俱乐部坚持零会费运作，平均每月至少组织一次公益活动。创立近六年来，共组织了超过 80 场次的各类活动，成为了国内商学院中颇具影响力的专业俱乐部之一。除此以外，施云先生还是多个知名供应链管理相关协会的会员或顾问，例如 ISM（美国供应管理协会）、SCC（国际供应链理事会）、CFLP（中国物流与采购联合会）、SCOM（中国供应链与运营管理人俱乐部）等。

序　一

不以规矩，不成方圆

这几年，中国的经济发展碰到了瓶颈，不再意气风发，种豆得瓜，怎么做怎么顺了。从开疆辟土、粗放经营的开创期，一下子到了不得不思考战略、步步为营的稳健期。许多过去知道重要但不重视的东西，都从黄鱼翻身成了宝。譬如说供应链管理。

我原本以为这是个天赐良机，供应链学将得以发扬光大，“拨乱扶正”。但在参加了一些研讨会、培训课后，有些犹豫了。我发现学习供应链的专业经理人普遍陷入了几个误区，事倍而功半。

其一，是求新求快不求本，在供应链里找壮阳药。苦苦追问在大数据时代、电商时代、“一带一路”下，供应链该怎么做？其实，大数据是消费行为的统计分析；电商是订单模式的改变；“一带一路”是版图的蓝海，供应链的应对之道，都是最基本的架构的重整，流程的合理化。

其二，是见树不见林。许多人总认为他们面临的问题是特殊的，殊不知，他们的问题是供应链的问题；殊不知，他们的问题是供应链内的普遍问题；殊不知，他们的问题是供应链内的普遍得到了解决，并有最佳实例的问题；更不知，去哪里学习解决这些供应链内普遍得到了解决，并有最佳实例的问题。

其三，是望洋兴叹。供应链本来是累积实务经验、总结成功案例的学科，偏偏很多谈供应链的书都化简为繁，把它弄得艰深枯燥、虚无缥缈，让人看了不是更不懂，就是知难而退，搞成听都听过，但没看人做过的困境。

施云先生的《供应链架构师——从战略到营运》这本书，给这三方面的误区提供了一盏明灯。

这本书广阔地涉猎了供应链主要流程上的一些话题和理论，透过施先生多年实践经验的催化，淬炼出颠扑不灭的精华。从提纲挈领的架构篇，到图文案例并陈的战略篇和战术篇，篇篇都是理论实务加案例。读者可以把这本书当成入门，浏览全局，将整个供应链的框架置于城府之中，提升视野高广。也可以把它当成手册，细读自成一格的每一篇文章，再循着指引，找到解决问题的范畴，甚为实用。

我最推崇的是他创造的“架构师”这个名词，深得我心！不以规矩，不成方圆。架构流程不对，再怎么努力都是空的。从事供应链工作的人，都应以架构师自诩，从根梳理问题。倘若如此，这个天赐良机也不会糟蹋了！

费致修

费致修先生，前可口可乐装瓶集团 CEO（首席执行官），《费话连篇——从专业经理人到专业领导人》作者。

序　二

实践与理论的有机融合才是供应链管理的最高境界

大约是 3 年前的一个晚上，在厦门海湾公园泡吧的时候，当地朋友介绍本书的作者施云先生跟我认识，那个时候他已经是某世界 500 强企业的供应链管理高管。

当时对他印象不是很深，只记得他不太喝酒，话也不多，甚至是有点文静。

后来，在深圳紫荆山庄，中兴（ZTE）供应链搞了个年会，我是演讲嘉宾之一，施云是主持人，那个时候才感觉，他口才不错，说出来的话也很专业。

再后来，陆陆续续看到他写的不少文章，直到最近看到他的书稿，我才明白，在供应链管理领域，施云先生也是个“干活儿的人”，而且是个能够把实践与理论做到有机结合、融会贯通的人。这很不容易。

坦白地讲，在供应链管理领域，我见过很多人，我个人认为，大概可以分为三类。

第一类人比较多，尽管没有严格统计、分析过，但大体感觉，百分之七八十的供应链从业人员是典型的“经验主义者”，只知道埋头干活儿，不知道抬头总结。

这种人往往就是我说的那种“歪嘴和尚”，念出来的不是经，胡说八道的多。

第二类人则是另外一个极端，可能是读过几本供应链管理方面的书，或者是听过几堂课，或者是仅仅干过几天的供应链管理工作，然后就沾沾自喜，觉得自己就是供应链管理专家了。

这种人，基本上是只能说，不会练，说的也都是些照猫画虎的东西。

第三类人则是像施云、刘宝红等人，出身（工作过的公司）不错，受过专门的训练，既有丰富的实践经验，又肯动脑子总结，能够提炼出自己的东西，然后再回到实践中，并且指导自己的手下或者别人干活儿，这就是我说的“不容易”了。

这种人目前在国内不是很多。

我自己在供应链管理领域工作多年，一直身体力行，也写点文章、出出书，但还是对施云先生书中的许多观点、方法，感觉眼前一亮。

首先，作者是从一个供应链管理架构师的角度，来全面看待供应链管理问题的。这很不容易，因为前面说过，大多数人是只知道埋头干活儿，不知道抬头总结，施云先生很明显是跳出了这个怪圈。

如本书中提到的“零壹原则”对我本人也是启发很深，因为“后门风险”在很多公司的供应链管理实践中被忽视了，而这恰恰是设计供应链管理体系所必须要关注的问题。

其次，从战略到战术，从架构到实操，本书作者还分享了几个自己总结的实用工具，如供应链架构思维树（SATT）、供应链集成设计图（ISCB）、供应链控制图谱（SCCM）等，读者可以根据自己公司的业务模式、供应链场景，做进一步的延伸、应用。

书中还列举了大量的案例，无一不体现了作者的实践经验与总结。

印象比较深的是“维护客户关系管理（CRM）是浪费时间”的案例，非常到位，之所以让销售人员维护 CRM 数据，目的是更好地提前规划供应链，提高订单实际达成率。

这个案例很好地反映了很多企业的销售与供应链管理团队之间的关系，因为实际上销售与供应链之间是“对立、统一”的，销售不要总是抱怨供应链出不了货，供应链也不要总是抱怨预测不准确，客户订单总是变，大家都去做自己该做的事情，然后通过有效的供应链管理（如销售与运营规划流程，即 S&OP 等），把大家联结在一起，事情就会好办多了。

作者提出“库存不是魔鬼，不应被妖魔化，合理的库存是制造企业赖以生存的根本。在库存优化过程中，我们应当尽可能地去发现并解决导致库存过高的深层次问题，建立一套完善的企业库存预警系统，通过库存优化来帮助企业优化全供应链的价值流程，而不仅仅是局部的流程”。

这个观点同我提出的“从库存角度，全面透视企业供需链管理问题”的思想是一致的。

优化库存，并不等于为了降低库存而降低库存，而是为了持有合理的库存，以尽可能少的库存代价，满足尽可能多的客户需求，这是库存控制的根本出发点。而通过库存的优化，或者通过对库存问题的不断审查，我们就可以比较全面地发现供应链管理流程、体系问题，从而持续改善企业的价值链。

毕竟，无论是“物流”“资金流”还是“信息流”，最终都体现在库存上——库存少了，你断“物流”；库存多了，你断“现金流”。反正是，多了，少了，你都流不起来。

意犹未尽，但局限于篇幅，只能止笔于此，相信广大读者一定还会从本书中发现更多的亮点。

程晓华

程晓华先生，著有《制造业库存控制技巧》《CMO——首席物料官》；“制造业库存控制技术与策略”课程创始人、讲师；全面库存管理（TIM）咨询独立顾问。

序　三

掌握供应链管理的核心

施云跟我一拍即合，有很多共同之处——在供应链领域摸爬滚打多年，从未放弃学习和创新，抱着对供应链的热心，希望能为提升中国供应链水平贡献出一份力量，追求卓越，永不止步。

供应链就像一门艺术，虽然作为供应链人士，可能觉得这是个吃苦的差事，哪有什么艺术可言。但想想从计划、采购、生产、交付等各个节点，加上外部支持环境，到底应该怎样架构，怎样运筹，怎样将每一环节做好，又在整体上衔接得天衣无缝，怎不是一门艺术？

施云是我所认识的对这门艺术很热衷的人之一。作为专业认证的供应链管理人士，他积极投身于厦门大学中国供应链管理中心与 MBA 供应链管理俱乐部，也是中国物流与采购联合会的采购专家。在跨行业、跨公司、跨部门都有丰富经验的他，还是个爱写会写的专家，常深入浅出地将见解和经验分享给大家。

他说："不论做什么，我都要在一年之内把它变得简单，做起来毫不费力。"核心的东西，一定是简单的，能把事情做简单了，就说明抓住了核心，理清了逻辑，于是就像庖丁解牛一样，在掌握本质的基础上，做起来十分轻巧。做供应链就是要这样。

在供应链从业这么多年的他，一定抓住了供应链运作和管理的核心，终于，现在著成本书，跟大家分享，共同学习和进步！

这本书从架构到战略和战术，步步精彩，环环紧扣。首先从实战的角度解读供应链并加以拓展，帮读者建立"端到端的供应链概念"，介绍管理"信息流、实物流、资金流"的先进工具，深入探讨如何降低牛鞭效应；然后上升到供应链战略规划与精益管理模式的高度；最后又务实到计划、库存、采购、生产等具体方面，并辅以丰富的案例。

本书以简单易懂的方式将供应链逻辑传递给从事及关心供应链的相关人士，为我们提供了新的思考角度。

詹斯敦

詹斯敦先生，前国际供应链理事会（SCC）中国区总裁、华畅供应链总裁、上海美国商会物流与供应链分会主席。

前　言

在中国经济转型的大背景下，本土企业的生存发展面临巨大挑战。过去跑马圈地、粗放扩张的模式已经一去不返，供应链的竞争已然成为企业竞争的主要模式，供应链的优势也成为了领先企业的核心价值。

然而，认识到供应链管理重要性的本土企业，却缺乏足够的知识和经验去推动整体供应链管理的变革和提升。一方面，作为一门综合性应用型学科，国内的教育体系还停留在20世纪七八十年代的建制，大多数院校的相关专业仍然从供应链的某个部分来设置，如物流管理、采购管理等，没有上升至端到端的供应链体系教育的层面，这与欧美的教育体系形成了鲜明的差异；另一方面，系统性的供应链管理实践在国内企业中仍然处于起步阶段，专业人才和成功案例的匮乏也成为了制约企业管理提升的较大瓶颈之一。可以预见的是，对于整体供应链管理和架构体系的理论及实践的研究将会成为中国未来管理领域内的一个热点。

供应链是一个复杂的系统，供应链的变革九死一生，它的成败很大程度上取决于供应链的架构是否合理，因此“供应链架构师”的概念应运而生。虽然国内已经出现了极少数的“供应链架构师”这样的职位，但是本书作者认为“供应链架构师”并不指一个特定的岗位，而是一种能力或经验。它包含为了设计和完善供应链架构所必备的能力，它可以泛指所有参与此类设计的人员，如企业的首席执行官、首席运营官、供应链总监、采购总监、物流总监、生产总监，甚至是高级经理、经理等从事供应链管理岗位的人员。

欧美对于供应链架构的研究起步较早，尤其是从SCC（国际供应链理事会）于1996年提出SCOR（供应链运作参考模型）以来，越来越多的企业开始从系统的角度来进行供应链的架构和管理。而对于发展中的中国，对于供应链架构的实战研究尚未真正开始。本书的作者在本土及跨国企业里从事过多年的供应链管理工作，同时也担任过企业和高校的供应链管理讲师，具有丰富的理论以及从供应链基层实操到高层管理的实战经验。

这并不是一本教科书，而是以作者独特的视野带领读者一窥供应链架构，它包含了作者亲历的或者观察提炼的诸多实战案例、作者对供应链架构的独到见解和观点，以及许多业界通用的和作者独创的实用性的工具和方法，例如供应链架构思维树、供应链集成设计图、零壹原则等，能够让读者学有所用。希望本书的阅读能为读者开启一个全新的、端到端的供应链管理视野！

作　者

2016 年 1 月

目　录

架构篇

战略篇

战术篇

架 构 篇

兵者，国之大事，死生之地，存亡之道，不可不察也。

——孙子《始计第一》

纵观企业制胜的原因：产品、营销、供应链，无出这三者。苹果强于产品，小米精通营销，而戴尔深耕供应链。三者之中，只要有一项强，其他两项与对手持平，企业就可以在商战中叱咤风云，笑傲群雄。然而三者之中，只要有一项弱，哪怕是其他两项强，企业仍然孱弱不堪，其生存或将面临严重挑战。短板决定了企业的生死，长板决定了企业的卓越。因此，三大支柱，缺一不可。

然而，企业常常走入一个误区：将产品和营销摆在企业的神坛上供奉膜拜，而将供应链当作“老三”弃之一旁。排除观念的偏颇，这种误区其实还有更深层次原因：从被命名为“链”的那一刻开始，供应链就已经跳出了企业的四壁围墙，而存在于更大的物理和信息空间里。企业和企业之间的关系就如同人与人的关系，复杂而敏感，管理好供应链更是一项艰巨的系统工程，但往往变革慢、见效缓、评估难，单靠一己之力，仅凭聪明才智，是无法承担这项艰巨而复杂的任务的。它的成功更多来自良好的内外协同，以及对另外两大支柱的全力支持。也正因如此，它的成功也往往被湮没在产品和营销至上的管理现实之中。

在这众多误区之中，还有对供应链的种种困惑与不解。那么究竟供应链是什么？怎么才能管理好供应链？如何才能设计和架构好企业的供应链？

“供应链架构师”是作者自编的一个词，或许曾有人用过，或许还没有。作者希望用此词来提出一个新的概念，即：优质的供应链不是生而有之，它和建造高楼大厦一样，需要规划和创意，需要一砖一瓦、日复一日地辛苦搭建和精心维护。

开卷有益，让我们以理论导航，以实践开渠，一起步入供应链架构师的学习之旅。

第一章　谁能慧眼看穿供应链

——抽丝剥茧　走出误区

什么是供应链?

我们随便翻开一本供应链管理相关的教材或书目，开篇应该都会提及供应链的概念。其中最常见的定义如下:

供应链是围绕核心企业，通过对信息流、物流、资金流的控制，从采购原材料开始，制成中间产品及最终产品，最后由销售网络把产品送到消费者手中的将供应商、制造商、分销商、零售商，直到最终用户连成一个整体的功能网链模式。

这段文字虽不算冗长，但却是典型的教科书语言，对读者来说，往往是“一目十行、过目即忘”。笔者不是理论派，或许是作为一位实践者，总觉得对实践无益的知识是在浪费读者的时间。因此，让我们站在实践者的角度重新来审视一下供应链的概念，看透、看穿供应链的本质。

第一节　换个角度看三流——正向与逆向供应链

信息流、实物流、资金流被称作供应链的三大要素。我们有时候也把商流、服务流等作为另外的要素补充到供应链的概念里，使之更加完善。这些要素看似简单，但跌倒在这上面的企业却不计其数。

笔者在给企业培训的时候，通常会布置一个练习：请大家根据供应链的定义画出您所在企业的供应链简图。通常能100%画完整的人只占到总人数的不到10%，大多数情况下，90%的人所画如图1－1所示（备注：中间的节点会因行业而不同）。

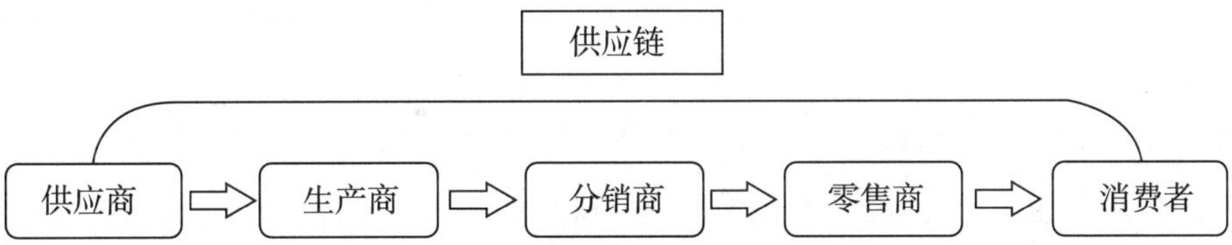

图1－1　供应链简图示例（1）

这张图有什么问题呢？

首先需要说明的是，这里没有画得“对”或“错”的概念。相比之下，我们更应该用“完整”或是“不完整”来描述一位供应链架构师的工作是否令人满意。考虑问题是否完整，显示出了供应链架构师的系统观及其对风险的预估和评判水平。是否能站在系统的高度进行设计并对风险进行合理规避往往最能体现供应链架构师的功力。

小贴士

作为供应链架构师，风险规避与创新同等重要！理解这一点很关键。可以这么说，至少60%的供应链风险是可以在系统设计阶段被规避掉的。这其实和产品设计的理念近似，我们说产品的质量问题至少有60%是在设计阶段产生的，为了规避这些质量问题，我们开发了很多产品设计的工具，例如三维建模、防呆手法、失效分析（FMEA）等，其实它们在供应链架构时同样适用。

很显然，在图1－1中，我们只关注到了实物流，它的方向是从供应链的上游经过各个供应链节点最终到达消费者手里。除了实物流，我们还应当把信息流和资金流加到简图里（为了简便，这里我们暂时忽略商流和服务流），完成后应该如图1－2所示。其中，信息流是双向的，而资金流的方向应与物流相反，是从供应链下游经过各个供应链节点最终返回到供应商的手上。

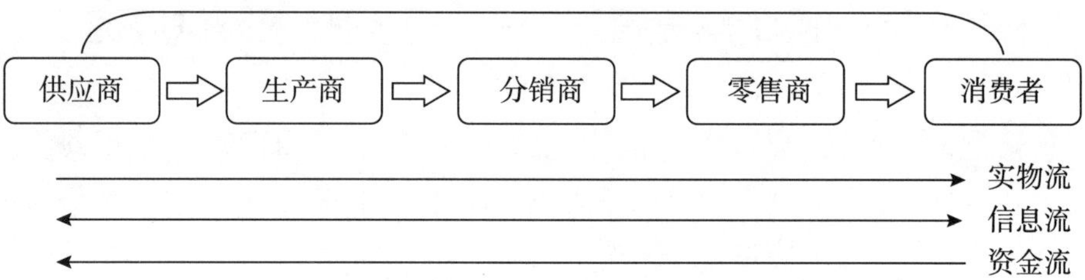

图1－2　供应链简图示例（2）

到这里，大部分的人会认为这张图应该足够完整了。但其实不然。那么，它还缺少什么呢？事实上，它还缺少一个非常重要的部分，也就是图1－3中的虚线部分，我们称之为“逆向实物流”和“逆向资金流”，笔者把它们统称为“逆向供应链”。至此，这张简图就很完整了。

我们为什么要把逆向供应链单独拿出来分析，而且特别强调它的重要性？原因很简单。我们对逆向供应链往往有一个错误的认识，大部分的情况下，我们会把它当成是“例外情况（Exceptional Case）”而未在供应链架构阶段就给予足够的重视。下面我们举几个典型案例跟大家一起分享。

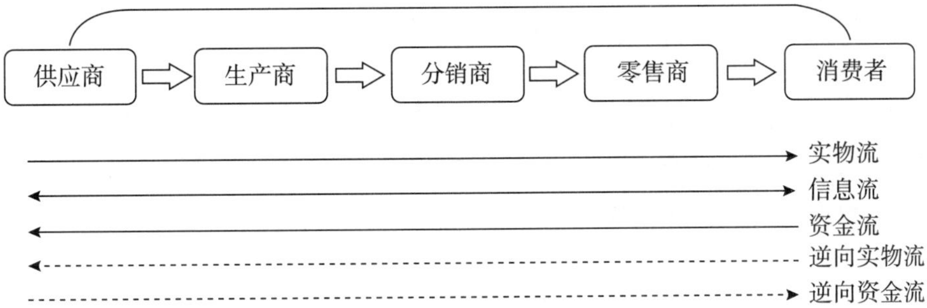

图1-3 供应链简图示例（3）

案例1-1：退货风波

2006年前后，笔者服务于一家美资企业，作为供应链经理，主要负责这家美资企业在中国的原始设计制造商（Original Design Manufacture，ODM）供应商的筛选和日常管理工作，产品主要是消费类电子产品。由于公司旗下拥有的品牌在北美有很高的知名度，产品往往都能在北美的众多大卖场里热销，公司的客户有Wal-Mart（沃尔玛）、Target（塔吉特百货）、Circus City（电路城）等。因此，国内的众多供应商都表示了合作的意愿。其中有一家知名本土企业，针对美国市场所钟爱的便携式DVD（数字激光视盘）播放器产品提出了非常有竞争力的报价，双方高层很快就确定了合作意向并就合同细节展开了讨论。我方负责合同谈判的高层是一位律师出身的美国人，公司的高级总监，为人做事非常精明强干。为了帮助公司获得最好的利润，他提出由ODM供应商负责承担终端客户的退货退款成本。当然，作为交换条件，我方高层也承诺愿意承担所有退货的运费。于是，迫切需要订单的本土企业在坚信"自我产品品质优良"的前提下，信心满满地签订了长期的供货合同。而这恰恰为后来的合作风险埋下了定时炸弹……

起初的合作很顺利，由于价廉质优，产品的销路很好，很快就占据了北美市场销量第一的位置。但没多久问题便接踵而至。本土企业由于缺乏国际市场的运作经验，对欧美国家大卖场的退货条件不甚了解。"无条件退货"是这些欧美大卖场里的典型做法，大部分的民用商品，除了新鲜食品和汽车外，顾客在购买后的一至三个月凭购物小票均可办理无条件退货退款，甚至是那些已经拆包使用过的产品，只要小票还在，功能没有大的问题，只要顾客不喜欢、想退货，卖场的工作人员通常二话不说就会办理退货手续。

因此，伴随着产品销量的快速上升，产品的退货量也急剧地增加。当退回的产品运回中国工厂，ODM供应商顿时傻眼了！这些退回的产品中，大部分没有任何质量问题，有的甚至连包装都未曾打开过，凭什么退货？然而，合同白纸黑字写在那里，不论怎么理论，出身律师的高级总监都只有一句话："我们是按合同办事的！"ODM供应商在短短的几年里，因为这个失误而造成了近亿元的利润损失。笔者至今还清晰地记得那一幕，双方管理人员最后一次开会谈判，对方的董事长，一位白手起家的年过七旬的德高望重的企业家，拍着桌子怒斥对方高层“不近人情”。然而，生意归生意，人情归人情，美国人办事看合同，中国人做事讲感情，双方无论怎么争辩，都谈不到一块去。双方的合作于是走向了终结！

那么，怎么做才能规避这样的风险呢？我们再来看看另一个笔者经历过的例子。

案例 1－2：翻新机成了抢手货

同样是经营消费类电子产品的品牌企业，许多公司会设立一个专门管理逆向供应链的业务部门。每一台客户退回的产品，会被分为“未拆包装”和“已拆包装”两类，未拆包装的产品在销售地就可以直接通过电子商务网站或渠道代理商以折扣价销售掉，免去了退货产生的长途运费；而已拆包装的产品，无论好坏都会发回原厂进行检测、维修（通常只有原厂具备这样的大批量维修检测能力），并尽可能在制造地进行销售。事实上，由于翻修产品的价格很低，有的公司甚至把它当作一项福利提供给员工。公司每天都会开放内部竞拍网站进行内部销售，为了保证公平，每名员工每季度最多只能竞拍一台，多了还没有。因为价格比市场价格着实低了不少，但品质同样有保证，往往是供不应求。另外，为了避免此类翻修产品流入市场与正品进行竞争，扰乱市场，工厂会在每台返修机器的背面用激光雕刻上“翻新机”的字样，以区隔市场，保护消费者和公司的利益。在这样的供应链设计下，公司不仅不会因为退货而造成损失，甚至还能保证退回的产品可以赚取微利，加快公司的资金周转，为公司立下不少功劳。

这里一正一反两个例子，或许能帮助我们更好地理解“逆向供应链的重要性”。然而，至此，我们对于逆向供应链的解析其实还远未结束。笔者认为，我们的逆向供应链，其实还可以进一步细分为“宏观逆向”和“微观逆向”，而“微观逆向”远不止退货那么简单，供应链架构师因此投入的精力极有可能大于“正向供应链”。限于本章篇幅，我们将在第二章里再进一步地跟大家深入解析。

第二节　谁是真正的链主

供应链的定义里有一个“核心企业”的概念，业界通常称为“链主”，顾名思义就是一链之主，更通俗点说，就是这条供应链上的“当家人”或“协调人”。“链主”起什么作用？我们知道，供应链是由一个个独立的公司、上下游企业组合而成的网链结构。在如此纷繁复杂的体系里，若大家各自为政，各顾各的利益，这条供应链的效率显然不高，好比在混沌的江湖里，你争我抢、尔虞我诈，最终的结果往往是两败俱伤。一统江湖需要“老大”，供应链也不例外，谁掌握了供应链的核心价值、谁最具有话语权，谁就是这条供应链的当仁不让的“链主”。例如，在手机供应链里，苹果、三星、“中华酷联”、小米等是各自供应链的“链主”；在饮料供应链里，统一、可口可乐、百事可乐、加多宝等也是“链主”；在食品快餐供应链里，麦当劳、肯德基、真功夫等都是“链主”……在供应链的架构过程中，谁是“链主”，谁是“链属”，怎么当好“链主”或者怎么配合好“链属”往往并没有想象得那么容易。

误区一：客户就是“链主”

认清谁是“链主”是供应链架构搭建的关键步骤。这一步错了，很有可能步步皆错，满盘皆输。那怎样判断谁是“链主”，谁是“链属”呢？我们往往有一个误解，认为客户就是“链主”，其实不然！小米刚刚成立之初，话语权较弱，在高通这样强大的供应商面前，链主显然不是自己，而是对方。因此，小米放下作为客户的姿态，主动和高通接洽，甚至派出工程师远赴高通总部跟踪枭龙芯片的研发进度，这就是认清“链主”后的聪明之举。时至今日，小米已经远非当年之“小米”。拥有 6500 万 MIUI（米柚）激活用户，年销量近 600 亿元人民币的小米，已经成功地转变成了真正的“一链之主”。

因此，客户可能是链主，供应商也同样能成为链主。谁是链主，取决于它是否掌握了供应链的核心价值，而与其在供应链上的位置没有必然联系。认清这一点很重要，我们说企业管理应该“取势、明道、优术”，“势、道、术”这三者，认清形势、摆正自己的位置永远都是第一位的。

误区二：都想做“供应链运营商”

有些物流企业在没有对“链主”有充分分析认识的前提下，提出了诸如“掌握供应链核心价值”“整合供应链”等口号。这本无可厚非，但假如没有足够的力量来协调整个供应链的运营，反而会招致那些真正的链主——强势的大品牌企业的极力反对。那些关起门来研究如何整合产业供应链，并寻思着把最大化的利润留给自己的企业，它们美好而脱离实际的梦想，最后往往以失败告终。这方面的例子很多，笔者不再赘述。

因此，无论是“第三方物流（3PL）”，还是“第四方物流（4PL）”，大部分还是“供应链服务商”，而不是“供应链运营商”，这两者有本质的区别。真正的供应链运营商，应是链主，它应能整合上下游，并能协调上下游为供应链的共同目标而步调一致地前进；而“供应链服务商”则是从服务供应链的角度出发，向链主和链属提出适合的解决方案，在与之达成一致后，专注于自己最擅长的部分——例如物流，把它做好做精，为所服务的供应链创造更多的价值。

那么，物流企业能否成为“供应链运营商”呢？答案是：当然可以！这些年，物流企业纷纷跨界，在大资本、大数据、大物流的驱动下，不少物流企业甚至具备了端到端的控制力。他们进入终端零售，自己开办零售店，与终端客户亲密接触并建立黏性；他们开展金融业务，为供应链上下游企业提供资金和融资方案，为供应链注入源源不断的新鲜血液；他们开发大数据应用，把所掌握的第一手的客户信息和数据用于供应链效率的提升上……这些跨界的物流企业，通过对价值链的重组，一边掌握着终端客户，另一边连接着供应链上游的合作伙伴，逐步坐上了“链主”的第一把交椅。顺丰就是一个很好的例子，顺丰速递、顺丰优选、顺丰嘿客、顺丰金融，在我们面前展现的是一个从服务到运营，在端到端的供应链上不断创造并拓展自身价值和影响力的企业。

案例1－3：链主还是链属

一家企业在某种情况下可能是链主，在另外一种情况下可能又成了链属。这种角色的转换在从事多元化经营的企业中比较常见，例如海尔、中兴、TCL、顺丰等。

作为家电龙头企业，海尔品牌早已深入人心。海尔作为家电品牌的拥有者，在家电原材料的采购、部件生产、主件组装、物流运输、销售服务等供应链各个环节上起着主导的作用，是名副其实的链主，拥有极大的话语权。

海尔所主导的供应链因其体量巨大，往往会衍生出很多供应链服务需求，物流就是其中之一。由于海尔家电的体积较大，加上客户往往需要上门安装服务，早期海尔在物流端的痛点很多，为此海尔采取了自建物流的形式，于1999年筹建了海尔物流，后来变更为海尔日日顺物流。海尔日日顺物流公司在全国建立了7个发运基地，规划91个配送中心（Distribution Center，DC）、36个备件中心和9个原材料供应商管理库存（Vendor Managed Inventory，VMI）中心，全国可利用仓储面积300万平方米以上，主要负责运营海尔集团内部所有生产事业部的成品分拨配送管理。在建立起了广泛的物流网络以及专业化的大家电配送能力的基础上，海尔物流逐步将平台开放给更多的企业，从一家主要服务集团物流需求的子公司逐步成长为全国性的物流第三方平台，为海尔以外的企业提供物流服务。在海尔物流所服务的众多供应链上，海尔物流所扮演的角色就是链属的角色。

误区三：链主都是“对”的吗

链主既然有那么大的影响力，作为“链属”的我们，是不是只能跟着链主走？链主让我们往东，我们不敢往西。会不会有一天被链主给“玩死了”？

其实，链主也分“好”与“坏”，链主的“好、坏”甚至决定了这条供应链的成败。好的链主，犹如一家之长，公正而有威信，能够平衡利益，推动供应链伙伴心往一处想、力往一处使，最终带领大家获得更多的利益；而坏的链主呢，就好比强盗分财宝，只顾自己拿最大的，甚至处心积虑想多干掉几个兄弟，好多分点财产。

如何判断链主的好坏呢？我们可以借用供应链成熟度模型来做一个简单的评估。供应链的成熟度通常分为 5 个阶段，分别是静态供应链、职能卓越化、横向整合、外部协同、随需应变的供应链。成熟度越高的供应链，链主发挥的协同作用越强，供应链的效率也就越高。我们发现，在那些竞争激烈、变革速度快的行业里，如汽车、电子、快速消费品、服装等领域，供应链的发展已经具备相当的成熟度，我们所熟悉的诸如 CPFR（协同、计划与补货）、JIT（准时生产、准时配送）、VMI（供应商管理库存）、S&OP（销售与运营计划流程）等大量的供应链管理工具在这些行业里早已广为使用。一些在供应链上具备卓越运营能力的企业如丰田、苹果、戴尔、亚马逊、ZARA（飒拉）脱颖而出。作为链主，它们深刻地改变和影响着行业供应链，也当仁不让地成了引领行业和时代的巨头。而在另一些行业，特别是传统行业里，例如农产品、钢铁、建筑等，供应链的发展还有极大的空间，在这些行业里，我们看到企业更多地依赖于上下波动的经济周期来各自做决策。例如，钢铁价格上涨时大家就扩张产能，价格下跌时就关停转移，最后的结果是整个行业的供不应求或供大于求，弄得大家苦不堪言。在这样的行业里，我们期待那个引领变革的“链主”能够早日出现，扫清寰宇，一统江湖。（注：根据笔者观察，这几年随着“互联网 +”的兴起，传统行业的供应链升级与整合正在加速，掌握供应链知识、资源和整合能力的企业将大有可为。）

供应链上的协同和运作水平决定着供应链的成熟度。前述提到的丰田、苹果、ZARA 等通常都代表着各自行业供应链最佳运营水平，他们甚至达到了随需应变的成熟度水平，有幸成为它们的长期合作伙伴，就好比大树底下好乘凉，虽然也免不了辛苦，但却不用整日提心吊胆、惶惶不可终日。然而，有好就有差，在同一个行业内，那些成熟度较低的企业，如果恰好它们又是“链主”的话，那么这条供应链上的合作企业日子就不会太好过了。由于缺乏统一协调，大家各自为政，往往是这边库存高企、那边缺料严重，今天不知道明天的订单在哪里，最后的结果可想而知。

对于成熟度低的“链主”，我们是主张“加强教育”的。除了主动向先进的企业学习外，其实作为链属也可以有技巧地运用一些方法来影响链主，例如：可以联盟更多的“链属”企业增强影响力，也可以主动为“链主”出谋划策。不过，在供应链知识越来越普及的今天，越来越多的“链主”也意识到了合作伙伴的重要性，倒逼自己进行变革。毕竟，这是一条属于大家的“链条”。

第三节　供应链上的“神龙效应”

在企业的运作中，我们常常看到这样的现象：采购部门只关注采购成本和交货及时率，制造部门只负责生产效率和生产良率，销售部门只看销量和利润率。大家表面上各司其职，实际上是一个个割裂开来的断链，没有形成所谓的“整体的功能网链”。内部供应链尚且如此，外部的供应链更是问题重重：客户追求的是高品质，而供应商追求的是低成本；客户希望降低库存，而供应商拼命打折促销。我们常常把这种现象称为“谷仓效应（Silo Effect）”。好比一个个谷仓，各自拥有独立的货物进出系统，但缺少了谷仓与谷仓之间的沟通和互动。

事实上，供应链的问题并不能完全归咎于企业与企业之间没有沟通，大部分的企业之间是有沟通的，企业内部也有信息的互动。但问题是，由于没有办法看清楚整个链条，他们之间的沟通往往是低效或者无效的；甚至以局部利益为出发点进行沟通，可能越沟通越会犯错。为了更清楚地界定这类问题，笔者觉得用“神龙效应”来比喻这个现象可能比“谷仓效应”更为贴切。还记得有句话叫作“神龙见首不见尾”吗？一条龙穿梭于云间，神出鬼没、变化多端，迎之不见其首、随之不见其后，很难一睹其全貌，要想驾驭它就更难了。

“神龙效应”产生的原因很多。首先，供应链的流程越长，“神龙效应”越明显。笔者曾为国内某电子零部件细分行业内最大的一家企业做过供应链的诊断和咨询。暂且不说其外部的供应链有多复杂（例如：有的客户既是客户又是供应商，有的供应商是客户指定的供应商等），单就其内部的生产流程来看，就是一条真正的“神龙”。物料在不同的车间流转，总共要完成四十几道工序，包括化学的、物理的、自动的、手工的，让人看得眼花缭乱。为了便于管理，公司将流程进行了整合与划分，将四十几道工序拆分成6个车间，由不同的车间主任进行独立管理。为了协调各车间的生产计划，工厂还单独设立了一个计划部门来进行总体的计划协调和管理。然而，由于工序实在太长，计划部门无法做到首尾兼顾，只能将总体计划下放到各车间，由车间主任自行判断，自行调整。这样一来，不是今天A车间缺料完不成任务，就是B车间生产超额完成任务后无事可做。各部门天天吵架，计划部门也无计可施，只能看看谁更强势，就根据谁的意见进行调整。于是计划天天变来变去，架也越吵越凶。为了缓解这个矛盾，各部门通过“头脑风暴”和“集体智慧”，决定通过加大投产量、增加库存水位的方式来解决问题。虽然车间与车间之间的矛盾减少了，但存货周转率的指标却越变越差。这便是典型的方向错了，越努力越错！那么，如何消除由于供应链流程过长所造成的“神龙效应”呢？方法有很多，例如采用约束理论（Theory of Constraints，TOC）进行瓶颈管理、建立 S&OP 流程等，我们将在后续的章节里逐步展开，这里不再赘述。

供应链的地域分布越广，“神龙效应”也越明显。笔者业余时间为一些全国或跨国运营的企业做过培训，学员虽然都是来自同一家公司，却在不同的地区工作。在课堂讨论的时候，往往会发现他们对相同流程的称呼不太一致。例如，对于物流中心，有的称之为“Logistics Center”，有的称之为“Distribution Center”，还有的称之为“Fulfillment Center”，大家各执一词，沟通起来特别费力。解决这样的问题其实并不难，在跨地域的大型企业里，我们应当建立起企业的标准词汇库。各个部门都可以发起并提交新词汇的定义，经过标准委员会的确定后进行发布，公司里每一个员工都可以通过公司的内网进行查询。

供应链上的分工越细，也越容易产生“神龙效应”。我们都知道所谓的“大企业病”，企业内部机构臃肿，组织架构纵横交错，多头管理导致员工不知所措。有的企业为了解决这些问题，采用所谓的“矩阵式管理模式”，员工既归属部门经理管理，也对项目经理负责。项目经理的目标是按照公司的要求保质按时地完成项目，而部门经理则希望项目所建立的新流程能够符合部门的利益。当两者发生冲突的时候，就看项目经理和部门经理谁的声音更大、谁更强势、谁的“后台更硬”！组织架构没有优劣之分，有的企业偏重于“扁平化与集权”，如苹果；有的企业则偏重于“无边界与分权”，如利丰。成功的企业都有各自独特的组织架构模式。然而，不论怎样的组织架构，都应当注意避免因分工过细而造成供应链上的“神龙效应”。

说到这里，读者可能会觉得，这个“神龙效应”与我们常说的“牛鞭效应”颇为相似，确实如此，但更准确地说，“牛鞭效应”是“神龙效应”的一种表现形式或结果。“牛鞭效应”是指供应链上的信息流从最终客户向原始供应商端传递时，由于无法有效地实现信息的共享，使得信息扭曲并逐渐放大，导致了需求信息出现越来越大的波动。而“神龙效应”，是由于供应链的流程较长、地域分布太广或者分工过细，而使得供应链上的可视度不高，协调难度大，从而失去对供应链的控制。这种失控有时候是以“牛鞭效应”的“需求放大”的形式表现出来，有时候是以供应链的管理和沟通成本偏高的形式表现出来，有时候是以供应突然中断等供应链风险爆发的形式表现出来。

哪怕是在供应链运营上最卓越的企业，都在想尽一切办法来对抗“神龙效应”，因为没有哪家企业敢拍着胸脯说：“我们企业对供应链了如指掌，毫厘不差！”笔者认为，这种对抗，首先要从增加供应链的“可视度（Visibility）”着手。这也是供应链架构师的工作之一，即确保我们所设计的供应链首先是“可视的”，然后才是“可控的”和“可靠的”。如果我们无法拨云见日，看清楚“龙”的全部面貌，怎么能驾驭好这条

“龙”呢？

增加供应链的“可视度”有很多方法。例如，为了解决沟通问题，许多企业建立起了跨部门、跨企业的沟通平台。然而，这种沟通平台的组织方式和架构要符合供应链的思维，即端到端的管理思维。如有的企业成立了所谓的“大供应链部门”，把“采购”“生产”“计划”等职能部门拿出来直接向供应链总监汇报。表面上似乎通过这样的方法就能加强部门间的沟通，把供应链管好了。但问题是，假如销售和市场依然被隔离在外，这所谓的“大供应链部门”又常常关起门来讨论供应链的运作，缺少销售和市场部门的参与，缺少对客户和市场需求的理解和分析，这就好比无源之水，无根之木，或者是一条少了头或尾巴的龙，再精密的供应链规划都是在做无用功。

许多人认为，通过使用一些先进的信息系统工具，可以大幅提高供应链的“可视度”，如 RFID（射频识别）、GPS（全球定位系统）、移动互联网等工具。然而，再强大的信息系统，都必须以完善和可靠的流程为基础和保障，才能发挥出强大威力。而建立这些流程的便是具备丰富供应链经验和知识的人才——我们的供应链架构师。举个简单的例子，假设我们要与供应商之间进行系统数据对接，为了提高数据传输的效率，IT（信息技术）架构师可能会选择将数据打包，按照一定的时间间隔进行传输，而不是进行实时的数据传输。由此，可能会对供应链的“可视度”造成影响，因此，供应链架构师应当对 IT 架构人员提出明确的“数据传输实时性”的需求，以保证数据传输的“可视度”。如果没有对系统和流程架构的理解，没有一定的供应链架构经验，架构师便无法解决这些“微小”却又往往致命的问题。

“神龙效应”是供应链的内生属性所造成的，它在给供应链管理者带来一系列问题和挑战的同时，也为卓越企业带来了超越对手的机会。卓越企业通过使用不同的方法和工具，通过富有经验的供应链架构师，来不断地降低“神龙效应”所造成的不良后果，从而不断地提高供应链的绩效。只有能够驾驭这条“神龙”的企业，才是供应链竞争中的佼佼者。

第四节　供应链上都有哪些“玩家”

供应链上的“玩家”，即供应链的成员。在前述供应链的定义里，包括了供应链常见的成员，有供应商、制造商、分销商、零售商，以及最终用户，由它们共同组成了一个“整体的”功能网链，这个定义从实体供应链的角度展示了供应链的成员组成。那么，供应链的成员是否包括那些为链条提供服务的第三方？供应链上的那些中间商有没有存在的必要？弄清楚供应链上都应该有哪些“玩家”，对我们进行系统性的架构意义重大。

问题一：服务商（如银行）是不是供应链的成员

我们发现，假如我们跳出实体供应链，把服务供应链也纳入进来，供应链的成员组成就会变得非常复杂，很难辨识清楚。例如，我们常常会问的一个问题是：银行算不算供应链的成员？

有的人说，银行为供应链企业提供资金，既然我们说资金流是供应链的三大要素之一，那么银行理应是供应链的成员。

从广义的角度来说，这种解释是合理的。但如果我们希望定义得更精准一些，应当把“是否实际参与了供应链运营”作为衡量标准，来判断这些服务商是否是供应链的成员。很多传统的银行仅仅为企业提供贷款和融资，而没有参与到实际的供应链运营中，没有真正进入供应链的交易环节，我们应当把它们排除在供应链的成员名单之外；而近些年，有些银行认识到供应链上存在的巨大商业价值，逐渐开始参与供应链的运营管理，他们关注的不仅仅是静态的“资金”，而是动态的“资金流、物流和信息流”，它们在系统、流程上与企业进行深度对接。这些银行理所当然地成了供应链的成员。

银行只是其中一个例子，在供应链上还有很多服务商。同样的道理，这些服务商是否属于“供应链成员”取决于他们是否实际参与到了供应链运营中来。如前文所述，作为供应链架构师，需要考虑周全，避免在规划阶段漏掉了某个重要因素。对于供应链成员的理解是否足够全面，同样影响着我们对供应链架构的整体把握。我们来看一个案例。

案例1－4：让融资变得很轻松

罗毅是M公司的供应链总监，最近他正在着手规划公司B2B（企业对企业的营销关系）电商平台的建设。M公司是国内知名的卫浴品牌，其下拥有300多万家经销商，在全国建立了30余个物流配送中心。其核心业务是四网，即虚网、营销网、物流网、服务网的融合，通过虚实融合战略，为用户提供全流程一体化的解决方案。

从2013年开始，紧随着产业互联网的发展，M公司启动了B2B电商平台的建设，该电商平台的定位为集信息流、物流、资金流于一体的大型开放式服务平台。M公司的经销商可在平台上在线下达订单，并通过平台实现对订单、物流、资金等信息的实时跟踪。

罗毅是计算机与信息工程专业毕业的高才生，在进入M公司前有过多年的供应链管理从业经验，从信息系统层面上架构三流合一的B2B平台对他来说难度并不大，但是他却在一个关键性问题上卡壳了。

M 公司的经销商70%都是年营业额在百万级别的中小公司，对他们来说，客户和渠道都相对稳定，根本没有动力去使用这个看上去更“先进”却无法给他们带来任何附加价值的 B2B 平台。摆在罗毅面前的选择只有两个：①动用行政权力，强行要求所有经销商必须进驻平台；②通过平台为经销商带来增值，让它们获得实实在在的好处。

强迫经销商就范不符合罗毅的性格。与其强攻，不如智取。为此，罗毅花费了大量的精力来思考如何让 B2B 平台为经销商带来更大的价值。通过前期的用户调研分析，罗毅认识到，融资难是 M 公司旗下众多中小经销商所共同面临的问题。这些中小公司，虽然业务稳定，但依旧很难获得银行的贷款，他们用于周转的资金往往来自亲朋好友或民间借贷，资金成本较高，周转压力大。那么，有什么方法能帮助这些企业解决融资问题呢？

M 公司作为国内一线品牌，资本雄厚，与多家银行都有着长期稳定的业务联系，能够以比较低的成本获得资金。这几年，随着供应链金融的发展，M 集团也在积极尝试这方面的业务服务拓展。然而，由于缺乏信息系统的支持，中小企业获得 M 公司融资的时效性并不强；同时，由于银行无法深度介入 M 公司的供应链金融服务，获取具体的交易信息，并控制交易流程，导致 M 公司的授信额度并不高，很难将融资规模和服务水平做上去。对于中小企业来说，这项服务更像是海市蜃楼，看上去很美，却可望而不可即。

罗毅想，假如能够借助这个 B2B 平台之势，把供应链金融的业务也整合进去，就可以借帮助中小经销商解决融资问题，顺利地把他们都导入到这个平台上来。但接下来一个新的问题产生了：有哪个银行愿意与 M 公司的 B2B 平台进行业务对接呢？供应链金融对于大银行来说也是新事物，虽然它们都纷纷推出了该项业务，但是无论从流程上，还是系统上，似乎都很难找到能够与 M 公司的 B2B 系统进行直接对接的银行。这背后的原因，一方面是由于传统银行体制僵化、故步自封，另一方面也是它们基于风险控制的考量。

无独有偶，罗毅的大学同学丁贤正好是 S 银行的 IT 负责人，而这家商业银行的供应链金融业务做得风生水起，尤其是它面向中小企业的供应链融资业务在行业内颇具口碑。丁贤向罗毅介绍说，从 2013 年开始，S 银行计划开始发力“电商 + 金融”的模式，以金融功能为基础，与多方市场主体建立广泛联盟，整合各类服务，实现“三流”合一，合纵连横打造产业链金融生态圈，构建一站式网络综合服务平台。罗毅一听，喜出望外，这不正是他梦寐以求的合作伙伴吗？

于是，在双方的共同努力下，2014 年 S 银行与 M 公司的 B2B 平台实现了无缝对接，双方共享订单、物流、资金等信息，合作推出“采购自由贷”。采购自由贷极大降低了经销商的准入门槛，大幅简化了经销商的授信资料，对业务进行批量授信、批量开发。经销商无须抵押，免担保，只要和 M 公司生意往来超过一年时间，不论经销商规模大小都可以向S银行申请融资，同时通过允许经销商随借随还，大大降低了中小企业的融资成本。借还款等操作都是线上完成，经销商从M公司的B2B网站在线发起订单，到S银行的网络融资平台完成贷款交易，最快只要6分钟，用户体验良好。而S银行因为可以从M公司的B2B平台上获取经销商的背景资料，掌握真实的交易数据，并能够对收付过程进行控制，从而大大降低了业务风险。

在M集团B2B平台上线的庆功会上，罗毅笑着对丁贤说："老同学，大学时代我们联手打游戏可谓战无不胜，今天联手打通供应链，我们也一定力争上游。人生如此，不亦乐乎哉!"

问题二：要不要把供应链上的"中间商"都给"踢"出去

供应链上的成员无论所处的位置如何，都理应属于供应链的一部分，贸易公司也不例外。我们过去对贸易商（分销商、代理商）往往有一个错误的认识，因其不做制造，抑或是零售，只是所谓的"中间商""一手买一手卖"，而对其在供应链上的重要性有所怀疑。尤其在移动互联网、电子商务浪潮的席卷之下，常常听到有声音说要消灭所有的中间环节，让供应链扁平化，更纯粹、更直接，成本更低、效率更高。持有这种观点的人对供应链有一定的误解，认为供应链效率低、成本高，主要是因为"中间商"的存在而导致的，因此提升效率的关键就在于消灭"中间商"，很多规划师把这叫作"价值链重构"或者"供应链再造"。事实上，所谓的"价值链重构"，不是为了消除中间环节而对供应链进行大刀阔斧地简化，而应回归到价值本身。判断"中间商"是否应当被剔除的前提是，它们是否为最终客户带来了价值，并且这种价值是否具有不可替代性。笔者曾经就"互联网+"发表过一篇文章，摘录如下。

拓展阅读

"互联网+"焦虑症

许多企业家最近都患上了"互联网+"焦虑症。打开电视，点开微信，翻开报纸，满世界都在谈论同一个词——颠覆：制造业将被"工业4.0"所颠覆，服务业将被"平台"所颠覆，金融行业将被"互联网金融"所颠覆，就连街边卖菜的阿姨，都会笑眯眯地请您扫个二维码，享受一下她们新鲜出炉的"定制菜篮、送货上门"的App（手机应用程序）客户端订货服务，大有颠覆小区菜市场之势……"互联网+"的浪潮之下，似乎只有傻子的脑子不会被"颠覆"。加上近几年经济若显疲态，企业家的日子本来就不好过，再被马云、马化腾巨星般的成功不断地洗脑，企业主们都开始坐不住了。

"焦虑"本是中国人的常态，无可厚非。甚至相比安逸得多的欧洲人来说，正是因为骨子里的“焦虑”，才成就了我们这个生生不息、劳碌不止、奋进不懈的强大民族。因此，焦虑并不可怕，可怕的是焦虑之中我们做了错误的判断！而最致命的判断之一，就是基于“颠覆”假设下所做的商业模式的判断。所谓颠覆，即让事物的本质发生根本性的改变。这是一个非常极端的词语，因为它涉及了事物的“本质”。那么“互联网+”真的就有那么大的神力可以颠覆所有行业的“本质”吗？好比原本我们做的是家具制造业，因为“互联网+”来了，我们也必须得“互联网+”，开个网站、上个手机App什么的，把中间的代理能砍则砍，尽可能直接面对终端客户，不然好像我们根本配不上这个时代？如此基于“颠覆”假设下的判断，是对是错可能众说纷纭。笔者尝试从供应链的角度，斗胆做一番探讨。

供应链是实物流、资金流、信息流（三流）的集合体。基于这个概念，我们会发现，每一次工业革命其实都只是改变了三流的形式（成本、速度、效率等），而并未改变三流的本质。“工业1.0”和“工业2.0”，前者通过水力和蒸汽机实现机械化，后者通过电力驱动大规模的生产，它们更多的是对实物流的效率的提升；“工业3.0”与“工业4.0”，前者通过电子与信息技术使制造过程自动化程度大幅度提高，后者是通过物理信息网络促使实体物理世界与虚拟网络世界进行更加广泛的融合，它们更多的是对信息流的效率的提升。因此，从“工业1.0”到“工业4.0”，我们其实都在做着同样一件事情，即加速供应链三流的集成效率。而类似地，不论是大数据也好，互联网金融也好，还是“互联网+”也好，也都在做着同样的事情。因此，企业所真正应当关注的应该是“供应链三流的集成效率”，“互联网+”仅仅只是其中的一个选项。

马云其实也很焦虑！从阿里巴巴近几年发生的几起并购与战略整合来看，马云内心的焦虑暴露无遗。从2013年5月阿里巴巴（简称阿里）与三通一达、银泰等宣布组建“菜鸟网络”，到2013年12月投资海尔旗下日日顺物流，到2014年5月投资卡行天下，以及随后对新加坡邮政的投资，到最近阿里与苏宁的联姻，马云都在不断针对其最为薄弱的“实物流”打着兴奋剂、吃着补药。因为他非常清楚，围绕满足终端客户核心价值的竞争是一场马拉松式的长跑，而决定他在这场角逐中能跑多远的核心能力是阿里巴巴整体的供应链效率，而不仅仅是它的互联网运营能力。

在零售行业（阿里的主业）内，京东的步伐虽然走得慢，却似乎更加踏实稳健一些。与阿里的平台化不同的是，从一开始京东便朝着自建物流、重资产的方向拼命投入。刘强东曾经说过：“京东的由来，其实非常的简单，无非是借助互联网，以新的消费需求为导向，不断做出突破性的商业模式创新，从而重构供应链系统，达到降低成本、提升效率的目的，最终为消费者创造价值，其遵循的仍然是零售行业的本质规律。京东的发展壮大从未离开过这个本质，未来也必须围绕这个本质。我一意孤行地要自建仓配一体的物流体系，决定做这一切的出发点只有一个：我们要提供越来越好的顾客体验。”如今，在零售行业内，京东是唯一一家既拥有强大的网上商城，又具备从仓储、运输、配送到提供大件物流以及增值服务的仓配一体的真正的三流合一的供应链企业。虽然它如今在中国的电子商务领域只能排行第二，却因其拥有强大的物流体系而具备了后发制人的优势，这给阿里着实造成了不小的压力。于是，我们看到了阿里疯狂地入股物流企业，希望通过各种途径补上短板。因为马云知道，随着人们消费水平的升级，未来的零售行业比拼的是谁能给客户带来更好的体验、更好的价值，而不仅仅是低价。然而，相比京东通过自建而逐步搭建起来完善的物流体系，马云通过收购的方式虽然较快，但是整合的风险与时间成本一定不低。

这个案例告诉我们一个道理：不论是+互联网，还是+物流，抑或是+金融，都只是在信息流、实物流、资金流上加上了新的工具，通过创新提升了供应链三流流动的效率。然而，供应链的本质从未发生过改变，行业的本质也从未发生改变！这个本质即：通过提升三流的集成度，提高效率、降低成本，从而提升客户价值。任何一种商业模式，只要它能提升客户的价值，都是创新，而与加不加互联网无关。

因此，决定“是否要加”以及“加什么”的前提，不是潮流、不是跟风，不是对手做什么我们也得做什么，而都应当回归到行业与供应链的本质上来。然而，有太多的企业在这一点上犯了迷糊，从而酿成大错。例如，在企业最需要完善的ERP系统上舍不得花钱，却耗费资金建立移动App；再如，在原本传统领域内的客户还无法很好地满足服务的情况下，转型去做电商，直面海量但需求更加复杂的“长尾”客户；还有的企业，连标准产品的品质都还做不稳定，却跟风要开始试水做“C2B（消费者对企业的电子商务模式）定制化生产”。

事实上，我们仔细回顾一下，电子商务、定制化生产、大数据、供应链金融、物联网、3D打印等都不是这几年才出现的新概念、新技术。早在二十多年前，戴尔就通过电子商务实现了电脑的“C2B定制化生产”；而沃尔玛通过对大数据的挖掘与分析，将尿不湿和啤酒放在同一个货架的案例，也是多少年前的老故事了；再看看供应链金融的最佳实践者UPS（美国联合包裹服务公司），在1998年就成立了资本公司运营金融业务；而说到3D打印，早在2000年笔者所在的企业就已经将其运用到工业模型的制作中来，只不过那时候的成本高出现在许多。

我们之所以热衷于跟风、跟概念，并不是因为这些概念有多新，而是我们太浮躁，太容易被潮流带着走，不是以一种细水长流、精耕细作的方式来经营企业，而是看着什么热闹、什么赚钱，就做什么。反观欧美国家，我们发现，并没有出现所谓的全行业“互联网+”的浪潮，也没有出现所谓的全民族创业的浪潮，而是在企业的经营细节上保持专注，稳步前行。未来，新概念、新点子依旧会层出不穷，这是我们这个时代的特征。然而，面对浮躁和狂热，需要的是冷静的思考，需要的是回归事物的本质。“互联网+”时代，我们应当少加一些焦虑，多加一些理性。

问题三：公司太小，需要供应链管理吗

很多小企业，虽然承担了供应链上的某个环节的工作，但因其小，往往对供应链不够重视，笔者多次听到小企业的老总在谈到供应链时，是一种若即若离的心态。在他们眼里，企业到了一定的规模才有所谓的“供应链管理”，而小企业现阶段要做的是脚踏实地做好自己分内的事情，先把自己养活养好再来谈“阳春白雪”。

这多少有点本末倒置的意思，我们知道，企业家的视野和胸怀决定了企业能走多远。供应链不是“高大上”和“阳春白雪”，相反，其对企业的意义好比血溶于水，存在于企业点点滴滴的业务之中。它的存在不因我们是否关注它、重视它而转移。缺乏供应链的视野，无论规模大小，企业注定无法成功，或者即便一时成功也有可能是昙花一现。

笔者作为国内商学院中首个“中国供应链管理研究中心”的发起人之一，有幸与许多初创企业的创始人进行过交流，也收集了一些有趣的例子。

案例 1－5：东文茶具

“东文”是一家年轻的电子商务品牌，创始人过去从未经营过茶具生意，他选择这个项目的理由很简单：随着人们生活水平的提高，大家对茶具的需求和品位也会逐步提升。茶具行业虽然品牌众多，但是国内真正具有广泛影响力和知名度的品牌还没有，市场很分散，产品缺少文化内涵。因此虽然没有任何行业经验，他还是凭着自己在鞋服行业里摸爬滚打的经验，大着胆子进入了这个从未接触过的行业。企业从 2013 年年初创立，截至 2014 年 9 月总共才 18 人，年营业额约为 2000 万元，算是一家刚刚起步的小微企业。由于走的是网络销售，企业的经营模式也很简单：从各地生产商进货，自己管理物流仓储和二次包装，通过网络渠道进行铺货。

别看企业小，经营模式也很简单，企业在供应链的运作上还是下了一番功夫的。

1. 信息管理

企业的创始人之一曾经是国内知名软件的地区总代理，企业创立之初就引进了该软件公司的电子商务解决方案，在商品管理、库存管理、分销管理、财务管理等方面采用标准的运作方式，比同行站在了更高的起点上经营和管理业务。

2. 库存和采购管理

由于企业规模还小，企业的库存管理策略主要采用面向库存生产的模式（BTS），通过批量采购来降低采购成本，提高毛利率，而库存水位主要通过研究历史销售数据、提升计划水平进行合理控制。与许多电子商务企业不同的是，为了减少市场波动所带来的风险，企业对“双 11”等促销活动并不会给予特别多的关注，而是更多地把精力

放在日常的运作上，也不会为了“双 11”而大量备货。

对于采购管理，企业的策略是尽可能和规模较小但是有意愿配合的供应商合作。通过和供应商密切合作，降低采购批量，提升产品质量。

3. 产品策略

创始人认为产品创新是企业成功最重要的驱动力，因此对产品研发特别重视。由于企业没有自建工厂，这种开发有时候是一种“产品搭配策略”，即把 A 供应商的产品（如茶杯、茶壶）搭配上 B 供应商的产品（如茶盘）来进行组合销售，取得了非常好的效果。为了配合这种组合策略，企业在 ERP 系统以及仓储物流体系上做了特别的设计，能够让不同供应商提供的 SKU（Stock Keeping Unit）信息在企业的 ERP 系统上进行整合，并在仓配环节对物料进行合并。

为了进一步提升产品品质，并打造有差异化文化特点的产品，企业甚至考虑自己组建工厂，以整合上游资源，提高企业对于产品和供应链的掌控力。同时，企业也在积极筹备扩展线下的门店，通过“直营店＋加盟店”的模式，与最终客户面对面地交流，更好地传播品牌价值。

东文的案例告诉我们，麻雀虽小，五脏齐全，往往企业越小，在供应链上的影响力越弱，越需要良好的规划和策略准备，以此来获得供应链伙伴的支持和认可，推动企业进一步发展。不论企业大小，供应链管理都应该是一个“想清楚了就做，边做可以边学习，边做可以边改善”的过程。

供应链上往往成员众多，很难有企业能够“通吃”整条供应链，把上下游所有的环节都拿来自己做，因此，供应链管理不是单纯的企业管理，而是对整个链条的统筹管理。“供应链架构”是一个价值发现和价值分享的过程，在搭建供应链架构时，首先应当从这个角度，发掘供应链成员存在的价值并与其分享供应链的风险和收益，在这里，可以用上“价值流程图（Value Stream Mapping）”“价值工程/价值分析（VA/VE）”的概念。简单地说，需要从“端到端”的角度，根据供应链的流程进行展开，剔除或整合那些不增加价值甚至是产生浪费的流程和供应链成员，而保留那些为供应链创造价值的部分，使其形成一个精简但不缺失应有功能和价值的链条。

至此，我们深入地探讨了供应链的定义，并为供应链架构师在搭建供应链时提供了一些基本的思路。我们不难发现，在字面含义上看似很容易理解的内容，在实际工作中其实还存在着很多值得探讨和深挖的内涵意义。这些容易混淆和被误解的概念，往往会给我们的工作造成诸多的困扰，带来不小的麻烦。因此，教科书提供给我们的仅仅是一个工具，用好这个工具，理解工具背后所蕴含的深层次意思，学会活学活用，才能真正在我们的实际工作中发挥巨大的效力。

本章小结

在本章中，我们从供应链的定义入手，从字面含义、隐藏含义以及实践含义三个方面较为深入具体地剖析了供应链定义中的三个主要概念——“信息流、实物流、资金流”“核心企业”“供应链成员”。在讨论的过程中，我们还搞清楚了一系列容易混淆的概念。为了便于记忆，我们简单归纳如下。

（1）作为供应链架构师，风险规避与创新同等重要。

（2）考虑问题是否完整，显示出了供应链架构师对于风险的预估和评判是否到位。是否能在设计阶段对风险进行合理规避，往往最能体现供应链架构师的功力。

（3）作为供应链架构师，应对逆向供应链给予足够重视。

（4）供应链架构师的工作之一就是确保我们所设计的供应链“可视、可控、可靠”。

（5）供应链成员不分大小，不论其在供应链上所处的位置，其存在意义取决于其对供应链所提供的价值。

（6）“供应链架构”是一个价值发现和价值分享的过程。在搭建供应链架构时，应当从这个角度出发，发掘供应链成员存在的价值并与其分享供应链的风险和收益。

第二章 三流集成规划怎么做
——善用工具 讲究方法

第一章我们花了很大的篇幅来讨论供应链的定义，但我们其实只回答了“什么是供应链”这个问题，还未真正触及本质，即“供应链管理到底管什么?”以及“怎么管?”

那么供应链管理到底管什么呢？答案说起来很简单，既然供应链是由“信息流、实物流、资金流”所组成，供应链管理的对象就应当是这三个流（当然，也可以加上商流和服务流），但是这个回答比较抽象，很难指导我们供应链架构师的工作。因此，我们需要再往前走一步，深入地来进行探讨。

第一节 信息流、实物流、资金流——秉性不一的“三兄弟”

在实际运营中，供应链架构师很容易步入一个误区，即“三流分割——分别讨论、分开设计、分开实施”。一个典型的例子，笔者曾受邀为某大型企业的供应链规划项目提供咨询，在副总完成商业模式分析与介绍后，总经理很快就给各部门布置任务了：“请 IT 部门负责 ERP 系统的规划和升级，物流部门负责物流体系的设计，财务部门把资金这块掌控好，大家分头行动吧！”表面上来看，这样做分工明确、各司其职、效率高且责权清晰，但如果按照这样的思路走下去，几乎可以断定，项目实施会困难重重。作为顾问，我不得不在会后与总经理进行单独沟通，建议他指派大项目经理，负责在商业模式的基础上，对供应链架构进行全盘规划，对“信息流、实物流、资金流”进行统筹设计，而这正是供应链架构师的职责所在。

之所以要进行系统的“三流的集成规划”，是因为信息流、实物流和资金流这三流，好比供应链上的三兄弟，虽是一母所生，但各有各的特点，各有各的“脾气”，一旦合不来还常常打架；反之，若兄弟齐心，其力却能断金。我们首先来看看这三流到底有哪些特点？

首先是三流的流动方向不一致。这个我们在第一章曾提到，实物流和资金流是相反的，如果不考虑逆向供应链，实物流和资金流都是单向流动，信息流则是双向流动的。

其次是三流的流动速度不一致。举个例子，我们上网购买一台电视，往往信息流和资金流的流动速度都很快，交易和付款可以在瞬间完成，但是实物流就相对比较慢。有些商家考虑到配送的成本，还有可能会把货物大量归集后再统一配送。由于流动速度不一致，导致我们无法对三流进行匹配，大大增加了三流集成的复杂性。

再次是三流的流经路径不一致。信息流所经过的节点，实物流未必要实际经过，资金流也有类似情况。举个简单的例子，一家位于北京的商贸企业，收到了上海某客户的订单，需要一千辆自行车，这些自行车的实际制造商位于昆山。按照传统贸易的做法，所有自行车都会被送到商贸公司位于北京的总仓里归集后，再发往全国各地，这里面也包括上海的客户。但是如果我们做一个调整，由北京的商贸企业指定第三方物流公司把自行车直接从昆山发往位于上海的最终客户，物流费用将大幅下降。与此同时，由于有税务的要求，信息流和资金流还是得流经北京的商贸公司，由商贸公司开具发票、发送送货单据等。这样一来，供应链的三流在路径上产生了差异，物流不需要经过北京，但信息流和资金流却又必须经由北京公司（某些企业会建立所谓的“虚拟仓库”，即实物流不经过但信息流经过的仓库）。这里只是举一个简单得不能再简单的例子，在供应链的实际规划中，由于往往受到税收筹划、信息归集、物流调配等各种因素的制约，三流的路径将发生巨大的差异，这给供应链架构带来了巨大的挑战。

最后是三流的目标不一致。如前所述，实物流好比“搬运工”，它的目标是尽可能地少动，甚至不动，以提高效率并减少成本；信息流好比“情报员”，它的目标是及时准确，并具有良好的可视度；资金流好比“出资人”，它的目标是给体系注入源源不断的动力，加快体系的循环运作，并从体系中提取可实现的利润。由于目标不一致，三者在规划时往往会产生矛盾甚至冲突。例如，为了提高信息的准确性，信息流的架构尽可能要简单，以减少系统冗余，提升系统精度；但是，如果从资金流的角度来看，我们有可能需要配备严格的资金管理和监控制度，这无形中又增加了信息系统的复杂度。这两者形成一对矛盾体，如何取得平衡？我们必须站在供应链的高度来权衡和决策。如果按照传统的思路，财务部门负责资金管控、IT 部门负责信息系统建设，两者的矛盾将很难调和。

有挑战才有魅力！“三流集成规划”是供应链架构中最具创造力的工作之一。优秀的架构师可以在这个环节中，通过奇思妙想来架构并优化系统结构，还能同时满足三流的各个目标。当然，这对架构师的规划经验、系统性和创新能力都提出了很高的要求。正是由于这个原因，具备这些能力的架构师在市场上十分紧缺，对于企业来说也往往是千军易得，一将难求！

既然三流集成面临如此多的挑战，作为供应链架构师，有没有什么有效的规划工具或方法？接下来，笔者将为大家介绍一套笔者在实际工作中总结出来的方法，无所谓对错，仅仅提供给大家一个思考问题的参考，希望能够有所帮助。

第二节　供应链架构思维树（SATT）

供应链架构是一项艰巨而复杂的工作，需要考虑的问题和因素很多，经验不足的人往往不知道从何入手，朝什么方向推进，要达到什么效果。为此，我们需要有一套标准化的工作方法，用来指导架构师的工作，并确保架构师尽可能考虑周全，少犯错误。为了便于记忆，笔者开发了一个思维导图，如图 2－1 所示，因其长得酷似一棵树，所以把这个工具命名为“供应链架构思维树（SCM Architecture Thinking Tree，SATT）”。

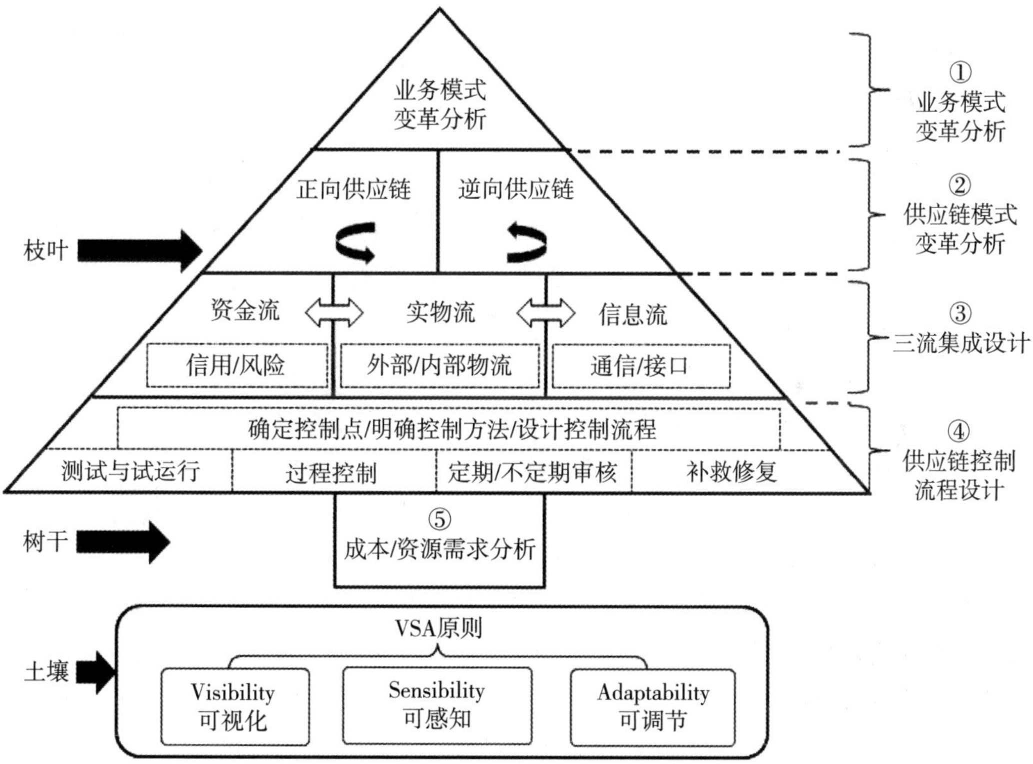

图 2－1　供应链架构思维树（SATT）

整个思维树由“枝叶”“树干”“土壤”三大部分组成，进一步分为 5 个步骤和一个原则。其中，“枝叶”部分包括前 4 个步骤：业务模式变革分析、供应链模式变革分析、三流集成设计、供应链控制流程设计；“树干”部分为第 5 个步骤，即成本/资源需求分析；“土壤”部分为架构的总体原则，即符合可视化、可感知、可调节三大原则。

我们知道，一棵大树顶端的枝叶虽说不多，但它们往往是最先接触到阳光雨露的部分，它们生机勃勃、引导着树木生长的方向。同样的道理，思维树顶端接触的是业务的本质——客户需求，由它引导我们整个供应链架构的方向。

从上往下，枝叶越发茂盛，打理起来也越发困难。供应链架构也类似，从“业务模式变革分析”开始，到“供应链模式变革分析”“三流集成设计”“供应链（风险）控制流程设计”，越往下走，复杂度越高，架构难度也越高，也需要我们更多地关注细节。

撑起一棵大树的是它强壮的树干。供应链架构能否真正付诸实施、获得成功，取决于我们是否有足够的资源支持和严格的成本控制能力。因此，我们把“成本/资源需求分析”比喻成这棵大树的树干。

当然，没有好的土壤，再好的树苗也无法长成参天大树。因此，我们设计了三条原则，即可视化、可感知、可调节，简称 VSA。我们在整个架构的过程中都需要遵循这三个原则。诚然，能完全符合 VSA 的要求相当困难，但是它决定了这棵大树未来的高度。

第一步：业务模式变革分析。

供应链架构搭建是一个从上至下（Top-Down）的过程，我们也可以把它称作“顶层设计”。这与供应链创新不同，供应链创新则是从下往上（Down-Top）发力。

因此，在这个阶段，我们应当搞清楚以下几个问题（5W1H）。

（1）What——有什么变化或新的需求？

（2）Why——为什么有这样的变化或需求？

（3）When——什么时候发起？

（4）Who——谁是发起者或利益相关方？

（5）Which——哪些地方可能会受到影响？

（6）How——如何进行变革来满足需求？

需要指出的是，我们对供应链架构可能会有一个误解，以为只有当企业在搭建整体业务模式或是对业务模式进行大手术、大变革的时候，才需要进行供应链架构的规划设计。这种认识所带来的后果是，对于一些业务模式上的小变化、小变革没有引起足够的重视，仅仅在业务层面上贸然地做了决策，而忽略了其对供应链结构的影响，最终造成重大的损失，笔者曾无数次地看到过这些“血淋淋”例子。因此，需要强调的是，业务模式分析针对的是所有对供应链结构能产生直接或间接影响的或大或小的业务决策。

第二步：供应链模式变革分析。

供应链模式变革分析，是由业务模式变革分析所导出的。其重点关注如何在供应链上实现和满足业务模式所提出的新的需求和变化，包括以下内容。

（1）对正向与反向供应链的影响分析。

（2）对供应链上协同关系的影响分析。

（3）对供应链推拉模式的影响分析（推拉模式、推拉耦合点）。

（4）对供应链上的库存配置策略的影响分析（配置点、水位等）。

（5）其他必要分析，如采购策略、分销策略、物流配送策略等。

业务模式的变革可能对供应链的战略和运营模式带来新的变化和挑战，它可能影响我们正向与反向的供应链模式，影响我们与上下游的协同关系，影响推拉结构，进而影响库存配置策略、采购策略、分销策略、物流配送策略等。

第三步：三流集成设计。

在明确了供应链的运营模式后，下一步就是进行三流集成设计。这一阶段做的是细活，思考得越细越深，将来出问题的概率就越小。不排除在这一阶段，我们的设计会与实际情况有所偏差，但万事预则立、不预则废，准备充分再上战场永远比毫无准备的人成功的概率要大很多。从另外一个角度来说，设计与实际偏离的主要原因还是准备不充分，或者是经验不足，解决这个问题的最好办法就是讨论，你把你的方案拿出来，我把我的想法提出来，通过多次头脑风暴，汇集各种声音，容纳多方意见。

在三流集成设计阶段，主要包含以下工作。

（1）绘制供应链集成设计图（ISCB）。

（2）规划正向和逆向供应链的具体流程，例如：

①规划资金流要考虑信用、风险的控制；

②规划实物流要考虑外部、内部的流程整合与分割。

③规划信息流要考虑通信、接口的耦合能力。

④三流的相互关联与匹配设计。

⑤考虑三流的速度、成本、质量等的平衡。

⑥采用自动化还是手工流程。

⑦流程的主要负责人/部门，流程的相关方。

⑧流程的输入和输出，以及内部逻辑。

这里每一个点都可以展开来讨论，但限于篇幅，我们重点讨论两个内容。一个是供应链集成设计图（Integrated Supply Chain Blueprint，ISCB），另一个是在第一章里还未充分展开讨论的逆向供应链。这两部分内容将在本章第三节和第五节中展开详述。

第四步：供应链控制流程设计。

供应链控制是我们在供应链上主动设计的一道防线，用于规避风险，减少失误。我们常说，企业家的生意可以做得很大，但是生意越大，企业家越可能睡不着觉，半夜里做的最多的恶梦就是自己辛辛苦苦创办起来的公司，一夜之间轰然倒塌。企业瞬间崩盘的例子数不胜数，远的如安然事件，近的如俄乌冲突、全球新冠疫情，这些都一再向我们敲响警钟，提醒我们要关注供应链的风险控制。

案例 2－1：安然公司

美国安然公司曾经是世界上最大的能源、商品和服务公司之一，名列《财富》杂志“美国500强”的第七名，也是许多知名企业首选的“优秀供应商”。2001年，这家全球领先企业突然向纽约法院申请破产保护，该案随即成了美国历史上最大的一宗破产案。

究其原因，竟是为了抬升股票价格，公司高层一次次地编造假账、一次次地铤而走险，最终导致缺口过大而遭受到投资者的质疑。可笑的是，最初提出质疑的并不是什么大人物，也不是公司的客户，而是一名短期投资公司的老板，正是因为他的不断质疑，美国证券交易委员会才开始介入了调查。

安然事件给美国股市和企业界造成了很大的震动，为了避免类似的事情发生，2006年美国颁布了Sarbanes－Oxley（SOX）法案，即萨班斯－奥克斯利法案，该法案要求所有上市公司都必须向美国证券交易委员会上交内部会计控制有效性的报告，并且规定了对违反行为的刑事和民事处罚规定。特别需要指出的是，SOX法案在其401(a)、404和409章节对供应管理也提出了具体的要求，例如为了预防、阻止和发现欺诈，SOX要求有权利采购商品或服务的人不能接受并为商品或服务付款。在SOX中还定义了所谓的“重要事件的及时汇报”规定，例如供应商交期延误或者外包合作者不能提供产品和服务，从而造成采购方收益损失，这类事件应当被当作重要事件在内部控制报告中予以汇报。

（案例来源：《全球采购》2014年4月刊，作者施云。）

案例 2－2：俄乌冲突

2022中国新年的氛围还未散去，一场第二次世界大战后欧洲最大规模的冲突突然间爆发。2022年2月24日，俄罗斯总统普京发表讲话，承认乌克兰东部两州“独立”，以“去纳粹化”和“去军事化”为目标的俄罗斯特别军事行动开启。一支突袭部队，从乌克兰北部直插基辅。随后，俄军的军事行动覆盖范围涵盖了从环黑海地区到与白俄罗斯临界的全部地区。但是，这场冲突并未如俄罗斯所愿的那样速战速决。战事越来越胶着，西方各国也以支援方式参与其中。

自从俄罗斯对乌克兰发动特别军事行动以来，欧洲企业面临着前所未有的挑战和损失。这场冲突不仅对乌克兰和俄罗斯产生了严重的影响，也在欧洲商界引发了连锁反应。冲突导致欧洲能源供应中断，使得一些企业面临生产停滞的威胁。此外，欧盟发布的制裁俄罗斯的措施导致一些企业不得不削减与俄罗斯的贸易往来，进一步影响了业务。据初步估算，欧洲企业因俄乌冲突已经损失超过千亿欧元，这一数字正日益增长。

供应链的风险控制主要回答三个问题：

（1）控制点设置在哪里？

（2）使用什么控制方法最有效？

（3）如何设计控制流程？

在供应链流程设计阶段，我们已经绘制出了“供应链集成设计图（ISCB）”，这张图不仅可以用来描述复杂的流程，还能够用于绘制“供应链控制图谱（Supply Chain Control Map，SCCM）”。控制图谱和集成设计图的唯一区别就是多了控制点以及控制方法，在图中标注出来，简单明了便于理解。关于供应链控制图谱（SCCM），我们将在第四节里详细阐述。

有四种最常用的供应链控制方法：测试与试运行、过程控制、定期/不定期审核、补救修复，也可以简单归为三类：事前控制、事中控制和事后控制。我们应当尽可能地将控制重点放在事前控制阶段，因为此时的投入最少、效果最好。

第五步：成本/资源需求分析。

从某种程度上来说，供应链架构师的工作也是一项艺术，需要懂得如何权衡取舍，懂得在成本和效率之间取得平衡。

成本测算是架构师的基本素质，在完成了一项设计之后，我们应能估算出这套方案需要投入的成本和产生的收益到底有多少，符不符合企业的目标和预算。企业的高层凭着这份成本分析数据，可以快速地做出决策。成本/资源需求分析包括以下一些内容：

（1）项目周期测算；

（2）硬件、软件的投入估算；

（3）人力投入、工作量分析；

（4）相关支持性工作的资源投入；

（5）使用成本（保养、维护、升级等）；

（6）其他费用（如差旅、培训等）；

（7）资金成本、营运资本测算；

（8）NPV、IRR 等（净现值、内部收益率等）的测算。

成本/资源需求分析是整个思维树的最后一步，缺少了这部分工作，整个体系架构就是不完整的，甚至是脱离实际的。因此，它是整棵大树的树干，由它支撑起了整棵大树的重量。

总原则：VSA。VSA 由三个英文词汇的首字母组成，这三个词分别是“Visibility（可视化）”“Sensibility（可感知）”“Adaptability（可调节）”。

1. 可视化

可视化包括三个维度，分别是“账实可查”“数据准确”“全程可追溯”。“账实可查”指的是我们不仅知道实物在哪里、有多少，还能从系统中查到对应的信息，这两者是完全匹配、相互依存的；“数据准确”指的是供应链数据的高精度，这里的精度要求不仅体现在账实之间，还体现在不同的 IT 系统之间，都要达到一定的精度范围；“全程可追溯”指的是我们不仅要知道实物在哪里、有多少，还要知道它们是从哪里来的，下一个时间点要去向哪里，全流程的数据都可以追溯得到，并保持一致性。

越复杂的供应链系统，越要在可视化上面下足功夫。很多人乐观地认为，供应链上只要有一套好的系统，“账实可查”“数据准确”“全程可追溯”就都可以实现，其实不然。即便是世界 500 强企业，也无法做到 100% 的可视化。

这里面有人的问题、流程的问题以及 IT 系统的问题，而这些问题往往交织在一起，为 RCA（Root Cause Analysis）根本原因的分析和查找带来了巨大的挑战。人（People）、流程（Process）和系统（Tool），我们把他们称之为供应链管理的 PPT。在可视化设计的时候，需要考虑如何把 PPT 进行合理区隔，以便于后续问题的跟踪和改善。

2. 可感知

“可感知”指的是，我们是否有能力快速捕捉到供应链体系中出现的问题，并为下一步行动发出信号和预警。“可感知”不同于“可视化”，但却建立在“可视化”的基础之上。“可视化”好比是我们在商场里安装的摄像头，它的覆盖面有多宽，清晰度有多高，表示了我们的可视化程度有多高，但是仅仅有全面覆盖的摄像头，却不能保证商场不丢东西，还需要“可感知”。“可感知”则好比在摄像头上增加了动态图像捕捉系统，能够对可疑事件进行分析，并及时对风险进行预警和报告。

在供应链架构中，“可感知”意味着一系列由事件激发的管理流程，即当 A 事件发生时，触发了 B 动作，以及后续一系列相应的动作。例如，当我们的某个供应商的准时交货率低于目标值 90% 的时候，触发了采购人员的调查动作，以及后续的改善动作。

3. 可调节

可调节也被称为供应链的柔性（Flexibility）。好的供应链架构设计应遵循结构化或模块化的设计原则，体系内部逻辑清晰，具备可拓展性。当客户的需求、市场条件等发生变化时，供应链体系能够快速进行响应和调整。例如，某个客户突然下了一个急单，交期比过去缩短一半，但是客户愿意为此多付 10% 的价钱。对于缺乏柔性的制造商，即便增加 10% 的价格也很可能无法覆盖因为交期缩短所带来的高额的原材料空运费用。但是，假如我们在工厂的附近还有一家新引进的合格供应商，虽然价格略微高一些，但对于这个订单来说，就解了燃眉之急。也就是说，新供应商的加入，提高了我们供应链体系的柔性，使我们能够根据客户的需求进行一定程度的调整。

VSA 原则（可视化、可感知、可调节）是整棵大树的土壤。树苗再好，阳光再充足，假如没有好的土壤，也不可能长成参天大树。因此，假如不遵守 VSA 原则，即使企业完整的供应链体系这棵大树被设计出来，也会因为先天不足或营养不好而长得不高，或者是普普通通、与别的树木并无太大区别。所以，VSA 是精益求精的原则，能为企业持续经营带来巨大好处。

至此，我们对供应链架构思维树（SATT）做了简单的介绍，其中涉及绘制供应链集成设计图，逆向供应链规划等内容，我们会在接下来的章节里详细介绍。作为工具，SATT 能帮助我们把复杂的供应链架构工作清晰地分解为 5 个步骤和 3 个原则，简化了设计流程，同时避免了规划工作中的疏漏。

第三节 供应链集成设计图（ISCB）

建筑师在设计房屋时会绘制建筑结构图，机械设计师在进行产品设计时会绘制机械结构图。无论是谁绘制的结构图，拿到图纸的设计师都能够看得懂，因为他们都采用了标准的绘图方法，但是，作为供应链架构师，我们是否绘制过“标准的供应链结构图”呢？答案是：从来没有！

我们或许见过所谓的“供应链结构图”，但是由于不同的人对于供应链有着不同的理解，我们所绘制出来的结构图也必然是五花八门、千奇百怪。但是假如不把它画出来，对于如此复杂的供应链，谁又能用三言两语将它完整地描述出来？如果无法清晰地描述供应链，我们又如何对它进行管理呢？

无论是房屋设计还是零件设计，在完成设计之后，我们都会将图纸保管归档，以备未来进行维修、维护或者设计改进时进行查用。但是，供应链的架构却很难进行归档，往往是前人走过的弯路，后人弄不好还得重走一遍。因为前人做过什么样的架构，为什么这样架构，后人找不到任何标准化的图纸作为参考，只能重新推倒再来一遍。

为此，我们需要制定一套标准的供应链制图方法。

在第一章中，我们曾经探讨过什么是供应链，它应该包括哪些要素。在这个基础上，笔者开发了一套简要的绘图方法，并称之为“供应链集成设计图（Integrated Supply Chain Blueprint，ISCB）”。

第一步：绘制流程框。

“供应链集成设计图”的特色是把实物流、信息流和资金流绘制在同一张图上，并用虚线进行分割（见图 2－2）。

第二步：绘制细节图。

把实物流、信息流、资金流的主要流程在各自的方框里画出来，注意绘制不同“流”的时候，主要的节点需要对齐。例如，对于在实物流、信息流和资金流上都需要绘制的“中央物流中心”，需要确保它们在图纸中对齐。

第三步：钩稽三流之间的关系。

然而，仅仅将实物流、信息流、资金流画在同一张图上是不够的，我们还需要搞清楚三流之间的同步关系。在本章第一节中，我们提到了三流的属性不同，就导致了三流之间的匹配问题。例如，实物流已经完成，但信息流还未完成；或者实物流按照实际货物一票一票地进行订单处理，但信息流是按照每 12 个小时的周期批量处理一次订单，这中间存在着一定的时间延迟。类似的三流不匹配会给我们的供应链管理带来巨大的挑战。最理想的情况是尽可能避免出现所谓的匹配问题，每个动作均是一一对应的，但这太过理想化，在实际运用中，我们根本无法避免所有的不匹配现象，这里面有各种各样的原因。例如人的问题，我们没有办法要求作业员一天 24 小时随时待命，每票货物一发出或一收到，立即在系统中进行录入，这样要耗费大量的人力，而且效率不高。我们通常的做法是，设定一个 SOP（Standard Operation Procedure，标准作业程序），要求作业员每隔一定的时间（如两小时）把收发数据批量进行录入。类似地，不仅存在着人的效率问题，IT 系统也会把数据进行归集，按照批量进行处理，以减轻系统的负担，减少 IT 系统的投入成本。因此，我们需要在供应链集成设计图中将所有不匹配的流程都标示出来，便于后续我们绘制“供应链控制图谱（Supply Chain Control Map，SCCM）”时使用。

为了便于大家理解如何绘制 ISCB，我们举一个简单的例子。

案例 2－3：为 H 公司绘制供应链集成设计图

H 公司的供应链简介：从制造中心（Manufacturer，MFG）到中央物流中心（Central Distribution Center，CDC），再到三大区域物流中心（Regional Distribution Center，RDC），最后到用户（End Customer，EC）的供应链体系，包括正向和逆向供应链。

绘制过程演示如下。

第一步：绘制流程框，如图 2－2 所示。

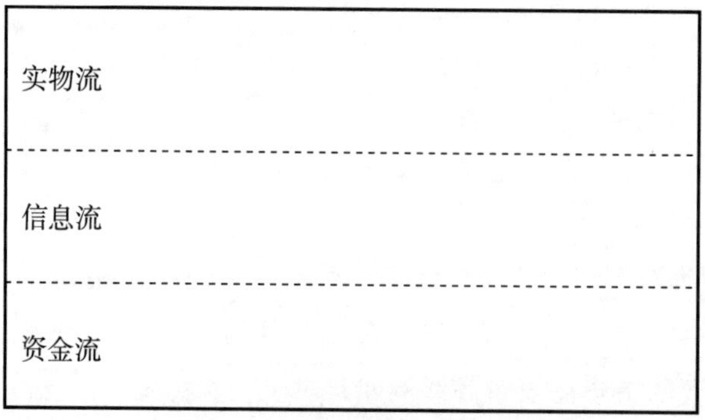

图 2－2　供应链集成设计图（1）

第二步：绘制细节图。

其“实物流”如图2-3最上端的方框里所示。与传统流程图画法稍有不同的是，我们使用实线箭头表示正向供应链的流动方向，用虚线箭头表示逆向供应链的流动方向。本例中，逆向物流是从最终用户（EC）直接返回中央物流中心（CDC），再回到制造中心（MFG），不需要再经过区域物流中心（RDC），这样可以节省物流和退货的处理费用。

接下来我们再来绘制“信息流”部分。本例中，信息流的流动相比实物流更复杂一些。由于制造中心（MFG）离中央物流中心（CDC）很近，运输时间只有两个小时，为了降低系统复杂度，在制造中心（MFG）和中央物流中心（CDC）之间我们不追踪在途库存状态。同理，从区域物流中心（RDC）到最终用户（EC）手中，这一段的运输采用的是快递，通常在半天之内完成，我们也不追踪在途库存状态。然而，在中央物流中心（CDC）到区域物流中心（RCD）之间通常是跨省运输，采用陆运或水运的形式，时间跨度短则几天长则十多天，财务部门需要能够随时了解在途库存的总量和分布情况，因此我们需要在中央物流中心（CDC）和三个区域物流中心（RCD）之间建立起三个对应的在途虚拟仓库（In Transit，InT），用来追踪和统计在途库存。在信息流图中，我们使用倒三角符号来表示虚拟仓库，需要注意的是，这个虚拟仓库在实物流中是不会体现的。另外，如前所述，逆向的实物流我们跳过了区域物流中心，主要是出于成本的考量，但根据公司税务的处理要求，退货的信息流还必须经过区域物流中心（RDC），但这个信息流采用的是“闪处理”（Flash Title）的模式，只做过账，即入账和出账同时完成，中间不存在时间差或延迟。这样做的好处是可以在系统中留下进和出的两笔交易记录，满足税务和财务的要求，同时不会在系统中造成账目不平衡的现象（即有“进账”而无“出账”，或有“出账”而无“进账”），在任何一个时间点我们所抓取的财务数据，进和出的记录都是绝对平衡的。“信息流”如图2-3中间方框里所示的流程。

最后我们再来绘制“资金流”部分，资金流和实物流是反方向的。最终用户（EC）收到实物和发票后，在10天内将货款TT（电汇）打给区域分公司（Subsidiary，SUB），区域分公司（SUB）按月归集款项并TT打给总公司（Headquarter，HD）。逆向资金流也类似，制造工厂（MFG）收到退货后进行检测，如确认品质问题，将在7天内将货款退回给区域分公司（SUB），区域分公司（SUB）将在3天内将货款退回最终用户。具体流程如图2-3下端的方框所示。

第三步：钩稽三流之间的关系。

如图2-4所示，我们用“≠”标示出供应链中所有不匹配的动作。例如，从制造中心（MFG）到中央物流中心（CDC），虽然只有几个小时的路程，但制造中心（MFG）每隔2小时发送一批货物，而中央物流中心（CDC）每隔6小时处理一次数

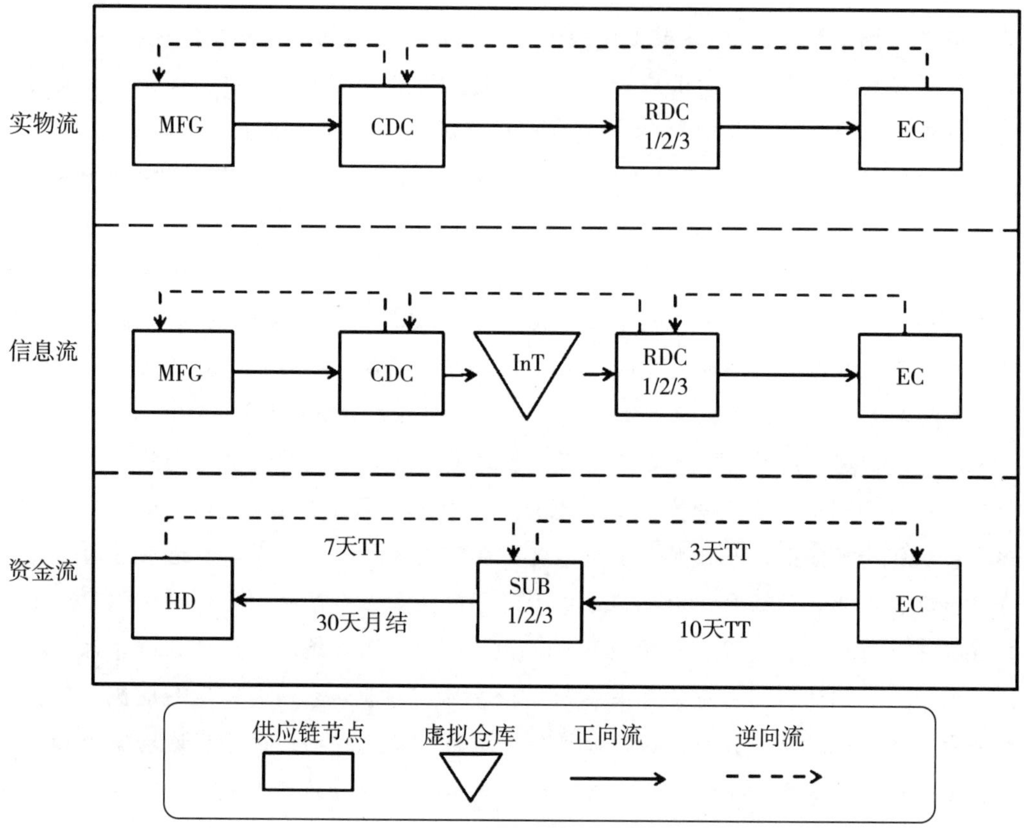

图2-3 供应链集成设计图（2）

据，这中间就存在着不匹配的情况。举例来说，早上8点、10点、12点制造中心（MFG）共发出三批次货物，分别在早上10点、中午12点、下午14点送抵中央物流中心（CDC）。但是CDC的WMS（仓库管理系统）系统每隔6小时运行一次存货计算，即早上8点、下午14点、晚上20点分别运行一次。那么，假如我们在中午11点的时候分别提取制造中心（MFG）的ERP库存数据，以及中央物流中心（CDC）的库存数据，会发现它与我们实际的总库存存在着差异，即有两票货（早上8点和10点从制造中心发出的两票货）在两边的系统中都无法找到，这就是信息流与实物流不匹配所造成的数据和实物的差异。

那么，如何解决这个问题呢？我们需要在供应链集成设计图的基础上增加控制点，通过有效的控制方法来还原事实，这将在下一节“供应链控制图谱（SCCM）”中详细介绍。需要注意的是，由于资金流通常都提前或落后于实物流和信息流，很少同步发生，因此我们无须另外标注，在供应链集成设计图中默认资金流与实物流和信息流都是不匹配的，这样的好处是，图面看上去会显得更清晰整洁。

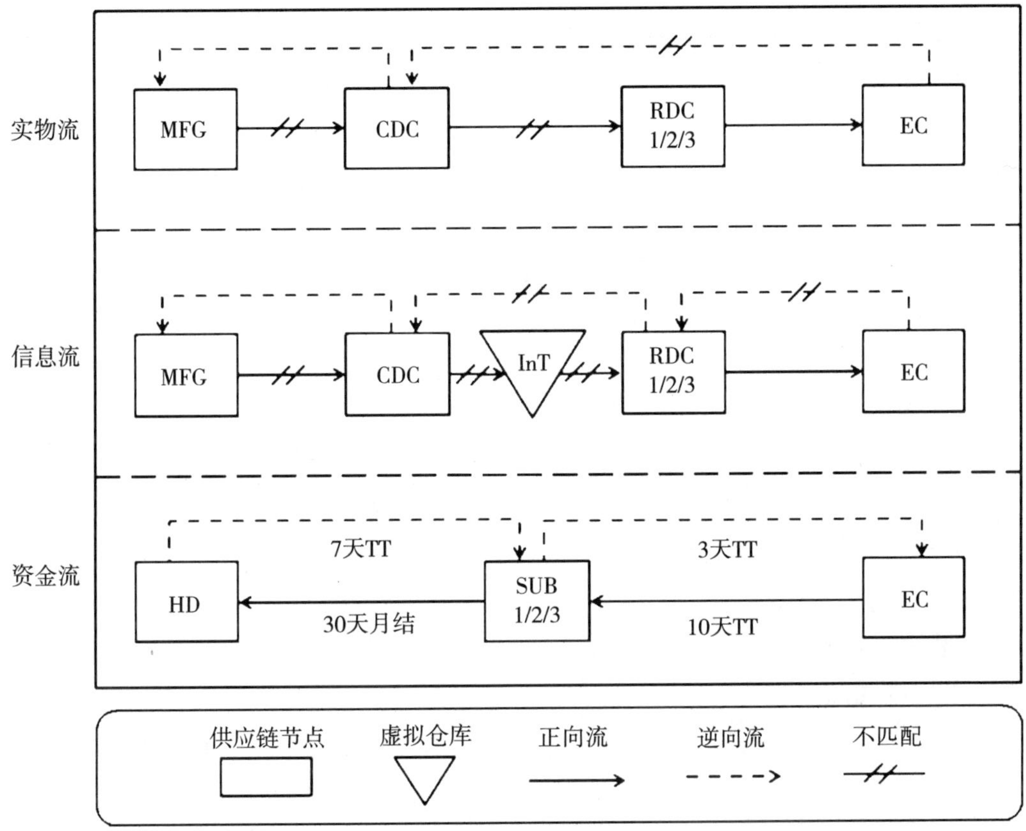

图2－4　供应链集成设计图（3）

至此，我们顺利地完成了供应链集成设计图的绘制。当然，这里仅仅举了一个相对简单的例子，用于说明供应链集成设计图的绘制过程和方法，实际情况远比绘制这张图要复杂得多。

第四节　供应链控制图谱（SCCM）

如图2－5所示，供应链控制图谱（Supply Chain Control Map，SCCM）是基于供应链集成设计图，在其上标示出“控制点”和“控制方法”绘制而成。如前所述，供应链控制主要有四种方法：测试与试运行、过程控制、定期/不定期审核、补救修复。其中，测试与试运行为事前控制，补救修复属于事后控制，而我们这里所绘制的控制图谱更多关注的是事中控制，包括过程控制和定期/不定期审核。

过程控制又分为：审批控制（Approval Control，AP）、循环盘点（Cycle Count，CC）、全面盘点（Physical Inventory，PI）、对账（Reconciliation，RC）、数据挖掘（Data Mining，DM）等。

审批控制：对于特定金额或特定事务设定审批权限，经由指定人员批复后流程方可继续，例如：某公司要求所有高于 100 万元的付款必须经由总经理批复方可支付。审批控制用符号Ⓐⓟ表示。

循环盘点：循环盘点法是将物资逐区、逐类、分批、分期、分库连续盘点，或者在某类物资达到最低存量时加以盘点。例如：很多企业将物料按照 ABC 三类进行分类，对 A 类（高价值物料）实施每日盘点，B 类（中价值物料）实施每周盘点，C 类（低价值物料）实施每月盘点。C 类物料种类繁多，每月盘点并不意味着每月的某一天一次性盘点完所有 C 类物料，而是可以分期分库进行盘点，只要每月能够把全部的 C 类物料都盘点过一次即可。盘点后针对差异调整系统数据，确保账实相符。循环盘点用符号Ⓒⓒ表示。

全面盘点：一次性对所有的库存进行全面盘点。例如，很多从事进料、来料加工的企业在半年/年终为了应对海关盘点，会在海关人员的半年/年终稽核前进行一次全面大盘点，把所有原材料库存、在制品库存、成品库存都盘点一次，盘点后针对差异调整系统数据，确保账实相符。全面盘点耗时耗力，企业还需要中断生产来配合全面盘点，因此盘点的频率不应过高。全面盘点用符号Ⓟⓘ表示。

对账：对账是指针对多系统间的数据进行比对，或者针对手工报表与系统报表的数据进行比对，找出差异并进行根本原因分析（Root Cause Analysis，RCA），调整差异并避免再次出现同类问题。例如：某企业把自己的仓库运作外包给第三方物流公司（3PL），企业使用自己的 ERP 系统，第三方物流公司使用自己的 WMS 系统，两者的系统进行了 EDI 数据对接。但是，由于存在着三流的不匹配现象，两套系统对库存数据的记录会产生差异，这些差异产生的原因很复杂，通常都是由人、系统、流程等问题所导致的，为了确保两套系统的账目相符，同时避免此类问题再次发生，就需要定期甚至实时地对两套系统的数据进行比对，找出差异并分析原因，予以解决。对账用符号Ⓡⓒ表示。

数据挖掘：指的是从供应链上大量的数据中通过算法搜索隐藏于其中的信息的过程，主要挖掘出现异常的规律、原因并加以控制。例如：某企业通过对其大量的物流数据的挖掘，发现每隔约三个月，通过陆运发往某地区的运输总时间会延长两天，进一步了解后，发现该地区有个民俗，农历每三个月需要进行一次祭祖活动，造成大面积交通拥堵从而导致运输延迟，祭祖活动日期的选定是根据皇历计算的，与公立算法不一致，较难进行预测管理。公司随后进行调整，在系统中增加皇历算法，当交货期遇上祭祖活动时自动增加两日的运输时长，从而避免了客户的投诉。数据挖掘用符号Ⓓⓜ表示。

以上列举了一些常用的供应链控制方法，实际工作中，往往不局限于以上几类，企业还可以根据自身需要增加相应的控制方法和手段，并在控制图谱中标示出来。

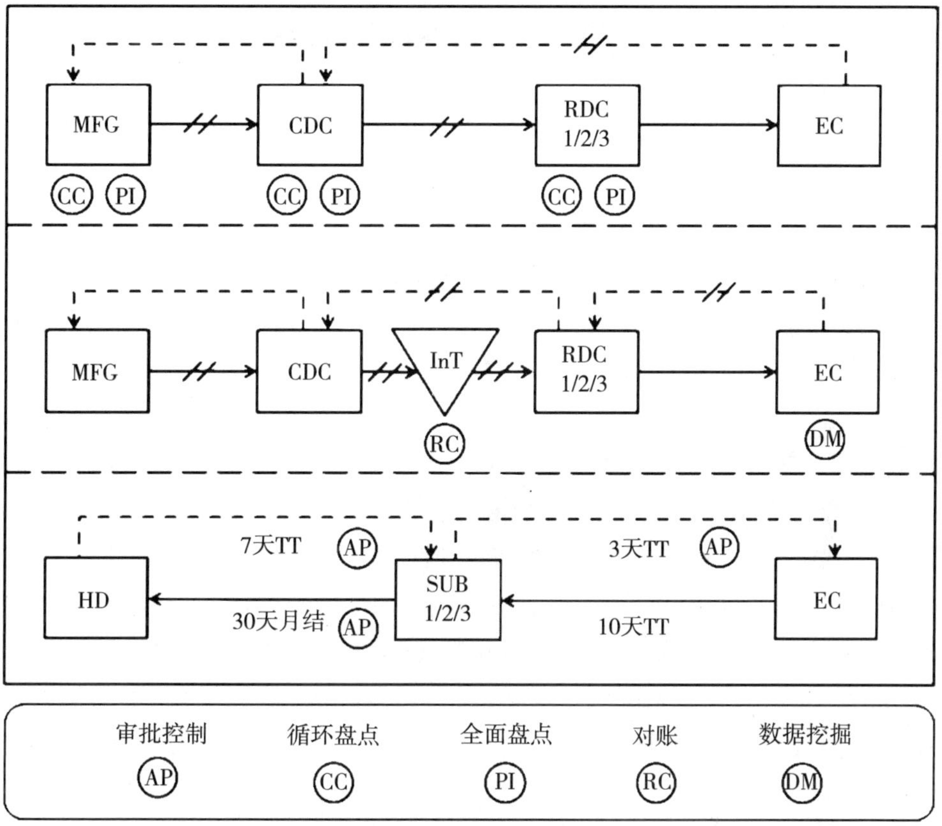

图 2-5 供应链控制图谱

我们把这些控制方法在前述的供应链集成设计图中标示出来。例如，我们可以在制造中心（MFG）、中央物流中心（CDC）、区域物流中心（RDC）设置盘点控制ⒸⒸ和ⓅⒾ。A 类物料每日盘点，B 类物料每月盘点一次，C 类物料每季度盘点一次，所有物料每半年全盘点一次，以此来确保账实相符；针对在途虚拟仓库（InT）我们可以采用对账ⓇⒸ控制方法，将企业 ERP 系统的在途库存数据与第三方物流运输系统（LMS）的库存报告进行比对，找出差异并进行分析；对于最终客户的购买记录，我们进行数据挖掘ⒹⓂ控制，从而寻找规律并控制风险；最后是审批控制ⒶⓅ，我们要求所有按月归集的货款在汇给总部前需要经过分公司总经理的审批，所有客户退货导致的货款返还需要服务部门的经理审批。最后，我们绘制好的供应链图谱如图 2-5 所示。

供应链集成设计图（ISCB）能帮助我们直观地描述供应链，供应链控制图谱（SC-CM）能帮助我们直观地定义供应链上的“控制点”和“控制方法”。笔者希望通过这两个工具，将供应链的架构以标准化的方式直观地展现出来，便于沟通、记录和保存我们在架构工作中所融入的智慧、所得到的结果。诚然，这两个工具还有许多地方值得深入地研究开发和拓展，如更丰富的图例、符号和控制方法等。

第五节　逆向供应链流程设计

在供应链流程设计阶段，我们很容易忽视逆向供应链的设计，导致系统设计不完善，问题层出不穷。因此我们有必要更深入地讨论一下逆向供应链的设计问题。

在大多数情况下，人们一听到“逆向物流”或“逆向供应链”，就轻易地把它和“客户退货”联系在了一起。这种理解实在过于普遍，以至于笔者每每在企业供应链架构会议中，提醒大家要关注“逆向供应链”时，得到的答复往往是“退货流程我们已经有了”。

如前文所述，评价一位供应链架构师的工作是否令人满意，在于其考虑问题是否完整，把“退货”和“逆向供应链”画上等号，是十分片面的观点。为了让大家看得更清楚，我把逆向供应链进一步细分为“宏观逆向”和“微观逆向”两个类型。

“宏观逆向”是站在客户的角度，包括退货、返修等由客户所驱动的逆向供应链；而“微观逆向”是站在供应链的角度，把一切与正向供应链流向相反的动作都归属于微观逆向，甚至更进一步把所有需要采用逆向思维进行的供应链设计都归属于微观逆向。

最简单的例子就是企业内每天发生的物料逆向移动，例如某工厂针对弹簧类物料采用的是“倒冲（Back Flash）”的生产计划流程。“倒冲”指为了避免物料的生产损耗过大，影响生产效率，产线先从仓库领取一定数量的物料，产线领取的数量往往会略大于实际的工单需求量，等工单完成后，再根据实际使用量在MRP（物料需求计划）中扣除，并把多余物料退回仓库。这个退的动作，与正常的物料流向是相反的，就是一种“微观逆向”，这样的例子还很多。作为供应链架构师，在进行供应链规划时，应当比业务人员走得更深一步，除了关注“客户退货”这类“宏观逆向”外，还应更多地关注“微观逆向”。

忽视这一点是很可怕的！据笔者观察统计，有超过60%的供应链规划问题，是由于对“逆向供应链”的不够重视导致的，尤其是对“微观逆向”没有引起足够的重视。究其原因，我们把大量的精力都放在了正向供应链的规划上，所以不太容易出问题，而对于“逆向”的规划，要不就太宏观、太粗放，要不就直接给忽略掉了。我们来看几个实际案例，为了尊重案例企业，这里隐去企业的真实名称。

案例2－4：新工厂的借料还不了

某企业在中国西部新建了一家工厂。工厂建成后，需要进行试生产。由于工厂刚刚建成，采购体系还未搭建完毕，采购人员也未到位。于是项目人员决定，试生产所需要的物料先向位于东部沿海地区的老工厂借。新工厂试生产完毕后将物料退还给老工厂作为工程样品使用。这个方案看起来很合理，没有什么漏洞。于是大家分头落实，很快就顺利完成了物料的借用和试生产任务。

然而，当把物料退回老厂时，项目组遇到了麻烦。由于新工厂位于保税物流园区内，而老工厂位于保税物流园区之外，如果把物料发往关外的老工厂，海关需要补征关税和增值税。算一算，大约需要20万元人民币，这是一笔不小的费用。假如不退，直接在本地报废呢？同样也需要向海关补税。在没有更好的解决方案的前提下，新工厂不得不对这部分物料补税后退转回东部老工厂。

就这个案例而言，假如我们能够提前把“微观逆向”的细节流程规划清楚，完全有可能规避问题的发生。例如，与当地海关提前沟通，提前告知海关，并协商免税事宜。由于该企业是知名企业，在西部建厂得到了当地政府和海关的大力支持，类似这样的问题，事前沟通完全有可能获得一个不错的结果。即便在最差的情况下，海关还是坚持要求交税，企业的管理层至少能提前对这笔20万元的费用做到心中有数，加入项目的预算里，避免了很多流程上的不必要的麻烦。

“微观逆向”说的不仅仅是微观的逆向物流，同样也包括信息流、实物流、资金流这三大要素。我们假如只关注到了微观的逆向实物流，而忽略掉了微观的逆向信息流、资金流，同样可能会犯错误。

案例2－5：莫名其妙多出的“两票货”

2013年10月，笔者所熟悉的一家企业，发生了一件颇为耐人寻味的事情。工厂里刚刚生产好的产品，质量部门发现有潜在的质量风险，于是立刻叫停发货。质量人员也很负责任，亲自跑到工厂的发货区，硬是把货给拦了下来，成功避免了一次质量事故。在仔细对产品进行检测后，质量人员给出了拆机返工的建议。工厂的效率也很高，迅速把产品退回到了在制品区，简单维修后准备重新出货。

假如我们仅仅从“逆向物流”的角度看待这个案例，似乎很完美，也不应该存在任何问题，然而，若我们以“逆向供应链”的角度，尤其是“微观逆向”的角度来审视这个案例，会发现这里面其实存在着诸多漏洞。首先，质量人员虽然千辛万苦把货给拦了下来，但是却没有把信息流也给“拦住”，这票货虽然还未离开工厂，但是已经完成了扫描出货的动作，从所有权的角度来看，它们已经不属于工厂了，在物流信息系统里，所有权的转移已经发生，成了在途库存；其次，工厂拆机的动作造成了一个更为可怕的后果，它使得库存数据发生紊乱，这批原本已经不属于工厂的机器，在工厂拆装完毕后又无缘无故地、“神秘地”成了工厂的新库存。几天后，工厂又把这批物料按照同样的流程发给了各个物流中心。至此，各个物流中心看到自己的在途库存账目下莫名其妙地产生“两票货”。财务总监立刻站了出来：“到底发生了什么事?”最终，经过反复调查并找到根本原因，花了大量的时间和精力才把系统中的账目调平。

除了上面我们提到的实物产品的逆向供应链管理，随着互联网的快速发展，近几年出现了所谓的“逻辑产品”，对于它们的逆向供应链管理更加复杂。

这些“逻辑产品”主要是软件产品，无形但有价。因为具备商品的使用价值，客户同样需要花钱购买，但它们却不以实物存在，看不见摸不着。“逻辑产品”的物流与信息流已经合二为一，需要通过IT系统来实现所谓的“物物流转”和“信息交换”，这使得“逻辑产品”的供应链管理极具挑战。例如，在传统的实物供应链下，我们如果发现账实不符的问题（系统账目与实物库存不匹配），通常有一个很好的纠正方法——盘点，根据盘点实物的数量来纠正系统数量，确保二者相符。然而对于“逻辑产品”，我们是无法进行盘点的，任何数量错误或差异，都将只能通过“根本原因分析法（Root Cause Analysis)”找到问题的根源并进行解决。由此可见，“逻辑产品”的供应链规划设计难度更高，对供应链架构师提出了很多挑战。

案例2－6：“逻辑物料”怎么管理

2013年，某整机品牌企业着手准备在其整机产品上灌装“逻辑物料”，即某软件公司的“产品密钥”。软件先通过预灌装程序安装到产品主机上，待用户首次开机使用时根据“密钥”进行认证和自动激活。该软件公司与整机厂商有一个协议：未被激活的“逻辑物料”在一个季度内是不用付费的，只有当产品被激活，整机厂才需要付费。看起来似乎很简单，“逻辑物料”在供应链上所走过的节点与普通物料并未有太大区别，但信息流的传递远比传统物料复杂很多，简图见图2－6（注：为了便于理解，此图没有展示过多细节，实际的供应链架构图远比这张简图复杂得多）。

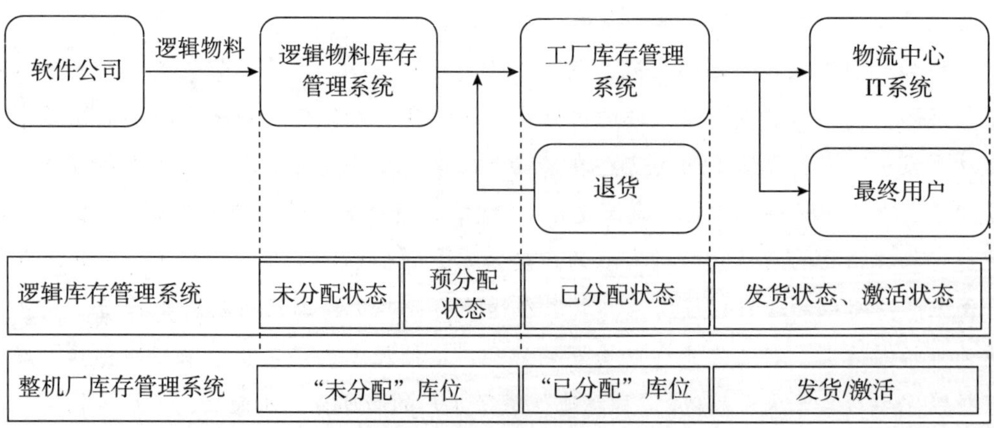

图2－6 逻辑物料信息流

为了管理好"逻辑物料"，该软件公司专门开发了一套"逻辑物料"库存管理系统，这套系统对接整机品牌企业的ERP库存管理系统，通过数据交换，完成物料的购买、交付、灌装、激活、付款等。其中，"逻辑库存管理系统"通过切换"逻辑物料"的使用状态来管理物料，例如"未分配状态""预分配状态""已分配状态"等；而"整机厂库存管理系统"则根据这些状态的变化来触发"逻辑库存"在不同库位间的移动。例如，当收到"逻辑库存管理系统"将物料从"预分配状态"变为"已分配状态"时，"整机厂库存管理系统"同步将"逻辑库存"从"未分配库位"移动到"已分配库位"，实现"状态变更"与"物料流转"的同步。

有经验的供应链架构师往往对于这类"系统对系统"的数据交换特别谨慎小心。他们会把所有可能遇到的情况都尽可能地考虑清楚，尤其是面对这种古怪的"逻辑物料"时，更应当考虑缜密、无所遗漏。然而，很遗憾的是，对于新事物，项目组的人员大多没有经验。我们在这张简图上很容发现一个问题：它只关注了"宏观逆向"——客户退货，而缺失了几乎所有的"微观逆向"。不出所料，该套体系上线后，问题频出。例如：客户临时取消订单，物料无法逆向流动，或者滞留在某个中间状态而无法继续移动。

过去，软件是通过光盘销售的，具备实物的形态，工厂的库存周转率可以控制在5天以内，所有未被使用的产品均可全数退回给软件公司，工厂没有呆滞库存。在这套体系上线后，短短的一年里，工厂竟然产生了上千万美金的呆滞库存，并且无法确定是由于"逆向供应链"还是"正向供应链"所导致，尤其是在供应链规划的初期，没有对"微观逆向"引起足够重视，导致在系统规划时，这两者相互混淆、相互干扰，使得系统出现紊乱。幸好，由于软件公司也承担有一定的责任，双方高层经过商讨，软件公司同意把未超过一年的呆滞库存一笔勾销，避免了整机厂的巨大损失。

第六节　供应链设计的防呆法——"零壹原则"

供应链管理人员常常在救火！不是这里缺料停产，就是那边库存高企；不是这边供应商天天催款，就是那边客户天天催料；不是系统不给力，就是人员不按操作规程办事……问题从未停止过，电话从未中断过。记得有一次，笔者的上司从美国过来，飞机刚刚落地，还没到酒店，接了个跨洋电话就又拎着行李，头也不回地飞回美国，原来是美国的物流中心出现了系统问题，导致运营大面积中断。

诚然，作为供应链架构师，有些问题我们无法规避，只能靠后期的快速反应查漏补缺、修补过失，但这并不等于我们可以在规划过程中放任自流、随心所欲。如我们前文所述，至少60%的供应链问题是在架构阶段所遗留的，如果我们足够理性、足够细心、足够专业，很多问题都可以在系统设计阶段被规避掉。

企业里并不是所有人对供应链都有一个全面的认识，架构师对这一点要有清楚地认知，需要考虑我们所设计的供应链流程，能否让未来的实际运营人员少犯或者不犯错误。这里，我们借用一个工艺工程师常用的设计方法——防呆法（Poka Yoke，日语：ポカヨケ）来规避风险。防呆法起源于日本，是一种预防矫正的行为约束手段，运用避免产生错误的限制方法，让我们不需要花费注意力，也不需要经验与专业知识即可完成正确的操作。举个简单的例子，我们需要在安装某个齿轮的时候避免操作员装反，可以在轴承上设计一个卡槽，使得齿轮在反过来的时候无法安装。同样，我们在设计供应链流程时，也可以采用类似的方法。例如，我们对某个客户的供应链融资授信额度与客户的动态库存和交易额进行绑定，通过算法自动进行核对，避免了手工调整的错误发生。

事实上，如果已经看到了风险，采用防呆法进行规避其实并不难，相信每个聪明的脑袋都能找到合适的方法。然而，难就难在我们根本就没有思考过哪里有风险，哪里需要防呆。因此，为了帮助供应链架构师系统地工作，笔者推荐一个自己总结出来的方法——供应链架构的“零壹原则”。

学过电路设计的朋友都知道，数字电路取代模拟电路的原因在于它更加简单，数字电路把过去模拟电路需要管理的连续的趋近于无穷多的电流、电压等数值，简化成两个值，即通过“0”和“1”两个值，来分别代表开关通断、电压高低、灯亮灯灭等。在这个简化基础上，数字电路走向了集成化、小型化、精密化的发展之路。

同样地，供应链体系也十分复杂，如果我们采用“模拟电路”的管理逻辑，即对供应链上的绩效或任务进行连续性的监控、不间断的调整，由于管理的规则不一、管理的幅度过大、管理的时间跨度过长，费时费力不说，还十分依赖于实施管理的“人”，依赖于他对考核指标的理解和落实的能力。如果采用IT系统固化管理流程，也会因为流程的复杂性过高导致无法实施，即便勉强推行，也会造成系统的投资成本高、系统的出错概率大幅增加。因此，“模拟电路”的管理方法往往是吃力不讨好，还容易造成很多问题。于是，我们可以尝试借鉴“数字电路”的管理逻辑，大幅简化供应链管理的复杂性。

这虽然听起来很高大上，但操作起来其实并不复杂。我们可以根据“数字电路”的逻辑，找出供应链上的“0”和“1”分别代表什么。例如，我们可以定义“1”代表供应链上的正常流程，而把所有非正常的、例外的流程都定义为“0”；或者“1”代表我们当前的各项指标符合预设的供应链指标要求，而“0”表示我们目前的某个指标已经超出要求范围，需要采取一定的行动。企业可以根据自己的要求，对这个“零壹”的定义进行阐述和运用。我们来看一个案例。

案例2-7：为物流中心设计“自提”功能

某企业对现有的供应链进行调整，希望在其区域物流中心增加客户自提的功能。过去客户是无法到物流中心自行取货的，所有的货物必须由物流中心安排配送到客户的手中，但是有一些距离较近的客户为了能够缩短等待时间，希望能够直接到区域物流中心提货。企业为了满足这部分客户的要求而着手在区域物流中心增加客户自提的功能。

根据“零壹原则”，为了简化供应链的规划，我们做了如下定义：在供应链上增加某项功能定义为“1”，阻断或关闭某项功能定义为“0”。这样定义的好处是，它时刻提醒我们，供应链上不应只有“1”，事实上，“0”也同样重要。在我们不断为供应链“增加”功能的同时，还需要考虑哪些功能是需要同步“关闭”的。往往正是因为这些该关闭的功能未能关闭，而给供应链的诸多风险开了后门。为了严格控制所谓的“后门风险”，我们要求，只要是业务需求单位没有明确定义需要开通的功能，我们都会请需求方先将这些功能全部定义成“0”。

业务部门按照“零壹原则”的要求，填写了“零壹规划表”，如下表所示。最简单的例子，我们在开通区域物流中心的“客户自提”功能的同时，需要阻断中央物流中心的“客户自提”功能，因为中央物流中心通常处理大批量货物的进出和存储，“客户自提”功能会给中央物流中心带来无法承担的工作负荷。这一点看似简单，但假如没有在规划表中明确，企业的IT系统会不假思索地将该功能赋予所有物流中心。

零壹规划表举例

“1”——需要增加或开通的功能	“0”——需要阻断或关闭的功能
区域物流中心客户“自提”功能	关闭中央物流中心客户“自提”功能
客户可以选择“配送”或“自提”	客户选择自提方式，应提前八小时在系统中提交申请
客户有多个订单，可以合并处理，统一“自提”，或统一“配送”	客户不能将一个完整的订单，拆分为部分“自提”、部分“配送”
“自提”货物在客户取货前五小时，应完成品检和包装，通知客户取货	“自提”货物在客户取货前五小时，发现品质异常，应通知客服和品管，终止自提，并通知客户
	“自提”货物出库后，默认货权已发生转移，不接受此后的货损、货差投诉

采用“零壹原则”进行规划还有很多好处。首先，这些需要关闭的功能，往往就是我们业务模式中所谓的异常情况，例如我们不愿意看到却又可能发生的“客户取消

在途订单”的情况，因为此类事件发生概率小，往往被规划架构师所忽略，但一旦发生，很有可能会因为没有流程对应而造成系统紊乱；其次，“零壹原则”可以倒逼业务部门在开通和关闭两个选项中做出决定，很多时候，业务部门只想着要增加某项功能，而对由此造成的风险浑然不觉，或者没有花时间和精力去思考，此时，架构师要求需求方——业务部门对“0”和“1”进行明确定义和区分，可以推动业务部门进行深入思考，在前期规划阶段对“收益取得和风险规避”有一个全面清楚的认识；最后，零壹原则简化了设计，便于需求方和架构师的沟通和理解，该增加什么、关闭什么，一目了然，对于后期如果需要导入IT系统、对流程进行固化也简单得多。

有经验的供应链架构师往往会发现，需求部门在定义“1”即开通或增加某项功能的时候往往思路很清晰，因为他们明确知道自己要什么；但是，在定义“0”即关闭或阻断某项功能的时候往往很困难，因为对于自己不想要什么其实并不是太清楚。因此，有经验的供应链架构师在帮助业务部门定义“0——闭门”的时候，需要投入几倍于定义“1”的精力和时间。这个时间分配，大约可以按照四六开的比例进行安排，也就是说，我们定义“1”大约占到40%的时间和精力，而定义“0”则需要占到约60%的时间。由此可见，采用逆向思维进行供应链设计的重要性。为了便于理解和记忆，笔者把这种逆向思维的设计方法也归类为“微观逆向”的供应链设计范畴。

“零壹原则”只是笔者总结出来的一种“防呆”架构法，读者大可不必纠结于形式，可以根据实际需要在架构过程中创建适合于自己的“防呆手法”。然而，殊途同归，在供应链架构初期，考虑清楚什么是我们需要规避的风险，这与一门心思只想着增加功能同等重要！

本章小结

在本章中，我们主要回答了“供应链管理管什么”这个看似简单但内涵复杂的问题。说其简单，是因为我们只需要用九个字就能简要地回答这个问题。供应链管理管什么？管“信息流、实物流、资金流”这三流，但是，这看似简单的九个字里面蕴含着深刻的内容。我们要管好这三流，必须根据三流的特点进行集成规划。为了帮助大家更系统地进行三流集成规划，笔者开发了三个“三流集成开发工具”，分别是“供应链架构思维树”“供应链集成设计图”“供应链控制图谱”。为了强调逆向供应链在供应链架构中的作用，在本章中，我们还运用了一定的篇幅，详细地阐述了逆向供应链规划的方法，提出了“宏观逆向”和“微观逆向”的概念，并介绍了供应链设计的“零壹原则”。为了便于记忆，我们把本章要点归纳如下。

（1）三流集成——集中讨论、集中设计、集中实施。

（2）三流好比供应链上的三兄弟，虽一母所生，但各有各的“脾气”。兄弟反目，万事不兴；兄弟齐心，其力断金。

(3) 供应链架构思维树（SATT），由“枝叶”“树干”“土壤”三大部分组成，进一步分为五个步骤和一个原则。

(4) VSA 原则：“Visibility（可视化）”“Sensibility（可感知）”“Adaptability（可调节）”。

(5) 供应链集成设计图（ISCB），是将供应链的三流，即实物流、信息流和资金流展示在同一张流程图上，不仅描绘出各自的流程，重点是将三流的相互关系也在一张图中描绘了出来。

(6) 供应链控制图谱是基于供应链集成设计图，在其上标示出“控制点”和“控制方法”绘制而成。

(7) 供应链控制主要有四种方法：测试与试运行、过程控制、定期/不定期审核、补救修复。其中，测试与试运行为事前控制，补救修复属于事后控制，而我们所绘制的控制图谱更多关注的是事中控制，包括过程控制和定期/不定期审核。过程控制又分为：审批控制、循环盘点、全面盘点、对账、数据挖掘等。

(8)“宏观逆向”是站在客户的角度，把退货、返修等由客户所驱动的动作归为逆向供应链；而“微观逆向”是站在供应链的角度，把一切与正向供应链流向相反的动作都归属于微观逆向，甚至更进一步，把所有需要采用逆向思维进行的供应链设计都归属于微观逆向。

(9) 我们可以借鉴“数字电路”的设计逻辑，采用“零壹原则”来大幅简化供应链架构的复杂性。

第三章　如何降低牛鞭效应

——两向一点　推拉结合

说起来神奇，在供应链的规划设计中，有“两个方向”和一个“关键点”，它们能够决定整个供应链的全盘结构，也关系到我们如何做计划、什么时候采购、在哪里准备库存，甚至决定了这条供应链和上下游的关系。这“两个方向”就是供应链的“推拉方向”，这个点就是所谓的“推拉结合点”。我们知道，供应链上通常会产生所谓的“牛鞭效应”，通过“推拉方向”和“结合点”的确定，我们甚至能够做到“两向一点”定乾坤，好比在不断抖动的绳子两边使力拉直，同时在绳子中间安了一个钉子，轻而易举地降低了“牛鞭效应”给供应链带来的困扰。因此，如何设计供应链上的推拉结构，以及如何放置这个推拉结合点，是供应链架构师的必备技能。

为了更好地阐述这个“两向一点”，我们先从“牛鞭效应”说起。

第一节　牛鞭效应与啤酒游戏

所谓牛鞭效应（Bullwhip Effect），指供应链上的信息流从最终客户向原始供应商端传递时，由于无法有效地实现信息的共享，使得信息扭曲而逐渐放大，导致了需求信息出现越来越大的波动。

在彼得·圣吉的《第五项修炼》①里详细地讲述了一个有趣的关于啤酒的故事和游戏。

在一个古老的小镇上，有一家家庭式食品杂货零售小店，小店卖得最稳定的一种啤酒叫作“情人啤酒”。和许多传统商品的渠道类似，“情人啤酒”制造出来后，经过分销、批发层层销售，最后才到了小店的店主手中。情人啤酒制造商是一家比较传统的本地企业，它从来不做广告，但是品质却一直很稳定，因此销量也很稳定。直到忽然有一天，一切都发生了改变。这一天，啤酒的销量陡增，小店的库存很快就被卖光了。小店的店主不明白发生了什么，也没有接到任何关于促销的通知，为了能够赶上销售的速度，店主开始增加自己向批发商的订货量。让他崩溃的是，缺货的情况愈演

① 见《第五项修炼》，彼得·圣吉著，上海：上海三联书店，2003 年，第 59 页。

愈烈，而新订购的啤酒却迟迟不到，他只有不断增加自己的订购量，期盼能够尽快获得啤酒来满足那些生气的老主顾。然而事与愿违，当订购的啤酒逐渐运达小店的时候，情人啤酒的销量却一落千丈，留给小店店主的只有堆积如山的啤酒库存。故事的结尾，谜底揭晓了。原来情人啤酒之所以大销，是因为当时一首流行歌曲最后一句唱到“我喝下最后一口情人啤酒，走向太阳”。而事实上，这纯属偶然的事件并未给情人啤酒公司带来多少好处，反而将整个供应链折腾了一番。

在情人啤酒模拟游戏中，学员被分成一个个小组，分别扮演零售商、批发商、分销商以及制造商，和传统供应链类似，小组之间的沟通主要通过订单来完成。相邻的小组可以进行简单沟通，但是跨组之间的沟通是被禁止的。

每一个经历过这个游戏的人，都会有一个强烈的感触，不论自身怎么努力，不管使用何种预测工具，或者小组中拥有多么智慧的成员，最终大家都逃脱不了类似的结局：或者是库存高企，抑或是缺货脱销。这就是“牛鞭效应”的力量。如图 3 – 1 所示，消费者一个小小的需求波动，经过批发商、分销商的层层放大，最后在制造端变成了剧烈的波动。这就好比是一条鞭子，只要在一端轻轻抖动一下，鞭子的另一端就会产生剧烈的抖动。

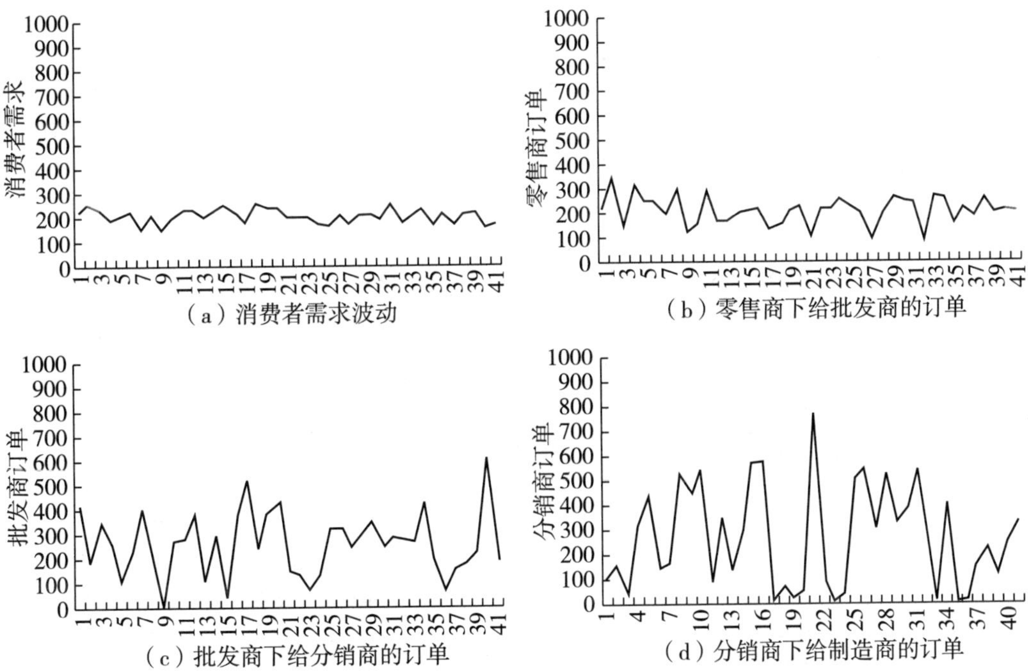

（a）消费者需求波动
（b）零售商下给批发商的订单
（c）批发商下给分销商的订单
（d）分销商下给制造商的订单

图 3 – 1 啤酒游戏

笔者曾经在一家跨国的经营航空航天零部件的企业里负责供应链管理，在此期间，笔者对某个机场地面加油产品的需求做过统计，如图 3 – 2 所示，即便是这样一个市场狭窄、需求量少的产品，也同样存在着典型的牛鞭效应。

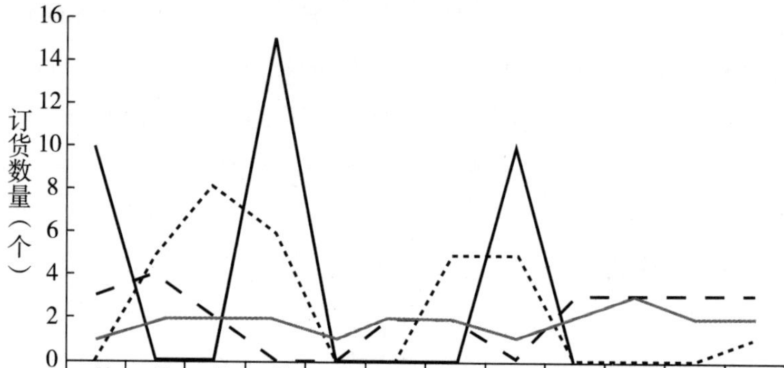

	1月	2月	3月	4月	5月	6月	7月	8月	9月	10月	11月	12月
——用户向代理商的订货量	1	2	2	2	1	2	2	1	2	3	2	2
– –代理商向内部客户的订货量	3	4	2	0	0	2	2	0	3	3	3	3
······内部客户向工厂的订货量	0	5	8	6	0	0	5	5	0	0	0	1
——工厂向供应商的订货量	10	0	0	15	0	0	0	10	0	0	0	0

图 3－2　某机场地面加油产品的需求曲线

根据斯坦福大学李效良教授的研究，牛鞭效应产生的原因主要有四种：多重需求预测；批量生产/订购；价格浮动和促销；缺货/定量配给。它们的成因如表 3－1 所示。

表 3－1　牛鞭效应的成因及其应对策略

	产生原因	应对策略
多重需求预测	无法了解终端需求； 各供应链节点自己做预测； Lead Time（前置时间指从订货到供应商交货所间隔的时间）过长； SKU（库存量单位）过于复杂	获取 POS 数据或者终端销售数据； 建立按需扑货的流程，如 CPFR、VMI 等； 降低 Lead Time，如使用 ASN、Cross、Docking、AS/RS、EDI 等工具； 缩短供应链、降低复杂性
批量生产/订购	订购成本考量； 运输经济性考虑； 随机/偶发订单； 阶梯价格政策	降低采购/制造批量； 提升订单管理的实时性； 提高运输效率，如使用第三方物流； 固定运输周期
价格浮动和促销	价格波动幅度大； 偶发促销过多； 促销信息共享不足； 渠道和终端的数据不匹配	天天低价（Every Day Low Price）； 促销信息提前共享给供应链上游； 使用特定采购合同，如根据累计售出数量给予折扣而不是基于订单进行折扣
缺货/定量配给	定量配给导致供给不足； 供应有限导致资源争夺； 无限制订单，免费退换货	参考历史销售数据； 共享供应和产能信息，如排产信息共享； 产能预留、柔性制造

说来有趣，笔者在为企业提供咨询培训的过程中，还意外地发现了一个现实版的“啤酒困境”。这是一家世界顶级啤酒企业，企业里有许多年轻且有激情、有想法的供应链管理人员，他们服务于公司的计划与库存管理部门，工作兢兢业业，勤勉有加，却苦于难以解决预测不准、计划执行不到位、库存高企或短缺等问题。

案例3－1：现实版的“啤酒游戏”

这家企业有着与“啤酒游戏”惊人相似的背景，从采购、制造、分销、批发到零售，环环相扣。不同的是，现实情况比“啤酒游戏”复杂得多，该企业旗下总共有几百个子品牌，在中国区拥有数十家啤酒制造厂，客户分布广泛且各品牌的销量差异很大，渠道类型丰富且有很强的地域特征。在这种背景下，计划部门面临着巨大的挑战和压力。

首先是预测不准的问题。一方面，是供应链的结构所造成的，即供应链越长，节点越多，也就越容易发生“牛鞭效应”。啤酒企业是典型的“长鞭”供应链，计划人员无法快速掌握到市场一线的信息，也就很难根据市场变化做出及时调整；另一方面，是人的因素所造成的。由于企业不断进行兼并重组，子品牌和产品线繁多，内部各团队的整合难度大，导致计划部门与销售部门之间的沟通渠道不畅，计划部门甚至连内部各子品牌的“市场促销计划”都无法及时获取，更不用说提前进行计划。

其次是计划执行不到位的问题。由于啤酒的生产工艺较长，又受到最小生产批量的限制，生产切换的成本很高，加上计划部门给出的计划准确性并不高，制造厂往往自己另做一套生产计划，而仅将供应链中心提供的计划作为参考。生产部门与计划部门互不信任，内部的沟通效率低下，计划部门在供应链管理中的核心地位也受到极大的挑战。

还有库存高企或短缺的问题。由于以上一些原因，最终反映出来的结果就是库存高企或者是产品短缺。这些问题倒过来又激发了内部各部门之间的矛盾，相互扯皮的事情时有发生，久而久之形成了一个恶性循环。

正如案例中所描述的那样，“牛鞭效应”是一个系统性问题，仅凭单个部门甚至是单个企业的努力是无法解决的，它需要对供应链进行整体的评价和改善。表3－1同时也列出了解决牛鞭效应的一些方法，综合起来，有以下三个方法：实现信息共享；减少价格波动；推拉结合。下面我们逐一分析。

1. 实现信息共享

有一个笑话，说学校给小女孩发了校服，女孩回家后嫌裤腿太长，于是打电话给奶奶，想请她帮忙裁短，不巧奶奶正在外面跳广场舞；打电话找妈妈，说正在隔壁打麻将，要晚点回来；姐姐更没空了，还在忙着谈恋爱，于是女孩失望地入睡了。奶奶跳完舞想起小孙女的裤子，就把裤子剪短了一点；妈妈回来后，也顺手把裤子剪短了一点；姐姐也一样，回来看见裤子，也拿起剪刀咔嚓一下。小女孩一早起来，发现这条裤子根本没法穿了。这个让人哭笑不得的例子虽然比较极端，但现实的情况往往如出一辙。

所谓信息共享，就是把过去分散的信息，通过一个综合的渠道或平台进行管理和发布，让供应链上的合作伙伴之间、企业内部各部门之间，都能够及时地了解供应链上的讯息并及时进行调整和动作。

需要指出的是，供应链上的信息共享并非是指合作伙伴之间信息完全公开、毫无机密，相反，这种共享应该是有选择性的。简单地说，供应链上的信息共享由低到高可以分为四个层级。如图3－3所示，供应链合作伙伴之间的信任度越高，共享的层级越高，协同的能力也越强。

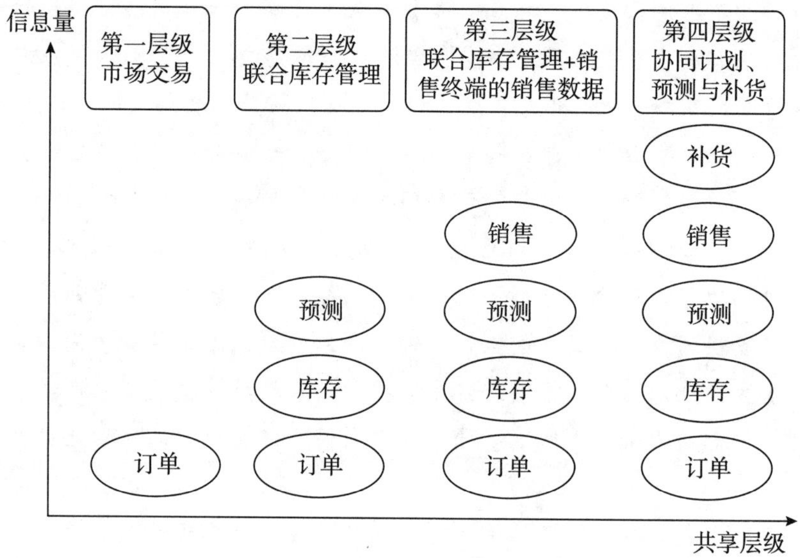

图3－3　供应链上的信息共享层级

第一层级为Transaction级：Transaction即市场交易级别，市场交易是最简单也最传统的交易形式，双方基于订单或协议达成交易，除此以外，双方并没有义务需要共享其他任何信息。这是最低层级的信息共享，好比我们上街买菜或逛服装店，双方就价格和数量达成一致以后，交易即可达成。作为最简单的交易模式，它方便快捷，但缺点是信息量太少。

第二层级为JMI级：JMI即Joint Managed Inventory，联合库存管理。联合库存管理强调供应链中各个节点同时参与，共同制订库存计划，使供应链上的每个库存管理者都从相互之间的协调性考虑，保证供应链各个节点之间的库存管理者对需求的预期保持一致，从而消除了需求变异放大现象（牛鞭效应）。JMI 要求我们同时共享供应链上的库存和预测信息。

第三层级为 JMI + POS 级：POS 即 Point of Sales，销售终端的销售数据。在 JMI 的基础上，我们将销售终端的销售信息也共享给供应链上的合作伙伴，并共同制订库存计划。销售终端的数据反映的是客户的真实需求，它是“牛鞭”的源头，依据该信息，我们可以及时有效地掌握来自市场的第一手信息。

第四层级为 CPFR 级：CPFR 即 Collaborative Planning、Forecasting and Replenishment，协同计划、预测与补货。这是一种协同式的供应链库存管理技术，能同时降低销售商的库存量，增加供应商的销售量。其最大优势是能及时准确地预测由各项促销措施或异常变化带来的销售高峰和波动，从而使销售商和供应商都能做好充分的准备，赢得主动。美国 VICS（Voluntary Inter - industry Commerce Standards，自愿跨行业标准）协会为了改进整个供应链的效率，提议由 26 个领导厂商成立 CPFR 分会来正式编写 CPFR 的相关指引，该指引在 1998 年正式发表。实践表明，CPFR 可以改善零售商的在库标准 2% ~8%，并降低供应链库存水平 10% ~40%。CPFR 是目前行业内最高的信息共享层级，它在 JMI + POS 的基础上，将各节点的补货信息也进行共享，能够使得整条供应链上的信息对供应链上的合作伙伴具有极高的可视性（Visibility）。

具体来说，CPFR 有三种架构，分别是共存式系统架构、中心式系统架构以及分散式系统架构。共存式系统架构保留了合作伙伴各自原有的系统，通过 EDI 定期进行数据交换，这种架构的优势在于投资较小，但由于存在时间差，协同效率相对较低；中心式系统架构适用于大企业和其众多的中小供应商之间的协同，大企业通常会建立核心系统并邀请合作伙伴加入，该架构的协同效率较高，但对中小企业的合作弹性较差；分散式系统架构即我们通常所说的云架构，它可以让参与者自行管理自己的数据，协同效率高，但技术投资较大。

案例 3 - 2：京东的供应链协同

过去的十几年，是中国电子商务市场风起云涌的黄金时期。马云、刘强东、李国庆等风云人物，扯一面大旗，拉一帮能人，从籍籍无名到硝烟四起，再到叱咤天下，为我们上演了一部部励志奋进、正能量指数爆棚的战国大戏。

之所以吸引眼球，因为这是一场有趣的战争。价格战、融资战、粉丝战，还有不惜自嘲挖苦、为博粉丝一笑的口水战……

然而，这更是一场严肃的战争。没有硝烟，却暗潮汹涌，而且有愈演愈烈之势，尤其是中间的供应链之战，比拼的不只是各自企业的实力，还有企业与企业之间的协同能力。今天我们来谈谈京东的供应链协同战略。

先来看一则新闻：近日，京东与美的宣布，双方已经初步建立了深度供应链协同，实现了电子数据交换（EDI），完成了从销售计划到订单预测以及订单补货的深度对接。（来源：中国新闻网）

或许是运用了太多过于专业的术语，使得这条新闻在“娱乐至上”的电商界里显得波澜不惊，然而，笔者认为它是中国电子商务供应链管理的一个里程碑事件。

过去，电子商务企业与供应商、客户、合作伙伴在供应链上往往各自为政，原本完整的链条被切割成段，段与段之间互不信任，无法形成有效的协同，效率低下，“牛鞭效应”盛行，造成大量的浪费。举个简单的例子，过去京东需要根据平台的销量自主进行预测，并将其转换为订单传递给美的，美的根据销量也需要做一轮预测，并将这些信息转化成订单传递给自己的供应商，供应链上的每一级都在做着类似的事情。

而采用 CPFR 以后，这种多级的预测、计划以及补货变成了一体化的动作，减少了中间环节，提高了效率，同时大幅降低了发生缺货或库存冗余的概率。更为重要的是，这意味着传统企业通过大电商平台来实现多品种、小批量的定制化生产已经初具雏形，而这才是真正意义上的“互联网 +”。当然，协同过程中间会有很多艰辛，但方向对了，成功便只需要风雨兼程。

从 2014 年京东与美的宣布达成战略合作关系开始，2014 年 11 月 27 日京东与美的系统对接一期项目立项；2015 年 1 月 29 日，京东和美的系统直连项目上线，实现了基础订单数据及销量库存数据共享；4 月底，双方实现传输数据量 500 万条，每天有数千个商品的数据共享；5 月 18 日，京东与美的深度协同项目（EDI 对接二期方案）立项；7 月 30 日，京东和美的“协同计划、预测及补货（CPFR）”项目上线；8 月 15 日京东完成了首次备货计划订单下发美的。

我们知道，京东在供应链协同上的投入可谓是不遗余力。从自建仓储物流体系，到通过 EDI 实现上下游协同，扎扎实实，步步为营，每一步都向全球标杆企业亚马逊和沃尔玛看齐，将这些企业最先进的做法落实到本土并加以创新改良，而做这些的目的无非只有一个，按照刘强东的说法：“我们要提供越来越好的顾客体验。我认为，模式是轻还是重不是最重要的，最重要的是我们创造了什么价值。”

这是一场没有终点的战争，当下合适的做法，当下取得的优势，并不表明未来一定就能够持续。重要的不是怎么协同，而是这种协同是否能够支撑公司的整体战略，而整体战略又是否能够为客户持续创造价值。

关于供应链上的信息共享，我们再看一个有趣的故事。

案例 3 – 3：7 – Eleven 便利店

去过日本的朋友肯定都有在 7 – Eleven 便利店购物的经历，小店虽说不起眼，但覆盖率极高，在东京这样的大城市里基本上每隔几百米就可以找到一家7－Eleven的便利店。和传统的商超不一样的是，在这家便利店里，顾客可以购买零食、饮料、日常用品，甚至还能享受到一日三餐、热水供应、微波炉加热、书报杂志、提款缴费、快递取件、票务代理等多样化的服务。细心的顾客还会发现，每一家店面所售卖的东西都或多或少有所不同，它的背后有着什么样的运营逻辑呢？我们先从它颇具周折且耐人寻味的故事开始聊起。

可能会出乎很多人的意料，7－Eleven便利店起源于美国得克萨斯州的达拉斯，在当时，它还是一家不折不扣的纯美资企业。20世纪70年代，日本迎来了大超市时代，由于价格低廉、品类丰富，大超市迅速地超越了包括伊藤洋华堂在内的本土百货公司。迫于生存的压力，伊藤洋华堂经过对美国零售市场的考察，于1974年以高价获得7－Eleven的加盟授权在日本展开经营。

原本期盼7－Eleven的运作模式可以在日本迅速获得成功的伊藤洋华堂，却未料想到美方提供的经营指导并不能很好地与日本当地的实际情况进行结合。日本第一家7－Eleven山本便利店开张后，虽然销售业绩还不错，但扣除了长时间店铺运营所产生的电费、人工费以及加盟费，加上不断增加的库存，小店的经营很快就陷入了困境。作为公司总经理的铃木敏文不得不带领团队每天都待在店里想办法，经过仔细地观察和日复一日地统计计算，他们很快发现小店经营的困境主要来自两个方面：一方面，有些商品的销量非常好，有些东西自开张以来就没有卖出过一件；另一方面，卖得好的商品品类多，但单品的日销量并不高，批发商只肯成批送货，要想保证品种齐全，就会造成库存堆积。为了解决这两个问题，他们采取了一系列对策并逐步加以完善。

首先是完善数据的统计分析。一开始是进出账、库存、销售等数据的实时统计，到后来，他们甚至连客户的身份数据也进行统计分析。这些身份数据不会涉及隐私，而是店员判断客户的年龄、性别、购物喜好等，并将这些数据输入POS系统，用于指导该店面进行品类购置计划。这些统计数据会在日本总部、各店面以及供应商之间进行共享，从而共同制订预测、采购、运输计划。

其次是降低单店最小配送批量。为了鼓励批发商减少配送批量，铃木决定在山本店的周边集中开一批分店，这样即使一家店的订货量小，但是一起订购的话就能形成规模，批发商也能够以Milk Run（循环取货）的形式对一个集中区域进行循环配送，大幅地降低配送成本。例如咖啡原来是一打一个包装，现在是三瓶一个包装，酸奶甚至可以一瓶瓶单独进行配送。

最后是提高货架的利用率。我们把每单位面积每日所售出的产品价值称作坪效。传统的经营模式是每一个商品都有一个固定的货架位置，店面只需要根据该商品的销售情况进行及时补货即可，但7－Eleven通常都是开在人口密集的社区周边，店租昂贵，因此单店面积平均只有约120m^2。为了提高坪效，铃木想到了四维空间的概念，即突破原有的三维空间（长宽高）的限制，而为货架管理增加时间维度管理，即将时间切割成不同的时间段，相同的货架在不同的时间段里可以摆放不同的商品。结合数据统计出来的客户在不同时间段的消费习惯，可以在早高峰、午餐时间、晚高峰、傍晚、深夜等售卖不同商品，大大地提高了货架的利用率。

7－Eleven通过与供应商共享以上这些数据，实现了高效的物流体系与店面精益化管理的结合，迅速地成长为日本最大的零售便利企业。有趣的是，1989年1月，大洋彼岸传来令人震惊的消息，美国7－Eleven经营不善，濒临倒闭。1991年伊藤洋华堂成功地收购了7－Eleven公司，并将其打造成了全球最大的连锁便利集团。

2. 减少价格波动

我们可以很容易得出这样的结论，供应链上的波动越小，牛鞭效应造成的损害会越小。因此，作为供应链管理人员，需要思考如何减少各种造成供应链需求波动的因素，而其中最重要的波动因素就是促销所带来的价格波动。有企业做过统计，每一轮大的价格促销，都会造成一次需求的较大波动。为了避免这类波动，很多企业采用的对策是“天天低价”，即将过去临时的或短期的大型促销转变为高频率小幅度的促销。沃尔玛就是典型的例子，通过“Everyday Low Price”，沃尔玛既满足了客户追求低价的心理，同时也降低了供应链的波动，大幅度地减少了牛鞭效应所带来的不良效果。从这个意义上来说，沃尔玛在为自身创造良好收益的同时，也为社会资源的有效运转提供了一定的推动作用。相反的是，传统的促销方式依旧在我们的身边上演，而且大有愈演愈烈之势。

案例3－4：“双11”狂欢的背后

“今天你购物了吗?”每年的“双11”，这句话都会成为大家见面的问候语。打折、促销激发了所有人的购物热情。据阿里巴巴官方发布的数据，2015年仅“双11”当天其交易额就高达912亿元。笔者无意否认“双11”给社会和经济所带来的正面作用，但繁华的背后，并不都是喝彩。

笔者曾在为电子商务企业授课的过程中做过多次小调查，调查的问题很简单：“双11”给您的企业带来的好处多还是坏处多？很惊奇的是，几乎所有的学员都会非常肯定地回答：弊大于利！这些弊端包括：为了“双11”冲销量而大量备货，大量投入的人力，价格调整所损失的利润，质量问题而带来的大量退货，物流不给力而造成的删单损失……其中有位学员的小企业因为“双11”的销售预判错误，造成几百万元的损失而破产。既然“双11”有这么多的弊端，电商企业为何还乐此不疲，熬着通宵吃着方便面也要投入到“双11”的厮杀中去？原因很简单：每一次“双11”的背后，都是电商企业的一次大洗牌！因为原本平均分布的市场需求，统统被集中到了“双 11”这一天。错过了这一天，就错过了一年。赌还是不赌？不赌，意味着出局；赌，则意味着投入和风险。两者相较，企业还是会无可奈何地选择后者。

“双 11”在拉动内需的同时，也对社会资源造成了巨大的浪费。仅从 2015 年阿里巴巴公布的官方数据来看，天猫当日的物流订单量高达 4.67 亿单，它带来的交通拥堵、仓库爆仓的图片想必每一位供应链管理人员都见过。于是，一家只需要日均处理 5 万单的电子商务仓储物流公司，为了能够配合客户应对“双 11”当天 15 万单的高峰订单量，而不得不投入几倍的仓储面积和设施。

有人开玩笑说，“双 11”当日所售出的尿不湿可以吸干 6 个西湖的水。对于类似尿不湿、牙膏牙刷这些功能型产品来说，市场的需求通常是相对稳定且易于预测的，企业较容易组织其采购、生产、物流等环节，并通过稳定的运营节省成本。但是，“双 11”却打破了均衡的格局。为了在那一天吸引到更多的客户，抢占更大的市场，企业不惜大幅进行促销、大幅提升产能。人为造波之后，留下的是一个需求低迷的漫漫长冬。于是开工不足、产能过剩等一系列的经济问题都将慢慢地浮出水面。

国际零售巨头沃尔玛也曾经遭遇过这样的困境。每次商品大促都扰乱了需求的正常波动，造成了预测的失效，供应链成本居高不下。为了降低需求的波动性，沃尔玛主动放弃了许多大促的机会，转而采取“天天低价”的策略，将所谓的“牛鞭效应”给企业和社会带来的负面影响控制在最低的水平。虽然企业经营的目的是为盈利，但是减少浪费也是每一家企业应当承担起的社会责任。笔者在此也很恳切地呼吁：“双 11”，该歇歇手了！

3. 推拉结合

降低牛鞭效应的第三个方法是推拉结合，我们将在后面几个小节中详细地阐述。

第二节　推式与拉式——一块硬币的两面

要理解什么是推拉结合点，我们先要理解“推”和“拉”的概念。

最简单的例子就是下馆子，这个例子被很多教科书所使用，但也是最贴切生动的一个。我们所到过的餐馆，一般有两个类型，一个是自助餐，另一个是点菜。前者通常是餐厅已经准备了众多的菜肴，客人随时来随时可以自由选择搭配，这种提前制作并推向市场的就是所谓的“推式”；而后者通常是客户点了单之后厨房才安排炒菜，这种根据客户实际需求进行制作的就是所谓的“拉式”。推式和拉式的区别就在于，一个是由制造商推动，而另一个是由消费者拉动。

推式供应链是最传统的供应链模式，在这种模式下，供应链上游根据客户的需求预测提前组织采购、生产、囤积库存，并根据销售计划将库存推向下游市场。许多传统制造企业的供应链管理模式通常都是所谓的“推式”，这是从福特在1913年开创的“T型车—大规模制造模式”时兴起的。大规模的推式生产有效地提高了企业的供应链运营效率，在提高产量的同时大幅度地降低了成本、提升了质量，直到今天，它依旧是企业进行供应链管理架构时的标准选项之一。然而，我们常常说“万事俱备，只欠东风”，这种根据计划提前触发采购制造和备货的供应链模式，最大的风险就是“欠东风”，这里的“东风”就是客户的需求。一旦客户需求与销售预测不匹配，就会出现缺货待料或者物料呆滞等问题。因此，出现了一种反其道而行之的拉式供应链。

拉式供应链与推式供应链正好相反，在这种模式下，供应链下游由客户的真实需求所驱动，将需求信息转化为拉料和补货的信号，并将这种信号向供应链的上游传递，上游在收到补货信号后，将其转换成采购、生产、发货等信号，从而满足客户的实际需求。拉式供应链最典型的例子就是丰田所倡导的“JIT（即时生产）模式”以及“看板管理模式”。笔者曾经参观过丰田在日本元町的整车制造厂。为了追求零库存，工厂里看不到制造企业里常见的仓库，最引人注目的就是那些开着小车忙忙碌碌不断为各个工位进行补货、回收周转箱的工人，为了保证补货的效率，他们动作熟练，甚至还在某些地方小跑几步。别小看这几步小跑，只要提高了补货的速度和效率，也就降低了库存。这就是丰田所追求的“极致零库存”。我们在美资企业里也讲零库存，但要做到如此极致的态度，丰田可谓技高一筹。

任何事物都有两面性，与推式供应链一样，拉式供应链也并非完美无瑕。它为供应链带来高柔性、低库存的同时，也增加了供应链的管理复杂性。这体现在上下游计划和执行的总体协调，对合作伙伴之间的信任关系的建立和维护，也从某种程度上推高了供应链的协调成本。表3－2列出了推式供应链和拉式供应链各自的优缺点。

表3－2　推式和拉式供应链

推式（Push）供应链	拉式（Pull）供应链
优点： ❖ 规模效应 ❖ 便于计划 ❖ 供应稳定 ❖ 成本优势	优点： ❖ 柔性高 ❖ 批量小 ❖ 反应快 ❖ 不容易产生呆滞库存
缺点： ❖ 柔性差、缺货 ❖ 批量通常比较大 ❖ 反应比较慢 ❖ 容易产生呆滞库存	缺点： ❖ 计划复杂 ❖ 协调难度大 ❖ 供应波动 ❖ 成本较高
经济型供应链	响应型供应链

那么，作为供应链架构师，我们何时应采用推式供应链，何时应采用拉式供应链？这里没有千篇一律的答案。供应链架构没有对错，最合适的就是最好的！作为架构师，应当结合公司的总体战略，因地制宜、结合企业实际环境进行判断。当然，每一位架构师都有自己的偏好。笔者通常依据以下两条原则。

1. 拉式更适合响应型供应链，而推式更适合经济型供应链

响应型供应链匹配的是创新型产品，创新型产品的客户需求变化大，采用推式供应链很难进行灵活调整，因此拉式更为适合；经济型供应链匹配的是功能型产品，这类产品需求稳定，采用推式供应链可以提高效率、节约成本。关于什么是“响应型”和“经济型”供应链，我们将在本书的“战略篇”中展开。

2. 在成本允许的情况下，能拉尽可能拉，拉不动就只能靠推

为什么我们强调在设计供应链的时候，不是一上手先设计推动部分，而是从拉动部分入手，能拉尽可能拉？我们知道，随着物质产品的逐渐丰富，客户的需求也变得越来越多样、越来越难以预测，这是社会发展的必然趋势。在这种趋势之下，采用以推为主的供应链会变得反应迟钝。在后续章节里，我们将提到精益供应链的概念。所谓精益，就是促进销售、提高周转、减少浪费。相比之下，拉式供应链更能体现精益的精神，库存低、反应快、柔性高，但同时设计难度也更大。先难后易，会迫使我们先从更加精益的方向去思考和分析供应链的细节要素，并制定出一套复合精益原则的供应链战略。当然，拉式供应链也并非万能膏药，实在无法拉动的情况下，再考虑推式供应链也不迟。在下一节中，我们将从一个案例入手，阐述推拉供应链的设计思路。

第三节　推拉供应链的设计

我们知道，依托“长尾理论”，电子商务满足了广泛而分散的客户需求。这种需求往往是独立且难以预测的，传统的推式供应链在面对这种需求特性时变得迟钝且乏力。在此背景下，拉式供应链成了电子商务供应链的一种最佳选择方案，“预售模式”就是最为典型的一种拉式供应链。所谓预售模式，即通过互联网发布产品并接受客户的订单预约，商家根据收到的预约单安排生产以及交付。表面上看，这似乎是最经济的模式，不生产多余的库存，什么时候接到订单，什么时候启动采购、生产和制造。

但是，做过“预售”的商家都知道，很少有“预售”商家敢采用真正的“零库存预售”。即便是最有互联网思维的小米手机，都只是根据预售量进行未来生产的预测，而当周预售的发货量其实是基于提前备好的库存。唯有这样，小米才能在短短几天之内将产品送到客户手中。那么，既然拉式供应链有这么多的优势，为什么小米不使用所谓的“全拉式供应链”呢？原因很简单：没有客户愿意长时间等待！

笔者曾经为一家定制箱包的电子商务公司提供过咨询。这家企业曾经对客户愿意

等待的时间做过一番市场调查。对于无定制的标准化产品，客户通常期望在3～5天之内能收到货物；对于定制化产品，客户希望能够在7～14天之内收到产品。我们知道，客户愿意等待的时间与几个因素息息相关：客户需求的紧急度、商品的稀缺度、商品定制化水平、商品价格的波动性、商品的时效性等。对于特定产品的“客户的等待时间”，可以结合以上参数通过数学建模进行分析，得出的结果是不一样的。例如，客户对于苹果的新款手机，可以等上一个月的时间；但是对于一个必胜客的比萨，则只愿意等上短短几个小时。但是，不论是什么产品，“客户的满意度”与“等待的时间”基本都是负相关的，也就是说，客户为了获得该产品而多等待的时间越长，客户的满意度越低。而这便是拉式供应链的最大挑战——供应链的响应速度，即该条供应链达成客户需求的速度。

不同的供应链有不同的响应速度，它是供应链复杂系统的一个属性。假如我们排除外部客观因素和人为因素对它的影响，供应链的响应速度主要取决于供应链的长度和供应链的结构。其中，供应链的长度取决于供应端和销售端的长度，供应链的结构取决于推拉结构的设计。例如，为了改变供应链的长度，我们可以从传统的分销变成直销，速度可以呈几何级数上升；我们也可以通过调整产品设计或供应商能力等，使产品供应的复杂度大幅下降，供应速度也会有所改变。而推拉结构的设计相对复杂一些，我们通过以下案例来进行阐述。

案例3－5：灯具公司的推拉供应链

某电商公司主要经营各式中高端灯具，通过网络进行直销。客户对此类产品的预期等待时间平均是两周。建立之初的第一年，由于公司规模较小，只能从上游经销商手中拿货；经销商在接到订单之后，往往需要两周才能发货，加上一周的运输时间，总共是三周的供货周期；收到货后，还要一周的运输时间才能发到最终的客户手中。这样算下来，总的响应速度是四周，相比客户的两周的预期差得很远，此时想通过纯粹的拉动式供应链就没有办法满足客户的需求。如图3－4所示，好比一头小牛想拉动大车，无论怎么使力车都纹丝不动。如何解决这个问题呢？很显然，在这种情况下，电商公司要不得说服经销商储备一定量的库存，要不得自己储备一定量的库存。如前所述，由于规模较小，经销商不同意承担库存风险，因此电商公司不得不自己动手来建立库存。那么问题来了，建立多少库存合适呢？从这张图上看，电商公司必须储备等同于采购提前期，即至少够用三周的库存。除此以外，为了应对需求的波动性，还得准备一些额外的库存，也就是我们通常所说的安全库存。具体公式为（该公式也被称作“定量订货模型”的“订购点公式”）：

最大库存＝订货提前期（天）×日均需求量＋安全库存量

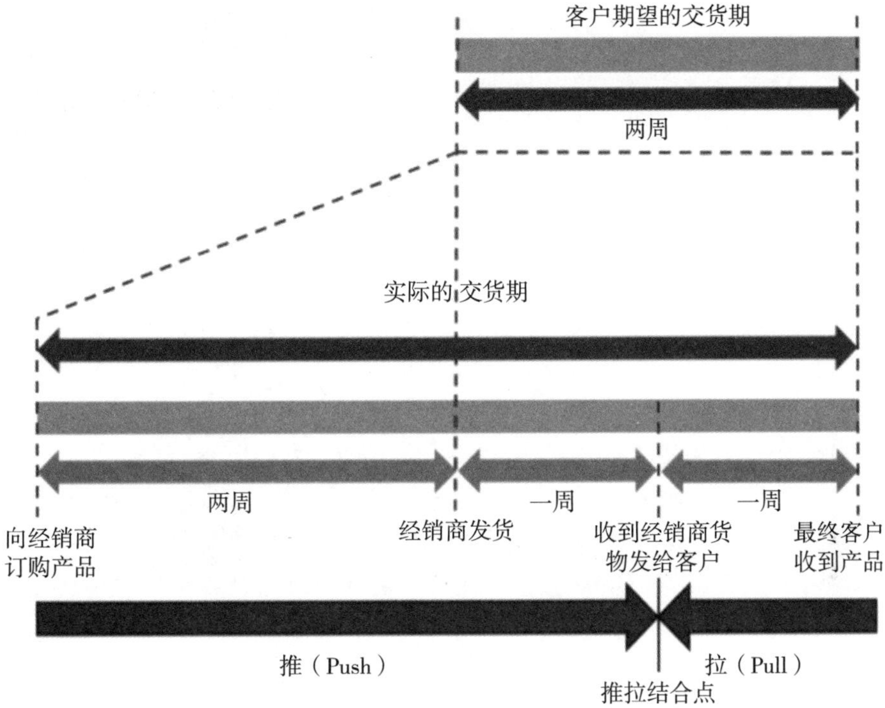

图 3－4　短拉长推模式

提前准备的（三周＋安全库存）库存量，是根据需求预测所设定的，属于推式策略；最后一周的库存我们没有必要建立，因为客户期望的交货时间为两周，我们通过建立库存的方式，已经能够实现一周之内交货，达到了客户的预期，因此这一段是拉式策略。在“推式”和“拉式”的结合处，就是我们前文所提到的“推拉结合点”。由于此时推拉结合点靠近客户，并且拉动部分短于客户期望的交货期，笔者把此时的供应链模式称作“短拉长推模式”：

拉动的周期＜客户期望的交付期＜供应链长度

供应链长度＝推动的周期＋拉动的周期

但是问题来了，既然客户的预期是两周，超越客户预期固然好，但是自身背负库存的经营压力也使得公司痛苦万分。有没有什么办法能够既让客户满意，又能够降低库存?

我们试着把推拉结合点向经销商这一端推一周看看。如图 3－5 所示，这个时候，推拉结合点被移动到了经销商发货处。推的部分为两周，拉的部分为两周，正好等于客户期望的交付速度。我们可以把这个时候的推拉结合点称为推拉均衡点：

拉动的周期＝客户期望的交付期＜供应链长度

随着推拉结合点的移动，供应链的运营模式也发生了变化。首先，经销商必须同意储备至少够电商公司消耗两周的库存；当客户下达订单后，电商公司必须同步将订单传达给经销商，经销商收到订单后立即安排从仓库发货，两周之内客户可以收到产

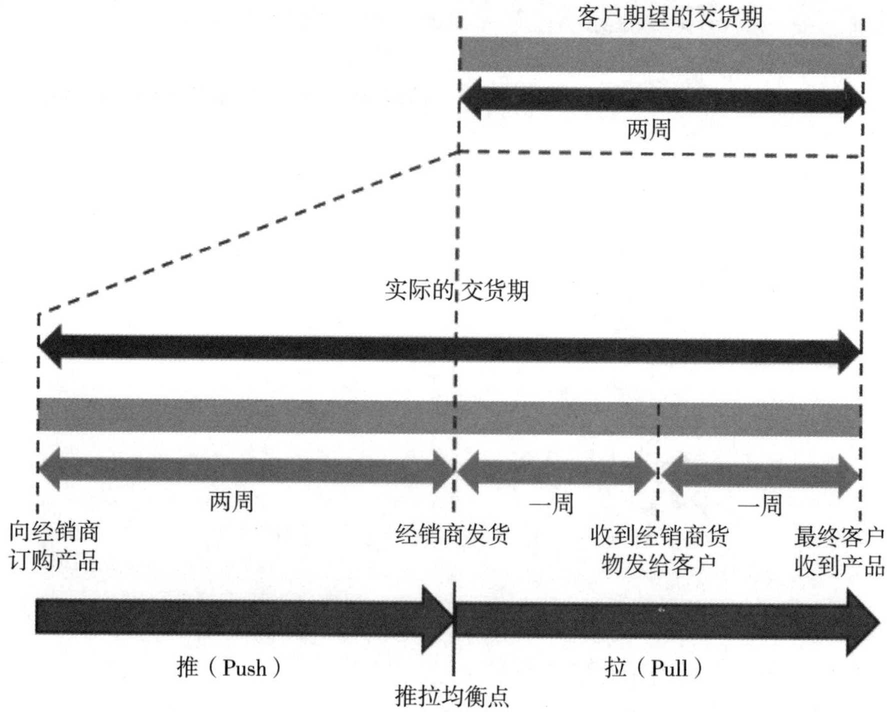

图 3-5　推拉均衡点

品。实现这种模式的前提是：①订单的同步快速处理能力；②经销商愿意储备两周的周转库存以及一定量的安全库存；③为了应对不时之需，电商公司也需要储备一定的安全库存。这里难度最大的是与经销商的谈判。所幸的是，由于电商公司的市场做得不错，订单量在稳步攀升，经过艰苦的谈判，经销商同意了该方案。

在达到推拉均衡点后，该公司还想尝试把推拉结合点向上游继续推进，甚至考虑将推拉结合点放在制造商的发货端，如图 3-6 所示。这样一来，拉动的周期为三周，长于客户期望的交货期。这种模式的结果是，客户会因为等待时间过长而流失。我们把这种情况叫作推拉失衡（长拉短推模式）：

供应链的长度 > 拉动的周期 > 客户期望的交付期

但是，该供应链依然能够进行进一步优化。该公司预计未来销售额每年以 200% 的速度增长，两年后能越过经销商而与制造商进行直接订购，与制造商直接订购的好处是，制造商的制造周期通常只有一周的时间，加上运输时间一周，正好能满足客户两周的等待时间，这样一来，电商公司就可以仅备少量安全库存来满足客户的期望。接下来我们甚至可以与制造商谈判，由他们储备一定量的零部件或成品库存，从而进一步优化供应链。

这种优化方式，由于去除了中间商而缩短了整个供应链的长度，从而将推拉结合点重新拉回到推拉均衡点，甚至是实现了所谓的全拉动模式：

供应链长度 = 拉动的周期 ≤ 客户期望的交付期

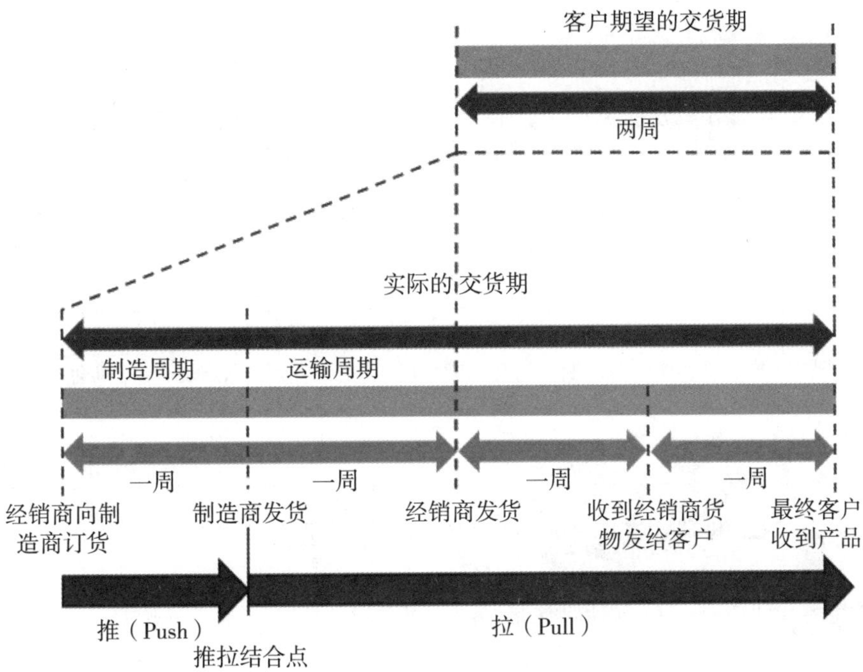

图 3－6　推拉失衡（长拉短推模式）

当然，还有最后一种模式，即短拉短推模式，这种情况往往出现在企业期望超越客户的期望，提前交货，因此提前准备一些库存。拉动模式如图 3－7 所示。

拉动的周期＜供应链的长度≤客户期望的交付期

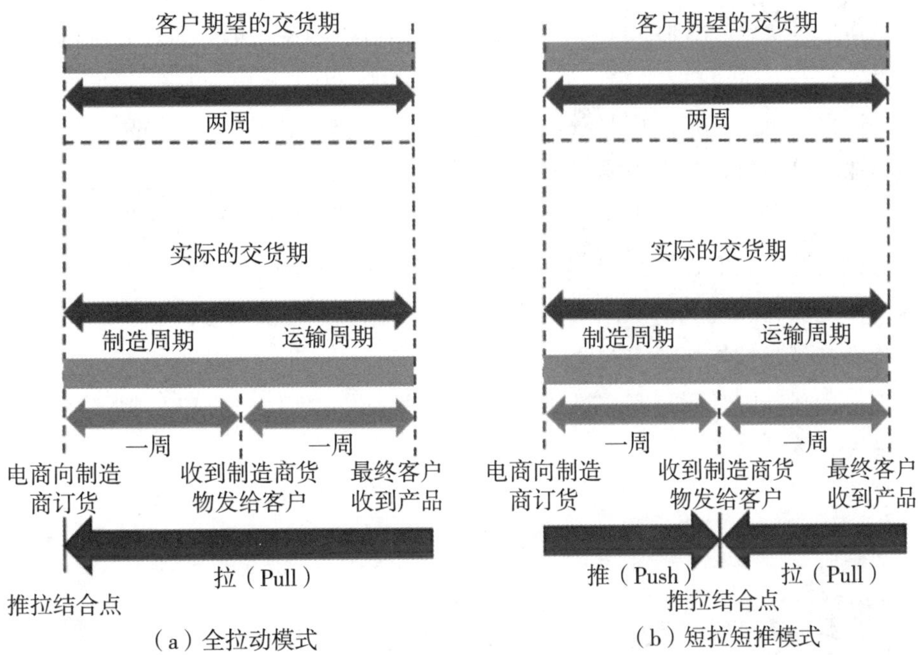

图 3－7　拉动模式

我们可以通过表 3－3 做一个归纳，具体内容这里不再赘述。需要注意的是，无论是哪一种模式，我们都要满足一条总原则，即拉动的周期要小于或等于客户期望的交付期，不能满足部分需要通过建立缓冲库存来进行补偿。除此以外，我们还能得出一个结论：相比之下，供应链上的节点越少，供应链越短，拉动起来也越容易；相反，供应链越长，拉动起来也越费力，最多也只能拉到推拉均衡点为止。

表 3－3　　推拉模式及其设计要点

模式	供应链属性	设计要点
短拉长推模式	拉动的周期＜客户期望的交付期＜供应链长度	有延长拉动的机会
推拉均衡点	拉动的周期＝客户期望的交付期＜供应链长度	拉动的极限点
长拉短推模式	供应链长度＞拉动的周期＞客户期望的交付期	失衡！应避免
全拉动模式	供应链长度＝拉动的周期≤客户期望的交付期	最优拉动模式
短拉短推模式	拉动的周期＜供应链长度≤客户期望的交付期	有延长拉动的机会
总原则	拉动的周期≤客户期望的交付期	

百分之百的纯粹的推式或拉式供应链是比较少见的。纯推式供应链意味着要在客户端准备充足的库存，客户可以随时进行购买和提货。例如水电的供应可以理解为纯粹的推式，城市里每家每户都通有自来水和电路，我们可以随需而取。为什么水电可以做成纯粹的推式？一方面是生活所需，另一方面是因为水、电都是单一品类，需求相对稳定，比较容易进行预测，采用推式供应链可以提高效率，将成本控制在较低的水平。

反过来，纯拉式供应链意味着真正的零库存，客户什么时候需要，我们什么时候生产。供应链上的一家或几家企业做到零库存是可以实现的，但是整条供应链都做到零库存，则意味着我们连原材料都不储备，完全从零开始按需提供产品和服务。好比我们到海滩上露营，晚上请渔民下海捕捞一些野生海产上来烧烤，渔民为我们下海捕捞的野生海产就是纯粹的按需获取纯拉动。

大部分的供应链都同时存在推式和拉式两种结构，即便以丰田为例，这家以“拉动供应链”而著称的企业，同样也有推动的部分。

案例 3－6：丰田 JIT/JIS 拉动模式中的推动部分

众所周知，丰田的零库存是通过 Just In Time（JIT）和“看板（Kanban）”结合的管理模式来实现的。如图 3－8 所示。

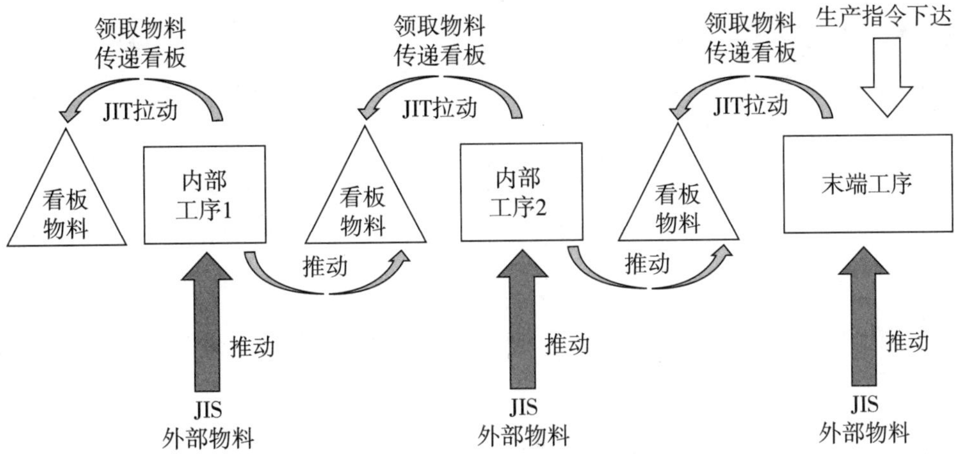

图3-8　丰田的推拉模式

JIT和看板（Kanban）模式是典型的需求拉动模式。JIT（准时制）生产方式，即只在需要的时候提取所需要的数量，而这个所需要的数量是通过看板（Kanban）来实现的。看板（Kanban）规定了所生产的零件及其数量。后道工序根据实际的用量向前道工序提取物料，并通过看板（Kanban）将需求信息传递给上一个工序，通过这样的方法，一道一道地由后道工序向前道工序传递需求指令。在JIT和看板管理模式下，计划部门只对最后一道工序下达生产指令，而不采取将主生产计划按照物料清单分解到各个工序和原材料采购的方法。

表面上看，JIT和看板（Kanban）模式是一种单纯的拉动模式，但事实上，为了维持这个拉动系统的正常运作，在工序和工序之间，丰田巧妙地植入了一个推动系统，即看板的大小。看板的大小即看板容器里的物料数量，它是由"单位时间内物料的需求量""容器容量""看板的周转时间""安全缓冲库存量"所决定的，公式如下：

看板大小＝物料每小时的需求量/容器容量×看板的周转时间＋安全缓冲库存

这部分的库存是采用推式模式提前生产出来的，同样满足我们前述的拉动原则，即拉动的周期要小于或等于客户期望的交付期，不能满足部分需要通过建立缓冲库存来进行补偿。这里客户期望的交付期是"即时供应"，随时取随时有，但客户会按照一定的间隔时间进行取货，而不是一直不停地取货。因此，我们就必须在这个客户期望的间隔时间段内准备好足够的库存，实现所谓的"即时供应"。

事实上，在丰田还存在着另外一种拉动模式，即"JIS"和"E－看板"配合模式，JIS（Just in Sequence）即顺序供应生产方式。它是根据车辆的生产计划，得到虚拟的车辆生产顺序，由此来预测未来各个工序车辆部件的使用顺序和时间，并由此指导部件厂的顺序供应。由于是基于虚拟的生产顺序生成的拉动信号，因此这种看板信号被称为"E－看板"。

相比之下，“JIT和看板”配合模式更适用于内部工序以及短距离供应商。由于距离短，可以通过实物看板进行物料的快速循环周转，从而保证生产的平准化。而JIS和“E－看板”配合模式，则更适合那些距离较远的外部供应商所提供的物料。例如，假设一家物料供应商的运输周期为5天，那么我们就必须固定5天的虚拟车辆流，并依据这5天的虚拟车辆流计算出每一辆车所需要的物料需要在什么时间进入到哪个工序才能赶得上生产使用。显然，对于远距离供应商而言，这5天所需要的零部件就需要通过推动式的方式提前生产好并发往工厂。显然，它也同样满足我们前述的拉动原则，即拉动的周期要小于或等于客户期望的交付期，不能满足部分需要通过建立缓冲库存来进行补偿。

我们在供应链的推拉模式中，最常见的是“先推后拉”的模式。在案例3－6中，我们又介绍了丰田的“拉中有推”或“推中有拉”的模式。那么，除了以上这几种模式以外，有没有所谓的“先拉后推”模式呢？答案是：有的。这是一种比较独特的模式，最常见的例子就是大件定制商品的供应链，如定制的大家电、家具等产品。我们去卖场购买这类产品的时候，通常都会在现场进行选购并与商家确定产品的尺寸、颜色、数量等基本规格。由于是定制产品，商家一般都会要求客户等待一段时间。假设是三周时间，相信大部分的客户都会认为，这三周时间大部分是用于生产制造的，而仓储运输环节的时间大约只需要几天。实际情况却恰恰相反！即三周时间中很少一部分是用来生产制造的，而大部分的时间是花在仓储运输上的。我们假设工厂一周时间内就完成了该产品的生产，但这些货物可能不会马上发给客户。因为产品的单位体积大，单件的运输成本高，因此工厂往往会先将其发往就近的物流中心，在那里等待与其他产品整合成一个完整的货柜后再发往目的地城市。这个等待的时间，短则三五天，长则一两周。通过这样的整合运输方式，企业可以大幅降低运输成本，并降低运输环节的损坏率。在这个供应链结构中，上游制造环节是根据客户的实际需求拉动的，而运输环节却是根据计划的货柜发运量来推动的。因此是一个所谓的“先拉后推”的供应链结构，而这里所采用的“故意等待”的策略，即供应链的“延迟策略”。

第四节　欲速则不达——供应链上的“延迟策略”

供应链的延迟策略分为生产延迟和物流延迟两种。不论是生产延迟还是物流延迟，其目的都是减少因为预测失误而造成的额外的库存及运营成本。

1. 生产延迟

将产品的生产过程分为通用化阶段与差异化阶段，生产企业事先只生产中间产品或可模块化的部件，尽可能延迟产品差异化的业务，等最终用户对产品的外观、功能与数量提出要求后才完成产品的差异化业务。

要推行生产延迟，企业首先需要建立起标准化体系。否则，供应链架构师根本无法辨别什么是通用化阶段、什么是差异化阶段。通用化、标准化、模块化的好处不言而喻。一方面可以提高制造的效率，提升制造的质量；另一方面可以通过规模化采购和生产以大幅降低成本。然而，企业在推动标准化的过程中往往困难重重，其原因也比较复杂。

第一个挑战是通用化与差异化的划分点的设置。这是一个在客户需求和供应链效率两者间的博弈权衡。划分得过早，则意味着通用化部分较少，差异化较多，虽然可以更大范围地满足客户需求，却因此损失了供应链效率；反之，划分得过晚，则意味着通用化部分比重大，供应链效率高，却因此失去了一些差异化的可能。权衡就是智慧，我们很难用标准来判断通用化多一些好，还是差异化多一些好，但是这里可以介绍一个方法，使供应链架构师更容易与设计师讨论在何处进行划分。如图 3 – 9 所示，我们可以将一件产品，根据流程或产品的 BOM（Bill of Material，物料清单）结构，逐步或逐层分解，将其中的某些步骤、流程或层次进行归类，并以一定的数字或字母进行标示。例如，我们可以将一台电视机的 BOM 分为三层，第三层为最高层，包括包装件、电源线、电视机、遥控器、说明书，基本是大类；第二层为部件层，是将包装箱、电视机、遥控器、说明书进一步拆分成部件，例如电视机可以拆分成：外壳、电源板、主板、液晶屏、扬声器等；第一层为零件层，会对部件进一步展开成为一个个单独的零件，例如主板可以进一步拆分为：PCB、芯片、电阻电容、连接器、开关等零部件，这是最底层。有了这样的统一定义，我们就可以很容易地与设计师确定哪些层级采用通用化设计，从哪一层级开始采用差异化配置。例如，我们可以规划一台高端电视机允许客户从第二层开始进行个性化定制，那么从这一层级开始之前的部件我们可以提前组装好，而第二层次和第三层次的制造将等到客户订单下达后才启动。

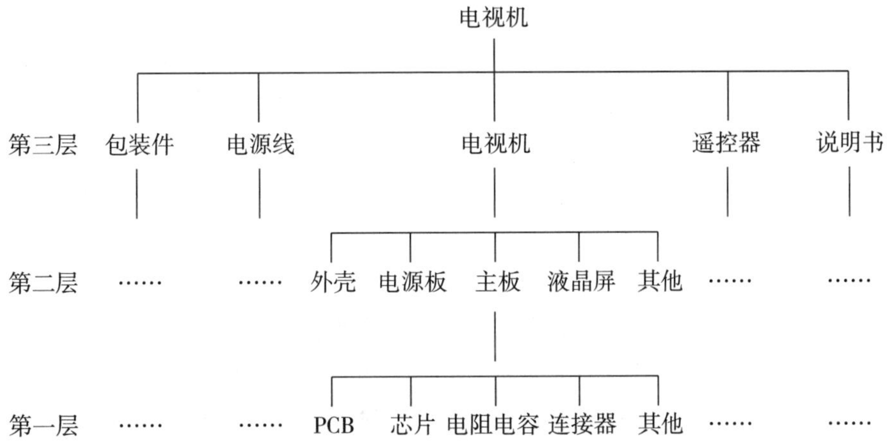

图 3 – 9　产品分层/步结构

标准化的第二个挑战是无标准可循。标准的制定和推动一定是自上而下的，为此企业应当设置专门推动标准化工作的职能岗位，并在企业内制定一系列具备可操作性的统一的标准体系。我们所说的标准其实可以分为几类：国际标准、行业标准、中国标准以及企业标准。建立标准体系的方法是由外到内、从大到小、逐步细化的过程。有外部标准可以参照，则尽可能使用外部标准；外部标准找不到的，才建立企业标准；企业标准不够完善的部分，继续细化。

然而，有了标准，还只是第一步，标准落实的挑战依然巨大。每个设计师都有自己的设计风格和设计习惯，如果只是简单地颁布一套标准，相信没有人会真正依照标准来执行。因此，标准化工作除了制定标准外，还要积极推行和落实标准。

2. 物流延迟

物流延迟指在一个或几个战略市场上对产品的需求作出预估，但将物流渠道上的库存部署延迟到收到订单时才开始。前述所提及的“先拉后推”的供应链结构，也是物流延迟的一种表现形式。

我们以建立一个全国性的物流配送体系为例，来阐述物流延迟的做法。如图 3 - 10 所示，这是一家国内某大宗商品公司的物流体系简图。它将 CDC 中心仓设置在大宗商品的产地附近，便于及时根据市场行情进行大宗物资的购进和卖出。为了配合各地客户的需求，其在华南、华东、华北、华中等地分别设置了 RDC（区域物流中心），同时在各地市设置了 DC（城市物流中心）。传统的做法，我们会将所有的库存点（CDC、RDC、DC）都根据历史用量配置相应库存，然而由于 DC（城市物流中心）所对应的客户少，需求量小，难以预测，因此常常会出现库存不足或过量的状况。为此，我们将该部分库存前移至上游的 RDC，而减少在 DC 端所配置的库存。当 DC（城市物流中心）端不断收到客户订单，库存开始低于安全水位时，才从 RDC（区域物流中心）拉动库存来补足 DC 端的安全库存水位。

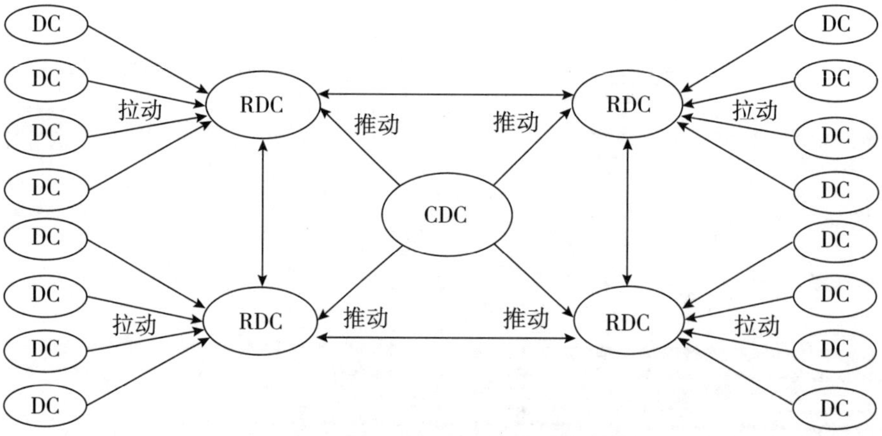

图 3 - 10　国内某大宗商品公司的物流体系简图

这是一个典型的物流延迟的做法，它的好处是延迟了我们对 DC（城市物流中心）端的库存配置，而将库存较为集中地放置在了区域物流中心，从而降低了库存预测失误的风险。它背后的逻辑是库存的“聚集效应”（Inventory Risk Pooling）：当我们将不同地点的需求加总后，总体需求的波动性将显著降低。具体算法可参考程晓华先生的《制造业库存控制技巧》。

本章小结

第三章我们讨论了供应链战略中的“两向一点”的设置。“两向一点”即“推动和拉动”两个方向，以及“推拉结合点”。我们一起来回顾一下本章的要点知识。

（1）所谓牛鞭效应，指供应链上的信息流从最终客户向原始供应商端传递的时候，由于无法有效地实现信息的共享，使得信息扭曲并逐渐放大，导致了需求信息出现越来越大的波动。

（2）牛鞭效应产生的原因主要有四种：多重需求预测；批量生产或批量订购；价格浮动和促销；缺货或定量配给。

（3）“牛鞭效应”是一个系统性问题，仅凭单个部门甚至是单个企业的努力是无法解决的，它需要对供应链进行整体的评价和改善。

（4）解决牛鞭效应有三个方法：实现信息共享，减少价格波动，推拉结合。

（5）所谓信息共享，就是把过去分散的信息，通过一个综合的渠道或平台进行管理和发布，让供应链上的合作伙伴之间、企业内部各部门之间，都能够及时地了解供应链上的讯息并及时进行调整和动作。

（6）供应链上的信息共享并不是毫无限制、完全开放的，综合起来可以分为由低到高的四个层级。第一层级为 Transaction 级；第二层级为 JMI 级 ；第三层级为 JMI + POS 级；第四层级为 CPFR 级。供应链合作伙伴之间的信任度越高，共享的层级也越高，协同的能力也越强。

（7）推式供应链是最传统的供应链模式，在这种模式下，供应链上游根据客户的需求预测提前组织采购、生产、囤积库存，并根据销售计划将库存推向下游市场。

（8）拉式供应链与推式供应链正好相反，在这种模式下，供应链下游由客户的真实需求所驱动，将需求信息转化为拉料和补货的信号，并将这种信号向供应链的上游传递，上游在收到补货信号后，将其转换成采购、生产、发货等信号，从而满足客户的实际需求。

（9）任何事物都有两面性，与推式供应链一样，拉式供应链也并非完美无瑕。它为供应链带来高柔性、低库存的同时，也增加了供应链的管理复杂性。

（10）拉式更适合响应型供应链，而推式更适合经济型供应链。在成本允许的情况下，能拉尽可能拉，拉不动就只能靠推。

（11）不同的供应链有不同的响应速度，它是供应链复杂系统的一个属性。假如我们排除外部客观因素和人为因素对它的影响，供应链的响应速度主要取决于供应链的长度和供应链的结构。其中，供应链的长度取决于供应端和销售端的长度，供应链的结构取决于推拉结构的设计。

（12）拉动的周期要小于或等于客户期望的交付期，不能满足的部分需要通过建立缓冲库存来进行补偿。

（13）相比之下，供应链上的节点越少，供应链越短，拉动起来也越容易。相反，供应链越长，拉动起来也越费力，最多也只能拉到推拉均衡点为止。

（14）百分之百的纯粹的推式或拉式供应链是比较少见的，大部分的供应链都同时存在推式和拉式两种结构。

（15）供应链的延迟策略分为生产延迟和物流延迟两种。不论是生产延迟还是物流延迟，其目的都是减少因为预测失误而造成的额外的库存及运营成本。

战 略 篇

上兵伐谋，其次伐交，其次伐兵，其下攻城。攻城之法，为不得已。

——孙子《攻谋第三》

随着供应链管理理念的发展和众多成功案例的涌现，越来越多的企业已经认识到供应链管理的重要性，但是无论国内还是国外，许多企业对供应链的认识还仅仅停留在企业运作的层面。经常能听见企业的高级管理者把供应链管理简单或片面地看作是采购管理、仓库管理或者是物流管理；也经常能看见企业的供应管理人员忙着降低库存却损失了客户交货的准时率，忙着降低采购价格却忽略了采购批量的控制，甚至是忙着缩短供应商的付款周期而伤害了与供应商的关系……而这些都是因为企业没能从战略层面来思考和规划供应链。

有太多的例子可以证明，供应链的战略应该也必须成为企业的核心战略。古语有云，运筹帷幄之中，决胜于千里之外。历史上无数著名战争的成功都取决于战略指挥得当；现代企业中的佼佼者如苹果、亚马逊、沃尔玛、戴尔、丰田汽车等也同样都是供应链领域的翘楚，而这些企业无一例外地都将供应链的战略规划作为公司的核心要务，甚至成立独立的部门来研究并制定企业的供应链战略，因为他们很清楚，供应链的成败至少有60%以上取决于供应链的战略规划。“一将无能，累死三军”的故事在供应链战争中早已不是新鲜事，既然供应链的战略规划如此重要，作为供应链架构师，就需要了解供应链战略规划的内容、方法和常见的几种供应链战略模式。

第四章　如何规划供应链战略

——运筹帷幄　决胜千里

第一节　供应链的战略、战术与战斗

“供应链的战略规划是从企业战略的高度来对供应链进行全局性规划，确定原材料的获取和运输，产品的制造或服务的提供，以及产品配送和售后服务的方式与特点。供应链战略突破了一般战略规划仅仅关注企业本身的局限，通过在整个供应链上进行规划，进而实现为企业获取竞争优势的目的。供应链战略管理所关注的重点不是企业向顾客提供的产品或服务本身给企业增加的竞争优势，而是产品或服务在企业内部和整个供应链中运动的流程所创造的市场价值给企业增加的竞争优势。”

这一段文字来源于教科书，是浓缩的精华。但很遗憾，这个定义没有讲清楚供应链的战略（规划）、战术（流程设计）及战斗（运营执行）之间的关系，以及这三者的侧重点分别是什么。为了便于读者的理解和运用，笔者建立了一个模型，如图 4－1 和 4－2 所示，由于其展开前酷似金字塔，展开后形似金元宝，因此笔者将其命名为“供应链战略规划的双金模型”（简称“双金模型”）。

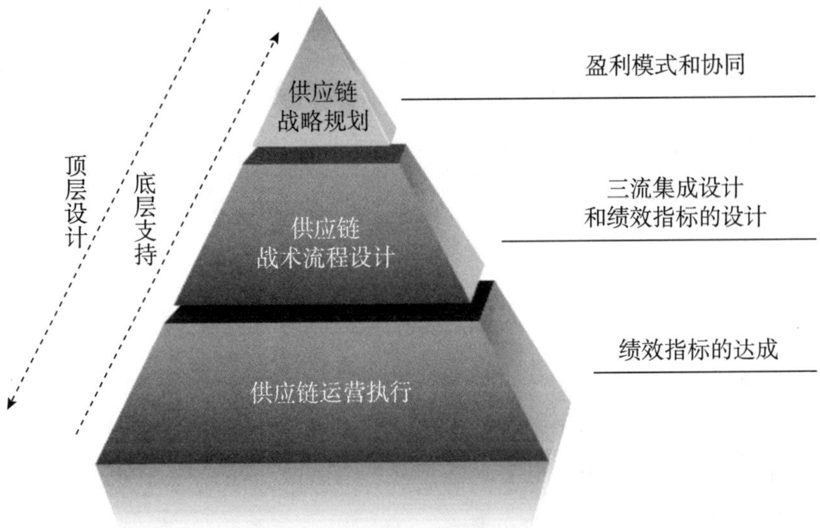

图 4－1　供应链双金模型（展开前）

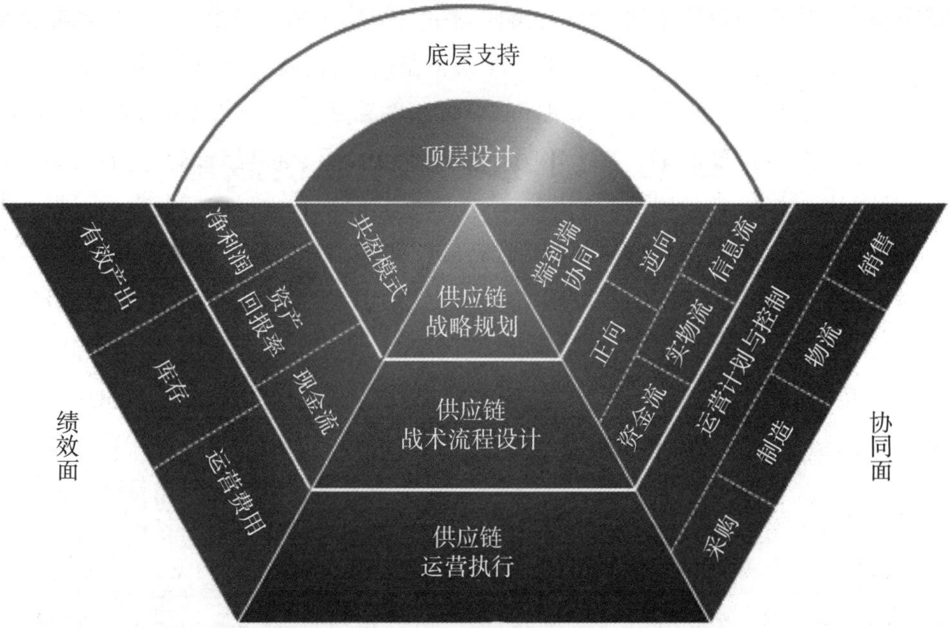

图 4-2　供应链双金模型（展开后）

双金模型分为上中下三部分，从上往下分别是“供应链战略规划”“供应链战术流程设计”“供应链运营执行”，它们符合顶层设计、底层支持的原则。从本质上来看，这三者有所区别，并有各自的边界。供应链战略规划的目标是：实现端到端的协同，以及建立供应链的共盈模式；供应链的战术流程设计的目标是：完成三流集成设计，以及绩效指标的制定；供应链的运营执行的目标是：财务和运营指标的达成。

为什么供应链的战略规划应当重点关注“供应链的协同”和“供应链的共盈模式”？因为它们是我们判断一条供应链成熟度的最关键的两个指标。协同指的是供应链上的合作伙伴在信息流、实物流、资金流上如何相互配合，它决定了供应链的效率及其服务客户的水平；共盈模式解决的是供应链上的合作伙伴之间如何赚取利润并在成员之间合理分配的问题，它决定了供应链的可持续性。这里无论是协同还是盈利，都不是只针对一家企业，而是针对整条供应链上的企业，包括链主和链属。

这无疑为我们的战略规划拓展了视野。因为狭义的观点常常认为：供应链的战略服务于公司的整体战略，而公司的最大目标是“赚钱”，因此企业可以不顾供应链合作伙伴的死活而将自己的利益放在首位，这显然与供应链战略规划的精神背道而驰。“协同”和“共盈”是供应链战略规划的精髓。我们以小米手机为例，来探讨这两者对于小米手机成功的重要性。

案例4－1：小米手机的供应链[①]

成立于2010年4月的小米公司，是一家专注于智能产品自主研发的移动互联网公司。在短短不到5年的时间里，小米的估值已经接近1000亿美元。2014年第三季度，小米公司紧随三星和苹果之后，成了全球第三大智能手机公司。谈到小米的成功，大部分人都会将其归结于小米出色的营销能力。然而，作为一家新兴的互联网公司，其供应链管理也有很多鲜为人知却值得称道的亮点（见图4－3）。

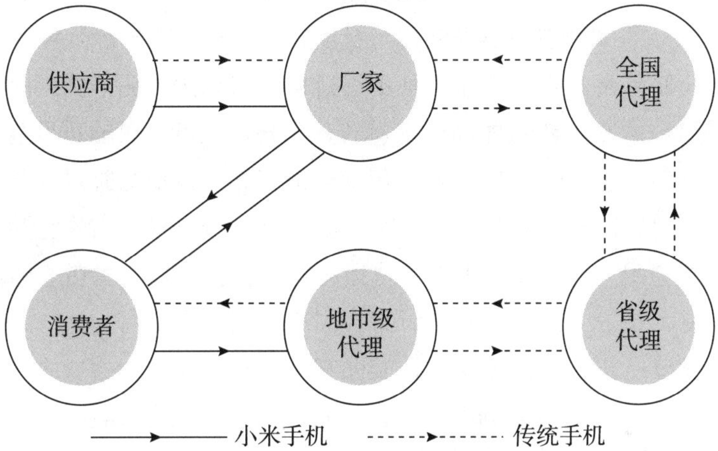

图4－3　小米手机与传统手机的供应链对比

"直销"是互联网公司的利器，在互联网上，它有个专用名词——B2C。小米自然也不例外。如图4－3所示，小米将传统手机供应链上的渠道商全部砍去，直接面对供应商和消费者。通常，传统手机厂商的销售渠道大多是从全国代理一级级往下细分到省级代理商、地市级代理，至少要经过三级铺货，最终才能到达消费者的手中，这个过程往往需要两个月。这意味着供应链上的信息流、资金流和实物流都至少要经过这个长链条流通再反馈回来。链条很长会给决策者造成很多错觉，觉得卖得好就马上追加订单，但其实货都压在渠道里。不准确的市场预测给生产计划带来了挑战，也在供应链上产生了巨大的风险。

小米因为省略了中间几个环节，可以实时反馈销售数据，再根据准确的销售数据预估订单。这种信息反馈的优势可以帮助小米手机的供应链团队在需求发生变化的时候快速做出反应。

① 改编自《小米改变手机》，作者：叶雨晨、黄俊杰、郑浩榕、李会娜，见《第一财经周刊》，2013年第12期。

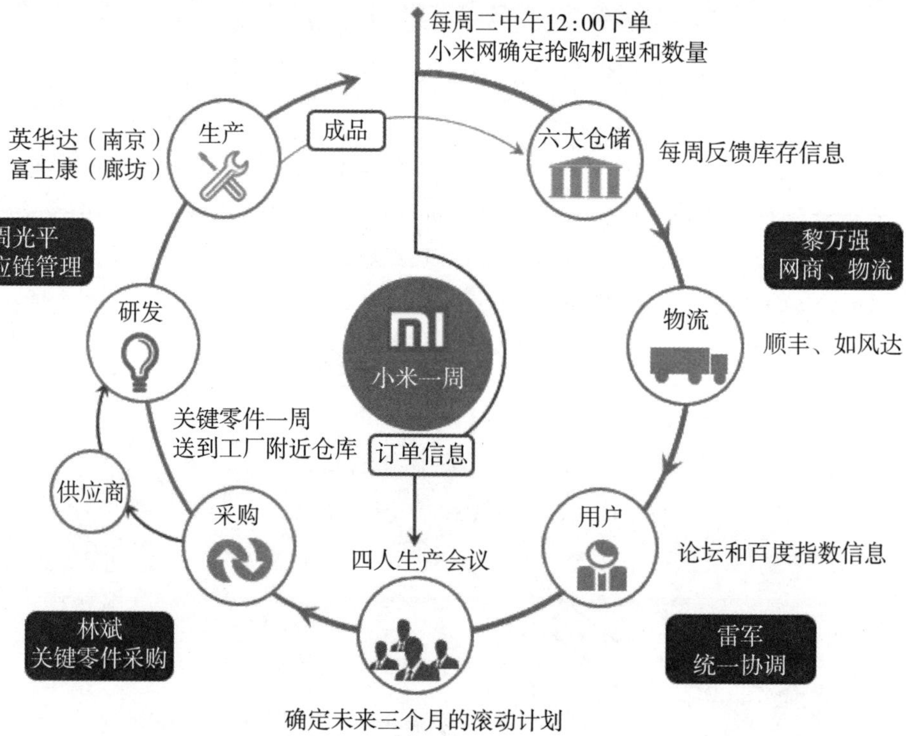

图4－4 小米手机的供应链协同

如图4－4所示，每周二中午12点，小米网商都会开放在线抢购，具体型号和数量提前在论坛公布。事实上，这个数字是由小米六大仓储中心反馈的库存数据决定的，多一部也不卖。在此3天前，小米位于北京、上海、深圳、成都、沈阳和武汉的六大仓储中心，会将统计好的库存量发给小米网的同事，这就是小米论坛上预告销售量的来源。在每周二中午12点之前，有购买意愿的消费者都需要填写1份包括姓名、联系方式、收货地址、想要抢购的产品型号的预约信息，然后才能在当天进行抢购。这个预约数字是小米制订生产计划的重要参考指标之一，它将影响3个月之后的产量和开放购买的数量。

小米成立之初，雷军、林斌、黎万强、周光平每周都要凑在一起开一个小型生产会。这个会议召开的时间不定，通常不会超过半个小时，却十分重要，目的是确定3个月之后的订单量。这4名联合创始人是这样分工的：黎万强负责小米网电商和仓库，周光平负责供应链管理，林斌负责采购核心元器件，雷军作为CEO则负责统一协调。小型会议的当天下午，雷军签过字的生产计划表就会送到小米的供应链部门。这个团队要保证小米手机600多个元器件能在规定的时段内到达仓库，然后送上生产线。而他们所用的工具不是传统制造业普遍使用的ERP软件，只是一张简单的Excel表。每个细节都有专人负责，包括零部件的采购，跟进包括下单时间、下单数量、每个批次的最优包装、运输时间、元器件到厂后的抽检。小米手机大约要用到600多个元器件，大到屏幕小到按键，所有都是小米自己采购的。对比之下，手机行业内更普遍的做法是找一家外包的中间商来代替企业完成采购。

4人小组会议上产生的订单数据，在进行了元器件的采购后，大约一周送到主要的代工厂附近仓库并进行生产。生产由英华达南京工厂和富士康廊坊工厂来完成，从采购备货到出货的时间大约3个月，之后这些手机将会被送到北京、上海、深圳的仓储中心。通过小米自己开发的仓储管理系统清点当周的库存量，然后把数据发送给小米网的同事，通过小米论坛告知“米粉”下周二开放抢购的具体机型和手机数量。

重新设计产业链，减少中间环节，大幅削减成本，加快资金流转，采用先亏损后盈利的定价方式，小米的盈利模式也可以为我们带来更多思考。如图4－5所示，传统手机厂商通常高于成本30%定价，然后随着成本与价格下降趋同，一个产品周期就结束了，只有通过不断推出新品，才能保证利润。而小米先以较低的价格保证性价比，吸引用户，形成规模效应之后，成本曲线就会向下倾斜，但产品生命周期越长，卖得越久，累计利润也就越多。这是互联网模式对价值曲线的一个改变。这需要一个盈亏平衡销量点：比如1000000部。小米在达到这个销量之前，不仅面对上游厂商话语权弱，成本分摊也很要命。

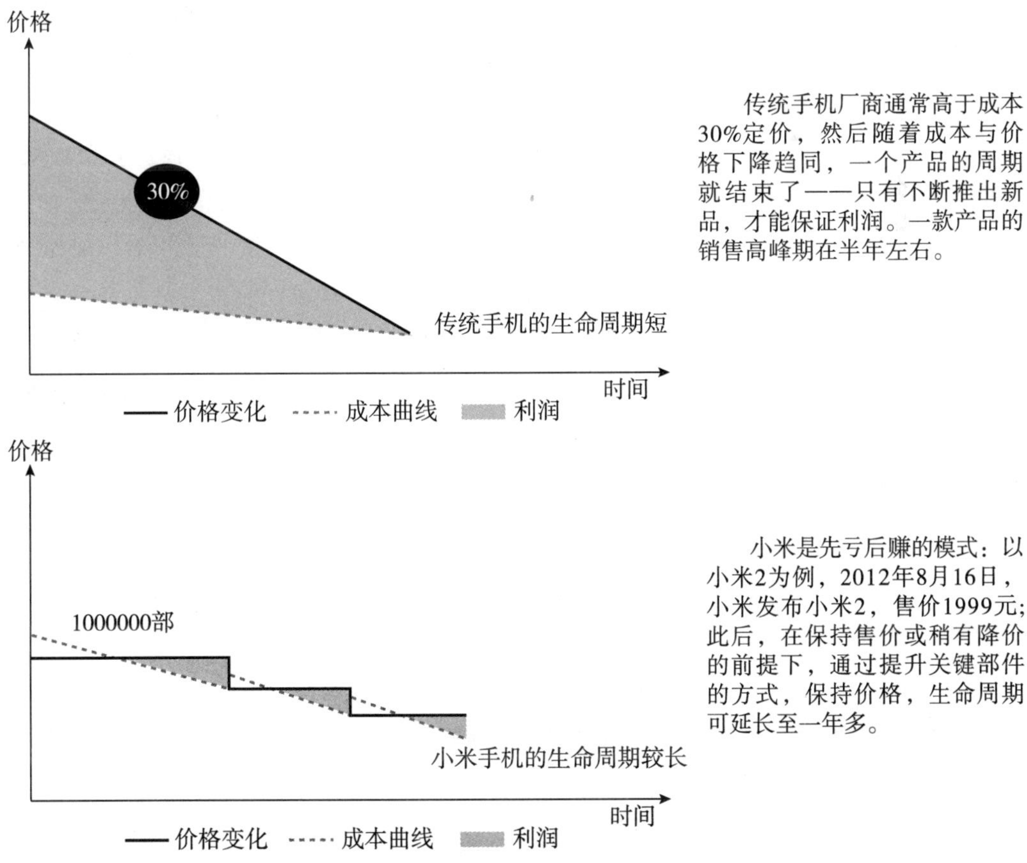

图4－5　传统手机与小米手机的盈利模式对比

然而，这种定价模式吸引了大批的粉丝，随着小米销售量的迅速增长，它与供应商谈判的能力也在不断增强。在手机产业，元器件的价格相对透明，规模越大价格越低，对小米来讲更重要的是优先级的变化。根据小米提供的数据，它在2013年11月的出货量是200万台，其中70%的量走电商渠道。每周二的抢购按照仓库的库存量销售，数字为30万~40万台，手机的库存周期完全周转一次大约是10天，配件类是3~4周。没有库存积压就意味着节省了仓储成本。小米手机的主要渠道成本就是运输成本，平均每台手机的渠道费用是20元左右。在传统手机制造业，手机厂商的渠道费用通常占到手机售价的20%~30%。这意味着，与小米同价位的手机中，有400多元要支付给渠道。此外，传统手机厂商通常还要花一笔为售价10%~20%的营销成本，而小米则主要借助自己的论坛。它目前的会员总数约1000万，日发帖量50万，总帖子1.5亿。小米很少做传统渠道的广告投放，在新媒体社交平台上的营销成本很低，几乎可以忽略，这让小米有了更多的定价优势。

同时，自建渠道的另一个好处是，小米不用依附于运营商渠道，增强了谈判的话语权。一个经过证实的情况是，小米可以要求运营商先付款再拿货。在话费补贴上，运营商也把小米放到了第一梯队客户看待，给予最优补贴。这些优势最终会体现在资金流上。一位普华永道的审计师认为，小米的资金周转率要远高于其他手机厂商。通常，手机厂商的资金周转周期主要受到上游供应商和下游渠道影响。在芯片和内存等核心器件方面，小米和其他手机厂商一样需要先交订金，但在它的规模逐渐变大之后，相应的账期就会有所拉长。小米主要缩短了销售回款周期，网上支付不提供货到付款，都可以立刻回款；而30%的运营渠道也是要先付款后拿货。“小米的库存周期短，回款周期也短，在小米的账面上几乎不会出现‘应收账款’。”上述审计师说。这就让它在很大程度上与联想等传统制造业竞争对手拉开了距离。要知道，传统制造业拼的还是出货量的市场份额，但这并不完全代表销量，而只有当应收账款回收后才产生利润。

直销带来快速反应能力，高库存周转带来良好现金流，全球采购带来价格优势，物流网络构建垂直网络。小米通过与上下游的协同，通过独特的定价和盈利模式，构建起了很难被传统手机公司所复制的供应链竞争壁垒。

第二节　客户、渠道、需求、供应——一个都不能少

供应链战略规划分为两个步骤，分别是：“理解要素”和“建立匹配”。所谓要素，即供应链战略规划的四个基本要素，分别是：客户价值、渠道特性、需求特性和供应特性。

1. 要素一：客户价值

客户价值是由公司的最高管理层制定的，这是公司的顶层战略。作为供应链架构

师，虽然公司的顶层战略不是我们设计的，但我们需要了解，因为它决定了我们的供应链战略应该如何去满足公司战略的需要。原因很简单，不同的客户价值，可能产生不同的供应链战略。

具体来说，客户价值有很多表现形式。它可能满足了低成本、高质量、服务品质、客户体验、大品牌这些普罗大众的需求，甚至也可能是艺术、风尚、格调这些独具特色的小众群体的价值追求。

我们以网购为例，淘宝和京东都是电商平台，但从满足客户的价值诉求的角度来说，它们是有所差异的。淘宝的客户价值是典型的“低成本”，而京东的客户价值是“客户体验”，从这一点来说，就不难理解为什么淘宝没有自建物流，而京东却乐此不疲投入巨资兴建自己的仓储物流体系。

京东和亚马逊是一脉相承的。亚马逊以为客户提供卓越的网络购物体验而著称。这从它的广告语里可见一斑——“亚马逊网购，购轻松，购快乐!”而这种客户体验是基于它能高效、按时、可靠地将货物运送到客户手里。为了实现“体验至上”的客户价值，亚马逊在是否自建物流的决定上还颇费了一番周折。

刚开始的时候，亚马逊允许它的零售商们借助它的电子商务平台进行独立销售，通过零售商自己的物流体系进行配送。但是很快，问题出来了，大量客户投诉亚马逊货物的交货不及时或者产品的质量有问题，这严重影响了亚马逊满足其核心的客户价值。因此，从2006年开始，亚马逊发起了“Fulfillment by Amazon”（即卖家把货物发到亚马逊的仓储物流中心，再由亚马逊的仓储物流中心把货物送到客户手中），要求它的零售商将产品先送到亚马逊的物流中心，剩下的所有流程都由亚马逊自己完成，包括包装、发货、退货、客户服务等，由亚马逊统一面对终端客户，而这些大大地提升了亚马逊客户的网购体验。

2. 要素二：渠道特性

销售渠道特性包括渠道的长度和宽度特性。

其实很好理解，渠道的长度结构，又称为层级结构，是指按照其包含的渠道中间商（购销环节），即渠道层级数量的多少来定义的一种渠道结构。通常情况下，根据包含渠道层级的多少，可以将一条销售渠道分为零级、一级、二级和三级渠道等。零级渠道，又称为直接渠道（Direct Channel），是指没有渠道中间商参与的一种渠道结构。在零级渠道中，产品或服务直接由生产者销售给消费者。零级渠道是大型或贵重产品以及技术复杂、需要提供专门服务的产品销售采取的主要渠道，戴尔的直销模式就是典型的零级渠道。一级渠道包括一个渠道中间商。二级渠道包括两个渠道中间商。在工业品市场上，这两个渠道中间商通常是代理商及批发商；而在消费品市场上，这两个渠道中间商则通常是批发商和零售商。三级渠道包括三个渠道中间商。这类渠道主要出现在消费面较宽的日用品中，比如肉食品及包装方便面等。在IT产业链中，一些小型的零售商通常不是大型代理商的服务对象，因此，在大型代理商和小型零售商之间衍生出一级专业性经销商，从而出现了三级渠道结构。

渠道的宽度结构，是根据每一层级渠道中间商的数量的多少来定义的一种渠道结构。渠道的宽度结构受产品的性质、市场特征、用户分布以及企业分销战略等因素的影响。

渠道的宽度结构分成如下三种类型。

（1）密集型分销渠道，也称为广泛型分销渠道，就是指制造商在同一渠道层级上选用尽可能多的渠道中间商来经销自己的产品的一种渠道类型。密集型分销渠道多见于消费品领域中的便利品，比如牙膏、牙刷、饮料等。

（2）选择性分销渠道，是指在某一渠道层级上选择少量的渠道中间商来进行商品分销的一种渠道类型。在IT产业链中，许多产品都采用选择性分销渠道。

（3）独家分销渠道，是指在某一渠道层级上选用唯一的一家渠道中间商的一种渠道类型。在IT产业链中，这种渠道结构多出现在总代理或总分销一级。同时，许多新品的推出也多选择独家分销的模式，当市场广泛接受该产品之后，许多公司就从独家分销渠道模式向选择性分销渠道模式转移，比如东芝的笔记本产品渠道、三星的笔记本产品渠道等就如此。

概括地说，渠道结构可以笼统地分为直销和分销两个大类。其中直销又可以细分为几种，比如制造商直接设立的大客户部、行业客户部或制造商直接成立的销售公司及其分支机构等。此外，还包括直接邮购、电话销售、公司网上销售等。分销则可以进一步细分为代理和经销两类。代理和经销均可能选择密集型、选择性和独家等方式。

供应链管理是对端到端的链条的管理，因此，渠道架构也是供应链规划的一部分。然而，如此多的渠道选项，对我们进行供应链战略设计带来了巨大的挑战。

3. 要素三：需求特性

在工业界，我们经常提到一个词，就是创新速度，或者我们叫作“技术或产品的时钟速度（Technology or Product Clock Speed）”，也就是这个行业中技术或产品更新的速度。而这个速度深刻地影响着我们的供应链战略。

宾夕法尼亚大学沃顿商学院的马歇尔·费雪（Marshall Fisher）教授认为产品可以根据创新速度的不同而分为两类：功能型产品和创新型产品。① 功能型产品包括人们在各种零售店，如食品店和加油站买的东西。因为这些产品满足人们的基本需求，而且这些产品的长期需求变化不大，所以有着稳定的、可预测的需求和较长的生命周期，但是这种稳定性带来了竞争，导致产品的边际利润很低。而创新型产品的生命周期通常只有几个月，流行服饰和个人电脑就是很好的例子。尽管创新能为公司带来更高的

---

① 见《运营管理》（第11版），理查德·B. 蔡斯等著，北京：机械工业出版社，2007年，第371页。

利润，但同时也会导致产品需求的不确定性，由于模仿者能使创新型产品的竞争优势迅速消失，公司被迫不断地进行创新。较短的生命周期和巨大的需求变化进一步提高了产品的不可预测性。这两种产品的需求特性如表 4－1 所示。

表 4－1　功能型和创新型产品的需求特性

功能型	创新型
不确定性低	不确定性高
预测性高	难以预测
稳定	变化
产品生命周期长	产品生命周期短
库存费用低	库存费用高
利润率低	利润率高
产品多样性低	产品多样性高
数量大	数量小
缺货损失小	缺货损失大
产品不易过时	产品容易过时

我们在实际运用费雪教授理论的时候，不能死搬硬套，有两个方面是值得注意的。

我们不能简单地以产品种类来区分它们是功能型还是创新型，即便是同类产品，也有可能分为功能型和创新型。例如电脑，家庭用的台式机可能是功能型产品，而高端机型如商用笔记本，变化就非常多，可以列入创新型产品。再如我们每天都要使用的牙膏，有普通的家庭装，也有专门为治疗敏感牙齿的脱敏牙膏，这两者不能归为同类型的需求。更有甚者，一个原本是创新型的产品，随着市场的变化而变成了功能型产品，这样的例子很多，如手机、电视、服装等。

再者，费雪教授对于需求特性的描述是从功能和创新角度展开的，但现实情况却没有那么简单，客户的需求往往是多样化的。例如，手机厂商可能同时面对不同类型的客户。有的客户追求时尚，他们需要的是创新型产品，有的客户只要求手机有打电话、收发短信这些基本的功能，他们需要的是功能型产品。那么对于手机厂商，应该如何界定需求的特性，从而建立适合自己的供应链呢?

为此，笔者在费雪的基础上延伸了一个新的维度，即需求的单一性和多样性。如表 4－2 所示，客户的单一性需求可能是功能型产品也可能是创新型产品，但多样化需求则两者兼有。对于这样的企业该如何搭建供应链的战略，我们将在下文进行展开。

表 4-2　　单一的和多样化的需求特性

单一需求	多样化需求
客户种类少	客户种类多
可以由单一产品满足	多种产品或产品组合
功能型或创新型产品	功能型、创新型产品兼有
单一产品缺货损失大	单一产品缺货损失小

4. 要素四：供应特性

斯坦福大学商学院的李效良教授（Hau Lee）扩展了费雪的想法，他的想法集中在供应链的“供方”。费雪指出了需求特性的重要性，李效良则指出：供方同样存在不确定性，供应特性也应当是供应链战略的决定性因素之一。

李效良将“稳定的供应流程”定义为一个制造流程，一个制造技术已经成熟、供应基地也已建立完善的流程。与此相对的是“发展的供应流程”——制造技术还处在发展的早期阶段，而且变化很大，因此供应基地在规模和经验方面都很欠缺。在稳定的供应流程中，制造工艺简单且易于管理，稳定的制造流程逐渐趋于高度自动化，长期的供应合同十分常见。在发展的供应流程中，制造流程需要大量协调工作，易于产生问题，产量也不稳定，供应基地较为不可靠，因为供应商自己也在不断进行调整和改革。表 4-3 总结了稳定的供应流程和发展的供应流程之间的区别。

表 4-3　　稳定的和发展的供应特性

稳定的	发展的
不易出错	易于出错
稳定，产量高	不稳定，产量低
较少的质量问题	潜在的质量问题
更多的供应资源	有限的供应资源
可靠的供应商	不可靠的供应商
工艺变化少	工艺变化多
较少的产能限制	潜在的产能限制
较易变革	变革困难
柔性大	柔性小
提前期可靠	提前期不可靠

然而，李效良教授也是从静态的角度来阐述供应链不确定性的，我们在实际运用的时候，应该以动态的角度来看待供应的不确定性。一个现在是变化和发展的流程，

随着时间的推移，未来可能转变成稳定的流程；即便在今天，两个生产同类产品的不同供应资源，有的流程已经稳定，有的还在发展中。最为典型的例子就是发达国家和第三世界国家的同类产品供应商，作为同一家公司的不同供应商，位于印度的供应商与位于美国的供应商之间可能存在着巨大的差距。由此可见，供应链的战略也应是动态的，由于基本要素的区别或变化，供应链的战略也必须做出调整，固守着单一模式很有可能导致失败。

因此，笔者在李效良教授观点的基础上，也延伸了一个新的维度——供应的单一性和多样性（见表4-4）。单一性的供应，并不意味着它就一定是稳定的，它也可能是发展的；类似地，多样化的供应虽然提供了丰富的选择，但有的供应资源已经稳定，有的供应资源却还在发展之中，两者的成本和质量水平也可能存在着天壤之别。对于这样的情况，该如何搭建供应链的战略，我们也将在下文中进行展开。

表4-4　　单一的和多样化的供应特性

单一供应	多样化供应
供应资源单一	供应资源多
供应稳定或者是发展的	稳定和发展兼有
无替代资源或技术	有替代资源或技术
成本高或者成本低	成本高低的资源都有

第三节　供应链战略匹配——经典与创新

1. 经典的供应链战略匹配理论

经典的供应链战略匹配理论是由费雪教授创立，并由李效良教授发展而成的。费雪教授提出了两类供应链战略——效率型供应链和市场反应型供应链，分别对应功能型产品和创新型产品。李效良教授在费雪的基础上增加了供应的不确定性维度，从而将费雪教授的两类供应链拓展为四类①。如图4-6所示，这里摘录四类供应链的要点如下。

效率型供应链：供应链的战略目标是成本最小化。为了达到经济型的目标，应取消不增值的活动，追求规模经济。为了最有效地利用资源，必须在生产和分销的过程中尽量使用最优化技术，同时建立信息联结以保证供应链中的信息有效、准确、经济地传输。

① 见《运营管理》（第11版），理查德·B. 蔡斯等著，北京：机械工业出版社，第372页。

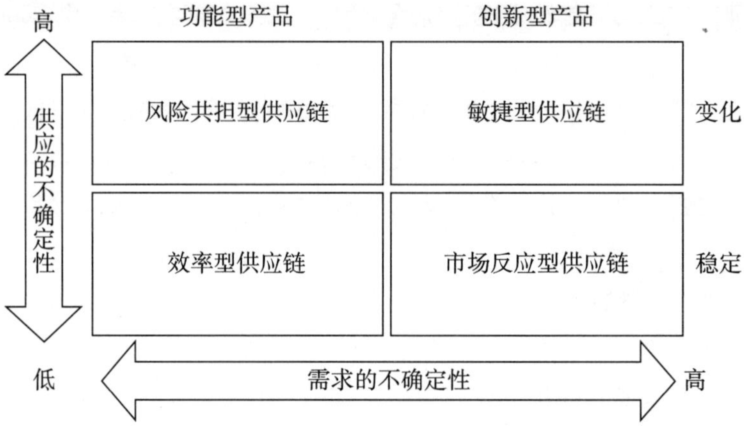

图 4－6　需求和供应的供应链战略匹配

市场反应型供应链：供应链的战略目标是对顾客需求的变化做出快速而灵活的响应。为了能够快速响应，公司采用订单生产和大规模定制的方式，以满足顾客的特殊需求。

风险共担型供应链：供应链的战略目标是供应链成员集成和共享供应链中的资源，并共同承担供应链中断的风险。供应链中单独的成员很容易遭受供应链中断的影响，但如果供应链中的资源不唯一，或存在替代资源，那么供应链中断的风险就降低了。比如对于关键资源，一个公司会持有安全库存以防止供应链中断，如果与其他公司共同持有该资源的库存，就能降低库存成本。这种战略在零售行业很常见，不同的零售商实行库存共享。对于这种战略的成功实施，信息技术十分重要，因为库存和需求的实时信息能使战略伙伴实现有效管理，并使转移货物的成本达到最小化。

敏捷型供应链：这种供应链的战略目标是对顾客需求的变化多样做出快速而灵活的响应，同时通过库存和集成其他资源，实现供应短缺和中断风险的最小化。这种供应链其实结合了响应型供应链和风险共担型供应链的优点。被称为"敏捷"是因为它有能力对顾客需求的变化和不可预测性做出快速响应，同时又能使供应链中断的风险变得最小。

2. 道格拉斯的供应链战略匹配理论

笔者在美国罗德岛大学学习的时候，笔者的老师道格拉斯·豪斯（Douglas N. Hales）教授提出了一个拓展的模型，如图 4－7 所示。根据需求的特性，将需求分成随机性需求、循环性（周期性）需求、季节性需求、成长性需求、水平性需求，并将李效良的四类供应链战略与之对应起来。

对于最难以管理的随机性需求，应采用敏捷型供应链战略，采用按订单设计（Design to Order，DTO）、项目式管理的模式。

需求特性与战略匹配					
需求特性	随机性需求 →	循环性需求 →	季节性需求 →	成长性需求 →	水平性需求
供应特性	高 →				低
产品特点	客户定制 柔性 高价格 →				标准产品 刚性 低价格
供应链	敏捷型 →	市场反应型 →	风险共担型 →	效率型	
运营模式	按订单设计 →	按订单制造 →	按订单组装 →	按库存制造 →	按库存发货
流程	项目式 →	工单式工厂 →	批量制造 →	流水线式工厂 →	不间断生产
渠道	制造商>客户 →		制造商>仓库>客户 →		制造商>仓库>分销商>客户
竞争优势	柔性 →	质量 →	价格 →	交货	

图 4 –7 道格拉斯的供应链战略匹配模型

对于循环性（周期性）需求，应采用市场反应型供应链战略，采用按订单制造（Build to Order，BTO）、工单式生产的模式。

对于季节性需求，应采用风险共担型供应链战略，采用按订单组装（Assemble to Order/Configure to Order，ATO/CTO）、批量制造的模式。

对于成长性和水平性需求，应采用效率型供应链战略，采用按库存制造或按库存发货（Build to Stock/Ship by Stock，BTS/SBS）的模式。

从图 4 –6 和图 4 –7 中可以看出，敏捷型供应链由于匹配的是高不确定性的需求和供应，它最适合的是项目制的产品，例如建造一架宽体客机，没有一家公司愿意在没有任何需求的情况下，贸然建造留作库存，以备将来客户下单采购。这种高度定制化，并且需求随机性很高的产品，往往都是多品种、小批量产品，这种情况下，可以尝试搭建敏捷供应链。但是，需要提醒的是，敏捷供应链是一种高运作成本的供应链，不到万不得已，走投无路，不要轻易尝试。

因此，在选择供应链战略之前，我们其实还有些事情值得做。

李效良教授曾指出，在建立供应链战略之前，有必要了解资源的潜在不确定性并设法降低它，如果能将产品不确定性的特点从图 4 –6 中的右列移到左列，或从上行移到下行，供应链的绩效就会得到改善。

进一步来讲，笔者认为，相较而言，改变“供应的不确定性”比改变“需求的不确定性”来得容易。客户的需求往往是很难被改变的，它由文化、市场、消费能力等诸多外部环境因素所决定，我们可以管理和引导消费，但不要试图妄加改变；然而，在供应端，我们付出努力，尝试改变供应商的行为却可能更容易有所突破。例如，我们可以辅导供应商，或是导入新的供应商，甚至更换供应商，有很多方法是可以尝试并能获得回报的。

因此，作为供应链架构师，我们首先应尽可能地降低供应的不确定性，从而将我们从匹配矩阵的上行移到下行，避开搭建所谓的“敏捷型供应链”或“风险共担型供应链”，而只在“效率型供应链”或“市场反应型供应链”中二选一，难度会大幅降低，如表4－5所示。而至于是否将“市场反应型供应链”转变成“效率型供应链”，取决于公司战略所定位的“客户价值”。我们来看一个案例。

表4－5　降低供应的不确定性

需求的不确定性		低（功能型产品）	高（创新型产品）
供应不确定	低 （稳定的流程）	效率型供应链	市场反应型供应链
	高 （发展的流程）	风险共担型供应链	敏捷型供应链

案例4－2：ZARA和优衣库的供应链战略

在当今的服装界，有两位传奇人物。一位是ZARA的创始人阿曼西奥·奥特加，另一位是优衣库的创始人柳井正；一位是西班牙的首富，而另一位则是日本的首富。虽然都是经营服装企业，但ZARA和优衣库的客户定位和供应链运营方式却截然不同。ZARA面对的是热衷时尚的客户群体，他们追逐潮流、喜新厌旧，乐意为了时尚而多付出一些成本，却又不愿意为了只穿几次的衣服而花费巨资；而柳井正俘获的却是喜爱简单休闲的客户群体，他们提倡百搭的轻便风格，即便是穿旧了的同样款式，只要喜欢他们还是会反复购买。为了满足不同的客户定位，ZARA和优衣库在搭建供应链管理模式时也采取了不同的战略。如图4－8所示。

ZARA所销售的服装是典型的创新性产品，具有不确定性高、生命周期短、可预测性差、过时风险高、缺货损失高等特点。为了匹配这种需求特点，ZARA搭建了所谓的“极速供应链模式”，这是一种典型的市场反应型供应链：采用小批量、多频次、快速补货的方式，来满足客户对于时尚产品的需求，同时降低高库存所带来的风险。

如表4－5所示，市场反应型供应链需要有较低的“供应的不确定性”，否则很容易就滑入“敏捷型”供应链的象限里。如前文所述，敏捷型供应链是最难管理的一种供应链模式，不到万不得已，我们不要轻易尝试。

为了降低供应端的不确定性，奥特加采取了常人难以理解的近乎疯狂的举动。首先，在全球外包盛行的时代，他反其道而行之，将ZARA快时尚的主要生产基地放在了西班牙的本部；其次，为了快，他将方圆200平方英里（约518平方千米）的地下挖空，建造管道和传输带，把周边劳动密集型的供应商与总部工厂全部连接在一起；另

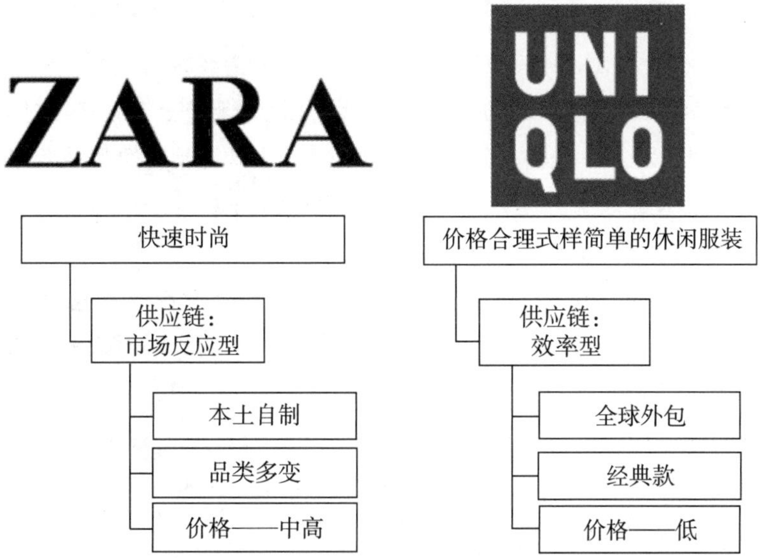

图 4-8　ZARA 和优衣库的供应链

外，他不惜采用空运的模式将产品发往全球各地的门店。表面上，这样做带来了极高的制造和物流成本，但是因为他销售的是时尚产品，较高的售价和良好的库存控制能力为 ZARA 带来了丰厚的回报。

虽然都是服装行业的佼佼者，优衣库却采用了截然不同的供应链运作模式。优衣库的产品以百搭和休闲为主。相比较 ZARA 而言，优衣库的产品更倾向于功能型产品。我们在优衣库往往会重复购买同样款式的产品，这些产品由于重复购买量大，预测准确性高，生命周期长，且不容易过时。为了匹配功能型产品的需求特性，优衣库搭建的是效率型供应链，它强调的是高效且成本低廉。

为了降低成本，优衣库采用全球外包的模式，但是外包的最大挑战是供应商的管理难度高，供应的不确定性也很高。为了降低供应的不确定性，优衣库采用了标准化的产品设计方案，无论是产品的款式还是面料，在保证品质的前提下，优衣库都尽可能地推行标准化。标准化的产品降低了供应商制造加工的难度，降低了供应的不确定性，同时也为优衣库推行全球外包带来了诸多的便利。当然，也正是因为优衣库销售的主要是功能型产品，这种标准化的方式才有可能大规模的实现。

小贴士

什么是 BTP、BTS、BTO、CTO、DTO

BTP/MTP：Build/Make to Plan，按计划生产，也称为按计划制造。根据事先计划好的销售量进行生产。

BTS/MTS：Build/Make to Stock，按库存生产，也称为按库存制造。根据事先设计好的库存水位安排制造，当实际库存低于库存水位时，启动生产以补充库存到所需水位。

BTO/MTO：Build/Make to Order，按订单生产，也称为按订单制造。根据客户的实际订单启动生产，在此之前，不准备或只准备少量通用零部件库存，只有当客户订单下达以后，才根据客户订单数量安排生产制造。

CTO/ATO：Configure to Order/Assemble to Order，按订单配置，也称为按订单装配。根据客户的实际订单启动装配，在此之前，准备好大部分零部件或半成品，当客户订单下达后，根据客户的实际配置需求安排装配。

DTO：Design to Oder，按订单设计和制造。根据客户的实际订单启动设计和制造，在此之前，基本不准备任何库存，甚至连产品的明确设计方案也未确定，当客户订单下达后，根据客户的实际需求进行产品设计和制造。

从 BTP 到 BTS、BTO、CTO，再到 DTO，供应链的成本和复杂性逐渐升高，但满足客户独特需求的能力也逐渐升高。

3. 复合供应链战略匹配模型

在费雪的需求不确定性理论和李效良的供应不确定性理论的基础上，笔者增加了两个维度，分别是需求的多样性和供应的多样性，如图 4 - 9 所示。基于这两个新增的维度，笔者提出了复合供应链战略匹配模型。所谓复合，即对于存在多类客户或多类产品的企业，应搭建复合的供应链战略，而不是单纯只考虑搭建一条供应链来解决所有的、复杂的问题。

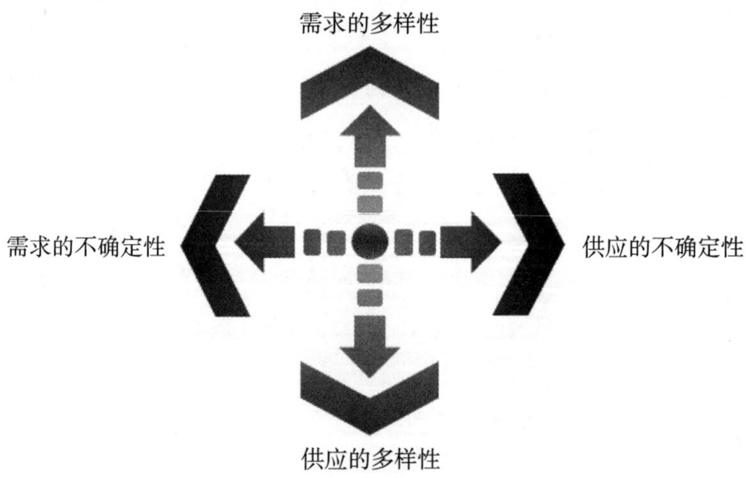

图 4 - 9　需求和供应的四个维度

复合供应链包括四种供应链战略模式：单一型供应链、扫把型供应链、漏斗型供应链、细分/集成型供应链。它们各自的特点列举如下，如图 4 - 10 所示。

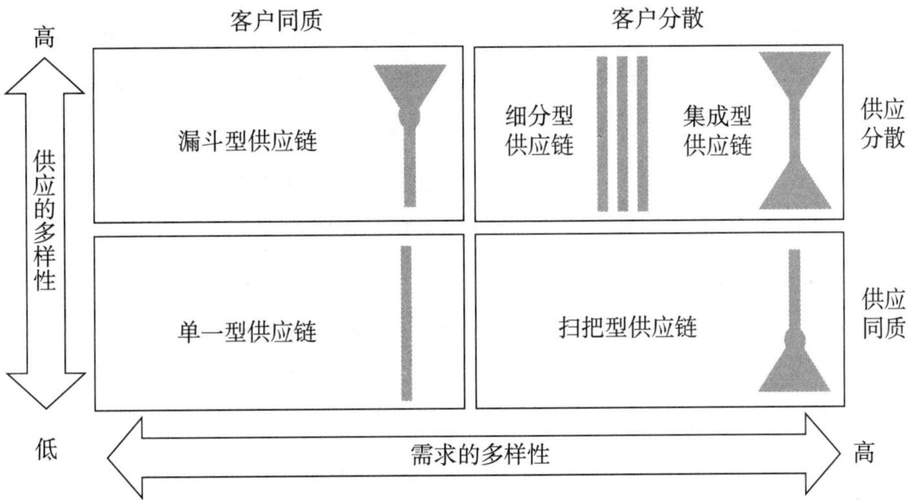

图 4-10　复合供应链战略匹配模型

单一型供应链：对于较为同质单一的需求和同质单一的供应，我们搭建单一型的供应链。它服务于需求高度相似的同类客户，可以集中资源并且保证客户的高满意度；同时，因为供应端也较为同质单一，可以集中采购、集约生产，从而提高效率、降低成本。搭建此类供应链时应重点考虑由于集约化导致的供应链风险的控制。我们以火力发电厂为例，它主要的供应材料是煤炭，客户是国家电网，无论是供应端还是客户端都较为单一同质，因此，电厂供应链就是典型的单一型供应链。

漏斗型供应链：对于较为同质单一的需求和多样化的供应，我们搭建所谓的“漏斗型”的供应链。同样地，它服务于需求高度相似的同类客户，可以集中资源并且保证客户的高满意度；但在供应端，由于供应分散且多样化，供应特性不一，导致供应端的管理异常复杂，为此，企业应设立品类管理小组，针对不同类型的物料、部件特性规划不同的供应策略。我们以苹果为例，iPhone 最早期所搭建的供应链是典型的漏斗型供应链，无论客户喜好如何，iPhone 只有一黑一白两个款式，客户只有通过运营商渠道才能购买到。由于产品需求旺盛，不愁销路，苹果有意识地将客户端的需求进行高度集中管理。但苹果的供应端却异常庞大复杂，苹果有着号称全球一流的供应管理团队，大到手机屏幕、小到一颗螺丝钉都有不同的专业团队来负责管理。这种漏斗型供应链确保了苹果能够获得全球最佳的供应资源，同时集中精力提高产品的集约化制造，确保了高品质产品的高效供应。

扫把型供应链：对于多样化的需求和较为单一同质的供应，我们搭建所谓的“扫把型”供应链。“扫把型供应链”这个词来源于曾任可口可乐瓶装商控股公司 CEO、太古饮料集团总经理费致修先生发明的“扫把理论”。扫把型供应链强调，在保证供应端的高效率低成本的同时，扩大市场端的覆盖面，通过供应链的延迟策略将这两者进行完美结合。以最传统的可口可乐汽水为例，由于配方单一，可以通过规模化的采购生产降低成本、提高效率；同时，为了保证不同客户的体验，通过使用多种多样的瓶子、标签，甚至不同的销售渠道，满足不同客户的需求，这就是典型的扫把型供应链。关于扫把型供应链，我们将在下一章中详细举例说明。

细分/集成型供应链：同时具备多样化的需求和多样化的供应，这是最为复杂却又最为常见的情况。大多数大众消费品公司都会落入到这个象限，如电视机、电冰箱、汽车等。由于部件种类繁多，制造流程复杂，客户需求不一，这类企业往往陷入如何搭建高效低成本同时又能够精准满足不同客户需求的供应链战略困境中。面对这种困局，我们有两个选择：搭建细分型供应链，抑或集成型供应链。对于实施多元化经营战略的企业来说，如何处理供应链的多样性，何处应该分、何处应该合，分分合合的决策取决于企业的总体战略，这不仅考验管理层的判断力，也展现了供应链管理的艺术魅力和创造力。

所谓细分型供应链，即将客户按需求性质进行归类，对部件也按供应性质进行归类，搭建多条独立且相互区隔的供应链。举例来说，吉利的李书福在 2010 年完成对沃尔沃的收购之后，曾讲过一段话“吉利是吉利，沃尔沃是沃尔沃，我们非常清楚沃尔沃来自北欧，根植于瑞典，离开了这个特定的土壤，沃尔沃将不再是沃尔沃，没有根基的品牌自然就失去了生存的价值。沃尔沃将保留自己的鲜明特点，在瑞典团队和新的董事会的领导下，继续追逐在顶级豪华汽车领域的发展。吉利不生产沃尔沃，沃尔沃也不生产吉利”。这意味着，吉利和沃尔沃将两个品牌分别搭建独立的供应链，各自独立进行采购制造和销售，更好地服务不同的客户。

所谓集成型供应链，也称作整合型供应链，即对多样化的需求和多样化的供应进行集约化管理，整合供应链的资源，通过规模化、平台化的采购，以及规模化、平台化的客户定制，将需求和供应很好地结合起来。以联想为例，从 2004 年开始，联想展开了一系列的并购案，先是 IBM 的台式和笔记本，接着是 NEC、Stoneware、CCE、IBM 的 X86 服务器，以及摩托罗拉移动，每次并购之后，联想都大力地推进供应链的整合与集成。例如统一零部件的采购平台，采用集中采购的模式降低成本；又如关闭部分冗余工厂，将制造部分集中放置在少数几个全球制造基地中来，如新建成的联想武汉制造基地；再如整合销售渠道网络，将类似的产品通过统一的渠道平台进行销售。集成供应链给联想带来了成本和效率的优势，也使联想荣登了 Gartner（高德纳咨询公司）评选的全球供应链 25 强榜单。

复合供应链战略匹配模型与费雪以及李效良提出的经典供应链战略匹配模型并不冲突，前者是对后者的补充和完善。经典的供应链战略匹配模型解决的是单一供应链战略搭建的问题，而复合供应链战略匹配模型解决的是多元化经营企业的供应链战略搭建的问题。

本章小结

在本章中，我们较为详细地介绍了供应链战略规划的内容、方法和常见的几种供应链战略模式，在此基础上，作者提出了所谓的“复合供应链战略模型”。这些模型能够为企业在做供应链顶层设计的时候提供一定参考。为了便于读者记忆，我们将本章要点提炼如下。

（1）供应链战略规划的目标是：实现端到端的协同，以及建立供应链的共盈模式；供应链的战术流程设计的目标是：完成三流集成设计，以及绩效指标的制定；供应链的运营执行的目标是：财务和运营指标的达成。

（2）供应链协同指的是供应链上的合作伙伴在信息流、实物流、资金流上如何相互配合，它决定了供应链的效率及其服务客户的水平。

（3）供应链盈利模式解决的是供应链上的合作伙伴如何赚取利润并在成员之间合理分配的问题，它决定了供应链的可持续性。

（4）供应链战略规划有两个目标、两个步骤、四个要素。两个目标分别是：实现端到端的协同，以及建立供应链的盈利模式；两个步骤分别是：理解要素、建立匹配；四个要素分别是：客户价值、渠道特性、需求特性和供应特性。

（5）费雪教授提出了两类供应链战略——效率型供应链和市场反应型供应链，分别对应功能型产品和创新型产品。

（6）李效良教授在费雪的基础上增加了供应的不确定性维度，从而将费雪教授的两类供应链拓展为四类：效率型供应链、市场反应型供应链、风险共担型供应链、敏捷型供应链。

（7）改变“供应的不确定性”比改变“需求的不确定性”来得容易。作为供应链架构师，我们首先应尽可能地去降低供应的不确定性，从而将我们从匹配矩阵的上行移到下行，避开搭建所谓的“敏捷型供应链”或“风险共担型供应链”，而只在“效率型供应链”或“市场反应型供应链”中二选一，难度会大幅降低。

（8）复合供应链包括四种供应链战略模式，分别是：单一型供应链、扫把型供应链、漏斗型供应链、细分/集成型供应链。

第五章　精益供应链管理模式

——追求卓越　永不止步

在第四章中我们详细介绍了供应链战略规划的方法和模型，读者一定会有疑问，在如此多的模型中，如何选择一种最适用于自己企业和供应链的战略方法呢？为此，笔者提出了所谓的最佳供应链管理模式，也就是"精益供应链管理"。那么，什么是精益供应链管理呢？

如果我们拿供应链和人的身体做一个比较，会发现它们有很多相似的地方。供应链有三个流（实物流、资金流、信息流），而人的身体也有三大系统，分别是消化和呼吸系统、血液循环系统和神经系统。消化系统负责获取并消化食物，而呼吸系统负责获取人体所需要的氧气，它们共同负责管理人的"实物流"；消化系统处理形成的营养成分，与呼吸系统吸收的氧气一起被血液循环系统输送到身体的各处，从而维持人体各个器官的正常运行，因此，血液循环系统负责管理人体的"资金流"；而负责协调人体各个器官有序运行，及时反馈并处理各个器官信号的是人的神经系统，它负责管理人体的"信息流"。如图5－1所示。

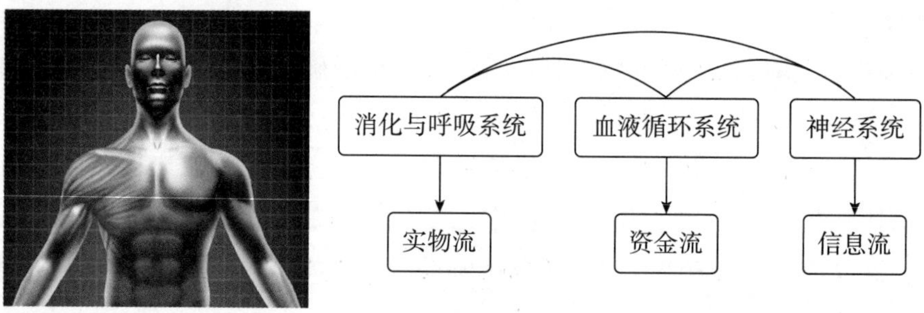

图5－1　人体和供应链

既然我们将供应链比作人的身体，那么我们可以思考一下，一个健康的人应该具备哪些条件，由此来反思供应链如何管理才能达到所谓的"健康"？韩国电影《丑女大翻身》中的女主人公原本身材肥胖，为了获得心上人的青睐，她通过极端的整容和瘦身竟然一夜之间摇身一变，成了身材窈窕、人见人爱的万人迷。然而电影毕竟是电影，现实生活中有几人能够在如此短暂的时间里实现翻天覆地的变化？即便有此绝招，例如女性通常使用的节食、吃减肥药、喝减肥茶、抽脂打针，且不说花费甚高，还可能对身体造成不可修复的巨大伤害，聪明人是绝对不会妄加尝试的。

很多企业都想为供应链瘦身，库存过量、浪费过多、费用过高、人员冗余，怎么办？着急的企业不管三七二十一，拿着三板斧“嗖嗖嗖”砍下去，一砍人员，二砍库存，三砍开支。三下五除二，表面上看各方面成本似乎降下去了，自我感觉还不错，原以为药到病除了，却没承想问题也接踵而来：客户交付率下降、产品质量下滑、员工满意度降低、供应商上门追债……原本企业还能勉强维续，突然来这么一下大变革，马上就到了破产的边缘，归根结底，就是“快速瘦身”惹的祸。

我们回过头来研究一下，对于现实生活中的人来说，想要拥有一个健康的身体，有没有什么明智的方法呢？当然有的！答案其实也很简单，甚至可以说是路人皆知，可以把它总结为三句话的九字口诀——“吃得精、消化快、转化好”。所谓吃得精，是要获取人体所需的足够养分，不挑食，不滥吃，管得住嘴；所谓消化快，就是能够把吃下去的食物尽快地分解完全，这需要一个强大的肠胃来保障；然而，仅仅消化快还不够，消化分解后的食物还要能够转化成人体所需的营养成分，而不是统统变成了残渣排出体外，这就是所谓的转化好！当然，有的人会说我们还要多运动，其实多运动的目的也是能实现消化快、转化好的目标，并不冲突。因此，一个实现了“吃得精、消化快、转化好”的人，一定拥有一个健康的身体、苗条的身材，达到所谓的“瘦身而不瘦健康”的目标！

人的身体可以用健康来形容，而供应链则更适合用精益来形容。如前所述，所谓精益并不是单纯地追求“瘦身”，而是达到一个“均衡”的状态，既能够“苗条”，同时又能够“健康”。

第一节　谁是全球供应链最佳实践企业

如果让我们来评选全球供应链最佳实践企业，每个人都会有一套自己的衡量标准，评选出来的结果也会大相径庭。在过去的十年里，高德纳咨询公司（Gartner）每年都会发布一个全球供应链最佳实践企业 25 强名单，虽然还存在着诸多争议，但这个排名已经被行业广为接受，上榜企业也都以此为荣。为了做到公平客观，Gartner 设立了一个评分标准，其中 50% 为主观分值，另外 50% 为客观分值。主观分值为评委打分，主要从供应链领导力和供应链未来发展两个角度评价候选公司的表现。评委分为两组，一组为 Gartner 的专业分析师，他们的评分占总分的比重为 25%；另一组为各大公司的高层，他们的评分也占总分的 25%。客观分值则从三个硬性指标对各公司的绩效进行评价，分别是：三年加权复合营收增长率、库存周转率、三年加权复合资产收益率。谁能有实力成为这个榜单的佼佼者呢？答案是苹果，它已经连续七年蝉联桂冠宝座。

我们可能会怀疑，会不会因为苹果的粉丝众多，苹果是“被第一”的？但是即便排除主观原因，苹果的客观分值也足够让我们震撼。我们以表 5 – 1 为例，为大家逐个解读这三个客观指标的含义以及苹果的表现。

表 5 – 1　　2014 年 Gartner 全球供应链最佳实践企业 25 强

排名	公司	同业评选（1）（188 位投票者）（25%）	Gartner 评选（1）（32 位投票者）（25%）	三年加权复合资产收益率（2）（25%）	库存周转率（3）（15%）	三年加权复合营收增长率（4）（10%）	综合得分（5）
1	苹果	3187	371	20. 5	69. 2	31. 2	8. 85
2	麦当劳	1612	369	15. 6	153. 0	4. 0	6. 25
3	亚马逊	3171	510	0. 8	8. 9	27. 2	6. 08
4	联合利华	2031	517	9. 9	6. 9	2. 6	5. 32
5	宝洁	2166	513	8. 2	5. 9	2. 2	5. 20
6	三星电子	1871	351	11. 4	18. 1	12. 7	5. 13
7	思科系统	1092	480	9. 1	12. 3	6. 3	4. 57
8	英特尔	908	475	12. 8	4. 8	3. 8	4. 51
9	高露洁 – 棕榄	891	322	17. 4	5. 1	3. 1	4. 22
10	可口可乐	1820	265	10. 1	5. 3	6. 2	4. 03
11	Inditex 公司	751	259	17. 7	3. 9	9. 1	3. 99
12	耐克	1192	225	14. 2	4. 2	11. 0	3. 89
13	H&M	690	108	26. 7	3. 6	6. 4	3. 83
14	沃尔玛	1764	215	8. 0	7. 9	3. 5	3. 52
15	百事公司	1000	298	8. 6	8. 2	3. 2	3. 37
16	联想集团	808	210	3. 3	17. 5	24. 4	3. 14
17	星巴克	1044	185	8. 5	5. 7	11. 9	3. 06
18	3M	975	146	13. 6	4. 1	4. 1	3. 05
19	高通	193	56	14. 1	6. 8	30. 6	2. 95
20	希捷科技	67	39	19. 5	12. 5	8. 1	2. 75
21	金佰利	605	206	9. 9	6. 1	1. 6	2. 65
22	强生公司	957	149	9. 6	2. 8	5. 2	2. 65
23	卡特彼勒	696	245	5. 4	3. 0	3. 3	2. 43
24	康明斯	153	144	12. 1	5. 3	6. 0	2. 34
25	雀巢	1060	99	8. 3	5. 4	1. 5	2. 30

1. 三年加权复合营收增长率（Three - Year Weighted Revenue Growth）

计算公式如下（以2011—2013年为例）：

三年加权复合营收增长率 =［（2013年营收增长率 - 2012年营收增长率）×50%］+［（2012年营收增长率 - 2011年营收增长率）×30%］+［（2011年营收增长率 - 2010年营收增长率）×20%］

依据此公式，苹果的三年加权复合营收增长率为31.2%，这是25强中该项分值最高的一家企业。作为一家千亿美元级别的老牌公司，能够保持31.2%的增长率实属不易，这得益于苹果的产品定位、市场营销，当然也离不开苹果供应链的保驾护航。在前文中，我们用三句话九个字来描述一个人如何拥有健康的身体——“吃得精、消化快、转化好”，而营收增长率体现的就是“吃得精”。

2. 库存周转率

计算公式为（以2013年为例）：库存周转率 = 2013年销货成本/2013年平均库存

在计算库存周转率的时候，很多企业习惯将销售收入直接除以平均库存，这是不正确的，正确的计算方法使用的是销货成本。销货成本（Cost of Goods Sold，COGS）指的是企业当期已售商品的成本，即为制造这些产品所直接投入的原材料、劳动力及分摊的制造费用，不包括无法轻易按合理比例分摊到各种产品上的间接成本（Overhead），后者以销售及行政费用为主，如广告推销及后勤部门的支出，通常合称营业费用（Operating Expenses）。

平均库存则是指所有原材料、在制品、成品以及所有在手的呆滞物料的平均库存。计算公式为：平均库存 =（期初库存 + 期末库存）/2

依据此公式，苹果的库存周转率为69.2次/年，如果用365天除以69.2，可以得出苹果的库存周转天数为5.27天。也就是说，苹果仅仅用了不到6天的平均总库存量就支撑起了其1710亿美元（2013年苹果财报）的苹果帝国。从这一点上来看，苹果不仅“吃得精”，还做到“消化快”。

在这个指标上表现惊人的还有一家企业——麦当劳，这家公司的库存周转率达到了153次/年，无怪乎这家企业位列整个榜单的第二名。

3. 三年加权复合资产收益率（Three - Year Weighted ROA）

计算公式如下（以2011—2013年为例）：

三年加权复合资产收益率 =［（2013年净收入/2013年总资产）×50%］+［（2012年净收入/2012年总资产）×30%］+［（2011年净收入/2011年总资产）×20%］

依据此公式，苹果的3年加权复合资产收益率为20.5%。

通俗点来说，假如一家企业的资产收益率低于同期的银行利率，那么投资者还不如把钱存入银行，但可笑的是，这样的事情经常上演。例如，据中国企业联合会、中国企业家协会统计，2014年中国企业500强中，有41家企业净资产收益率为负，118

家低于或等于3.3%，表明近1/4的中国企业500强的净资产收益率没超过商业银行1年期存款利率。从这个角度来看，身为巨无霸的苹果，能保持复合资产收益率高达20.5%，确实不易。而这体现的是我们九字口诀的最后一句“转化好”，能够很好地把股东投入转化成收益。

Gartner选择“三年加权复合营收增长率”“库存周转率”“三年加权复合资产收益率”这三大指标作为其评选“全球供应链最佳实践企业”的三个硬性指标，恰恰体现了精益供应链的最基本的三个诉求：“吃得精，消化快，转化好”。可见，作为一个有机的整体，人体与企业并无多大差异，二者在实现“机体健康”上所采用方式也近乎一致。

案例5-1：麦当劳的精益供应链管理

麦当劳（McDonald's）是全球大型跨国连锁餐厅，1940年创立于美国，在全世界大约拥有3万间分店，主要售卖汉堡包以及薯条、炸鸡、汽水、冰品、沙拉、水果等快餐食品。“麦当劳不仅仅是一家餐厅”，这是麦当劳经营理念的精髓所在。餐厅的高效运作靠的是全面、完善、强大的支援系统的配合。依靠其完备的供应链体系，麦当劳成就了其所著称的“瞬间服务”。

麦当劳着力于打造精益供应链。它从不自制任何原材料或副产品，除了在门店完成的最后几道工序外，其余的流程基本都由供应商和第三方物流商完成。麦当劳对所有供应商的每一个环节均采用标准化的流程管理，从订单确认、材料选取到物流配送、收货对接等都有严格的控制标准，并对每一个步骤的时间长短进行控制。

麦当劳要求从顾客开始点餐到最后将所有餐点交到顾客手中，整个过程必须在60秒之内完成。如此严苛的要求对麦当劳的流程管理是个极高的考验，它通过标准化的流程管理、改进食品制作工艺、统筹安排适量库存来提升食品的加工速度和供应速度。

麦当劳餐厅的每个环节都可用精确的数字来定义，鸡翅炸6分钟，牛肉饼煎制38秒，一秒不多一秒不少，全由电脑来控制，一旦完成，你想返锅再炸，电脑已经锁定，不给丝毫机会。包括洗手，这是麦当劳员工一天频繁进行着的动作，麦当劳的餐厅经理在狭窄而热闹的厨房示范这个动作时，认真地说：“洗手整个过程要求20秒。”在每个麦当劳餐厅的厨房里，都有个巨大的钟，这个钟有内外两圈时间，内圈是正常的时间，而外圈则是各种产品规定的丢弃时间。例如：当一组麦乐鸡在下午4点被摆上服务员身后的货柜的时候，就会有一个有颜色的时间牌放在它后面，到了这个时间牌规定的点如果该组麦乐鸡没有卖出去，那它们的下一个地点将是垃圾桶。

此外，麦当劳规定员工在食品供应时都应该小跑以提高行动的速度。为了防止行动速度提高而影响食品滑落和外溢，麦当劳对饮料都加了塑料盖、对食品加了纸盒。当然，饮料都加了塑料盖也能防止顾客饮用时外溢，食品加纸盒可以延长保温时间，对顾客来说也是有利的。为了提高效率，麦当劳还对供应设备进行了改革。如在饮料供应方面，饮料设备提供多个饮料出口，只需要员工按一下按钮，就能保证定量的饮料流到杯中。这不仅节省了服务人员“看护”“等待”饮料充满的时间，而且在填充饮料时，员工还可做其他的事情。在食品供应方面，通过工艺改进，只需要将半成品加热（主要是高温油炸的方式），大大地提高了食品的生产速度，而且顾客还能拿到刚出锅略微发烫的食品。

在适量成品库存安排上，麦当劳既要快速满足顾客的需求，又不能准备过多的库存。因此，店长要对各个时段的各种产品的需求量有一个明确的判断，才既不会造成缺货又不至于大量浪费。而这个对顾客流量和口味的精确分析，麦当劳有一套多年研制的系统在背后支撑。它根据餐馆位置及当天的日期，参考往年餐厅不同时段的供应量，预测当天不同时段的顾客购买量和购买品种。门店将每小时细分为 6 个时间段(每个时间段 10 分钟)，针对不同时间段的需求情况，可提前做好下一个时间段所需要的数量，通过提前准备的成品库存量（通过保温箱保温）迅速满足顾客的需求。

精益供应链确保麦当劳这家全球最大的以出售汉堡为主的连锁快餐企业能够在“瞬间”完成客户需求的要求下，还能保持高效低成本运作，库存周转率超过 150 次/年，远超同行业竞争对手。Gartner 在“2014 年全球供应链最佳实践企业榜单”中是这样评价麦当劳的供应链的：“麦当劳，通过其供应链的规模有效运营，每天服务全球接近 1% 的人口。在过去一年里，麦当劳通过深入挖掘产品生命周期内的盈利性以及通过提升新产品（如：麦咖啡产品线）和核心菜单的市场份额获得了显著的成效。麦当劳也十分关注与上游供应商以及下游直营和特许门店的联合计划与库存管理。它的供应链不仅关注核心能力的提升，还非常关注人才管理，包括接班人计划、技术和领导力的发展和培养。”

第二节　精益供应链管理模式——吃得精、消化快、转化好

精益供应链的九字口诀“吃得精、消化快、转化好”如果转换成供应链的语言，就是“高增长、高周转、高收益”。这从字面意义上很好理解，但要转换成供应链的实际运营就会发现，这基本上只是个纲领。作为企业家，谁都希望看到自己的企业或供应链“高增长、高周转、高收益”，但具体要如何实现？如何落地？这才是最难的问题。

不过无论如何，我们已经有了一个很好的开始。企业最忌的是不知道目标在哪里，乱打误撞，成功不易，失败却很容易。因此，从这个纲领出发，我们一起来搭建一个精益供应链管理的普适模型。

在第二章里，我们回答了“供应链管理管什么”这个问题，并且提出了“三流集成，不掉链子”的概念，即在管好“信息流、实物流和资金流”的同时，还不能“掉链子”。结合精益供应链的“高增长、高周转、高收益”，我们可以进一步把精益供应链定义为三个目标，为了方便记忆，我将其称为“两个最大、一个不能”，即“最大程度满足客户需求”“最大程度降低成本”以及“不能掉链子”（见图5－2）。这里所指的链子，就是“信息、实物、资金”三条链。

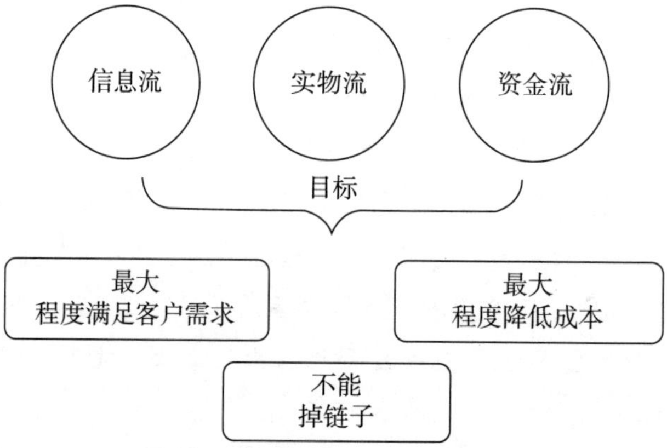

图5－2　精益供应链管理的目标

然而，仔细研究，我们会发现，“最大程度满足客户需求”与“最大程度降低成本”，两者是近乎矛盾的。“满足客户多样化的需求”与“追求成本最低”，往往是鱼和熊掌不可兼得。为了满足客户的个性化要求，例如快速交货、定制产品等，成本会大幅上升，供应链的架构也会大相径庭。

如图5－3所示，企业在做决策的时候，很容易陷入“成本－响应”的两难抉择境地。ABC三点所在的曲线被称作“效率边界”，在给定的资源条件下，在没有突破式创新的前提下，企业的决策结果通常只能沿着边界走，而不能脱离边界。例如，企业决定提高其响应速度，其结果是从A点到B点，企业的成本也随之上升；反过来，企业决定降低成本，其结果是从A点到C点，企业的响应速度变慢。这里的所谓突破式创新，指的是企业通过技术和管理变革所获得的先占优势，需要注意的是，任何创新都是短期维持的，从长远角度来说，有创新就有模仿，创新也是需要成本的，企业很难在没有投入的情况下保持永续创新。

那么，有没有什么方法能够让企业既能够提升响应速度，又同时能够降低成本？“效率边界理论”给出的答案是：没有！不仅如此，“效率边界理论”时刻提醒着企业的经营管理者，不要设定自相矛盾的供应链指标，让执行层无所适从。例如，在不做任何投入前提下，要求客户订单的平均物流交付速度从7天提升到5天，同时物流成本降低30%。这绝对是让物流经理“自杀”的节奏啊！

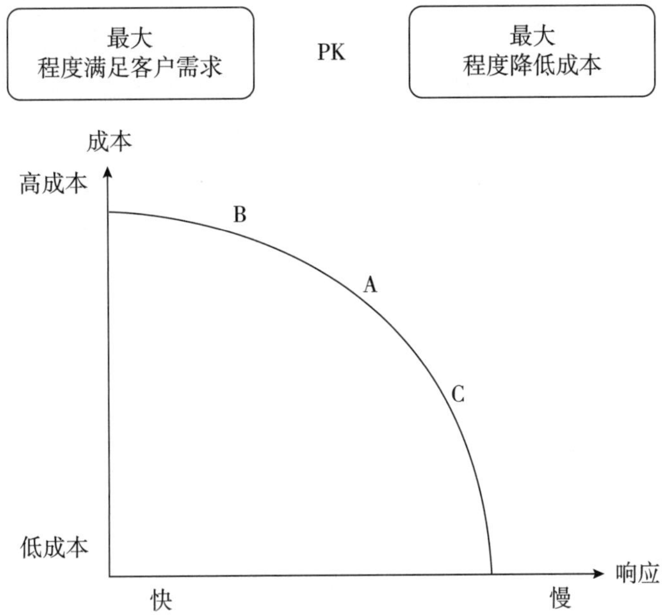

图 5－3 成本－响应曲线

然而，从实际运营的角度来看，很多企业确实找到了同时提升响应速度并且降低成本的方法，最典型的就是“大规模定制”模式。大规模定制（Mass Customization，MC）是一种集企业、客户、供应商、员工和环境于一体，在系统思想指导下，用整体优化的观点，充分利用企业已有的各种资源，在标准技术、现代设计方法、信息技术和先进制造技术的支持下，根据客户的个性化需求，以大批量生产的低成本、高质量和效率提供定制产品和服务的生产方式。

既然是实际运营中行得通的方法，为什么理论解释不了？从本质上来说，脱离了理论的实践是站不住脚的，离开了实践的理论更是空谈，理论和实践这两者之间一定是相互关联的。关键是这个关联点在哪儿？为了更好地阐述这个关联，让我们先来看一个有趣的模型。这是笔者的一位朋友、业界的前辈，曾任可口可乐瓶装商控股公司CEO、太古饮料集团总经理的费致修先生发明的模型，因其形状酷似扫把，费先生把这个模型称为“扫把理论”，这也是我们在第四章“复合供应链战略匹配模型”中所提出的“扫把型供应链”的来源。

扫把理论①针对的是，如何解决产品的制式化和定制化、制程的效率化和弹性化、物流布局的中央化和地方化，乃至订单交付的大量化和批次化等，各式各样结构上相悖却又得同时存在的供应链设计问题。

扫把理论说的是供应链上游，如采购、生产、运输等环节，看重效率化、大量化

① 见《费话连篇》，费致修著，北京：中国纺织出版社，2012 年，第 253 页。

和标准化，如此才能发挥最大的效益，犹如扫把柄，要结实才能使力。

供应链下游，如仓库、配送、客服等部门，着重点是弹性、迅速、小规模服务，如此才能满足客户需求，犹如扫把的鬃毛，要松软，才能接触地面的每一个角落，扩大效果。

最重要的是，柄和鬃毛之间要有一个箍，把两种不同的材料结合成扫把，没有箍则不成扫把，顶多是一根竹竿或是一束稻草，扫不了地。同样地，供应链上面如果没有一个箍，能够协调上游的效率标准化和下游的弹性定制化，也没有办法发挥应有效能，落得两头不是、事倍功半。

如图 5－4 所示，我们会发现，扫把理论同时满足了精益供应链的“两个最大、一个不能”的目标：即扫把的上端——供应链的上游设计，要追求高效、标准化，从而最大程度降低成本；而扫把的下端——供应链的下游，要注重弹性、可定制化，从而最大程度满足客户需求；而中间的箍子，要足够牢靠，通过缓冲、延迟等手段确保链条的持续性，即不能掉链子。

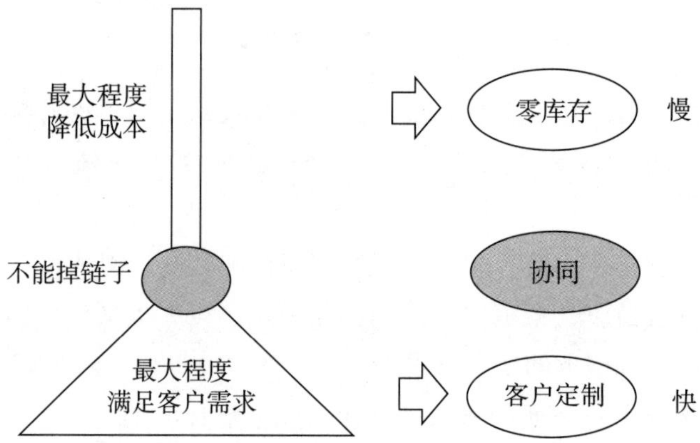

图 5－4　扫把理论

为了帮助读者理解，我们以戴尔为例，来探讨一下该模型的有效性。

案例 5－2：戴尔的直销供应链

1983 年，美国得克萨斯大学的一年级学生迈克尔·戴尔在自己的大学宿舍里以 1000 美元起家，创立了戴尔计算机公司（以下简称“戴尔”）的雏形。在不足两年的时间里，戴尔的销售额突破 7000 万美元，1988 年，戴尔股票上市。1999 年，戴尔公司在美国计算机制造市场的占有率达到 16%，名列全美第一。到 2001 年第一季度，戴尔电脑销售量正式超过康柏电脑，成为全球最大的电脑公司。时至今日，在 IT 巨头的惨烈竞争格局之下，戴尔公司依然坐拥 PC 行业的前三名，并且成了 ICT 行业唯一的端到端供应商，提供了从硬件到软件、到服务的全方位服务，尤其是在服务器、存储和医疗领域，戴尔始终保持着多个行业第一的称号。

回顾戴尔的发展历程，发现其经历 IT 行业数次变革而屹立不倒的利器之一便是卓越的供应链管理。戴尔的供应链管理有很多为业界熟知的关键词，“客户定制”“零库存”“直销”“VMI”“3PL”等。有趣的是，在这些看似孤立的词汇的背后，是一个堪称完美的结构化供应链设计。

我们先来看看“客户定制”。戴尔为客户提供丰富多样的选择，小到产品的颜色，大到产品的核心硬件配置，客户都可以致电戴尔的销售，或者登录戴尔的官方网站，定制一款完全属于自己的电脑或 IT 产品。戴尔有一句经典的广告词，“你想要的，都在这里”。因为客户定制，改变了 PC 行业的传统格局，它就像扫把下端的鬃毛，柔软地满足着每一位客户的独特需求。但是，定制化在提高客户满意度的同时，也为戴尔带来了高额的成本，为此，戴尔也付出过惨痛的代价，这其中的最大问题就是库存。

如图 5－5 所示，1991 年戴尔的平均库存是 75 天左右，平均周转率为 4.8 次/年，在 PC 行业排名倒数。库存是供应链上的恶魔，它能够吞噬掉企业所有的利润，对于以摩尔速度发展的 PC 行业，库存问题更加可怕，一台电脑可以在短短数月之内迅速贬值，任何留存在手上的库存都是一颗随时可能爆炸的定时炸弹。怎么办？戴尔开始了其第一个供应链的十年创新。

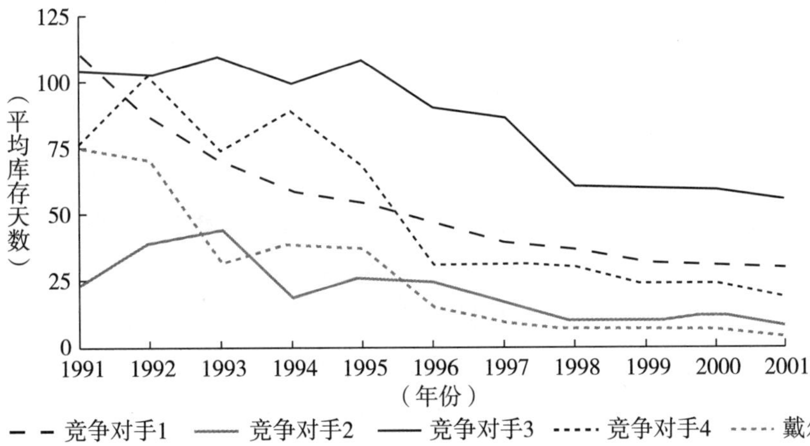

图 5－5　戴尔供应链的第一个十年创新

从 1991 年开始到 2001 年，戴尔的平均库存降到了 11 天左右，平均周转率为 33 次/年，一举成为 PC 行业的翘楚。在这十年间，戴尔推动的一个重要变革便是“零库存”。提到戴尔的“零库存”，有一个误区，很多人认为零库存就是完全没有库存。事实上，戴尔的“零库存”并非没有库存。它有两层含义，第一层含义和丰田的“JIT”异曲同工，它表示的是“即时供应，无多余材料库存”；第二层含义是没有成品库存，所有的订单都由客户需求来驱动，按单配置（Configure to Order，CTO），成品一经生产出来即发往客户，不存在“成品入库，等待客户订单”的情况。虽然没有材料（Raw Material）库存，也没有成品（Finish Good）库存，在制品（Work in Product，WIP）库存还是有的，但由于产品早已售出，并且客户已预付资金，所以某种程度上来说，这部分的库存也是属于客户的。这就是戴尔所谓的“零库存”的概念。

“零库存”好比扫把的上端，大幅降低了戴尔的成本，然而伴随着库存和成本的大幅下降，另一个问题产生了：由于没有了库存，尤其是没有了成品库存，客户不得不在下单之后等待一段时间才能收到产品。客户是缺乏耐心的，供应链的速度越慢，等待的时间越长，满意度越低。这是所有追求“客户定制供应链”所面临的共同问题，如何确保定制化的速度是客户所能接受的。毫不夸张地说，“交付速度”是检验定制化供应链水平的最重要指标，它直接决定了定制供应链的成败。

因此，戴尔的第一个供应链的十年创新，是“零库存”和“速度”的相互博弈，是“低成本”和“定制化”的相互博弈。在博弈的过程中，戴尔开创性地使用了许多直到今天都还被业界广为称道的供应链创新模式，如采用 3PL（第三方物流）、推广 VMI（供应商管理库存）、建立 Merge Center（订单整合中心）等。

综合来说，在这十年间，戴尔其实做了三件事情，它们是“供应商协同”“制造端协同”以及“销售端协同”。端到端的协同打通了戴尔供应链的任督二脉，大幅降低了戴尔的库存水平，全面提升了戴尔供应链的效率和速度。而协同就是戴尔供应链上的那个“箍子”，在这个箍子上，戴尔通过缓冲、延迟等手段确保链条的持续性，确保了在“最大程度降低成本”且“最大程度满足客户需求”的同时，还能够“不掉链子”。

戴尔的直销供应链是典型的扫把型供应链战略，在供应链的上端通过集约化降低成本、提高效率，在供应链的中后端通过大规模定制、延迟技术（订单整合）等手段，满足客户丰富多彩的需求。它同时满足了“两个最大”和“一个不能”，即最大程度降低成本、最大程度满足客户需求，同时保证了不掉链子。那么我们是否可以由此得出结论：扫把型供应链就是我们苦苦追寻的“精益供应链管理模式”呢？答案显然是否定的。

仍以戴尔为例，戴尔在第一个十年创新里所开创的“直销供应链”获得了巨大的成功，戴尔的供应链管理模式作为经典案例被教科书反复提及。然而时至今日，戴尔的供应链管理模式历经蜕变，早已跳出了其固守多年的成功模式。变革的原因很简单，技术变了、市场变了、客户变了、供应商也变了，而唯一不变的是——仍然需要保持精益！我们来看看戴尔供应链的第二个十年创新。案例 5 - 3 是作者应中国物流与采购联合会《全球采购》杂志社的邀请所撰写的，并获得戴尔公司的授权发表于《全球采购》2013 年 8 月刊。

案例 5－3：IT 的产业变迁与戴尔的供应链变革[①]

在 IT 行业，有两类创新从未停止过。其一是技术创新，其二是商业模式的创新。技术创新在摩尔倡导的“摩尔定律”中得以完美阐述，且在过去的 40 多年里，技术变革成了行业变迁的主要推动力。但正如一扇门的打开可以有推、拉两种模式一样，商业模式的创新从另外一个方向拉动了行业的变迁。这种拉动，更多的是来源于客户需求的演变和多样化发展，与硬生生的技术推动相比，也更加人性化。对于 IT 行业内的企业来说，不能忽视这两种创新的力量。但更为重要的是，如何将两种力量进行完美整合，而不是彼此消耗，则非常考验公司的战略规划和管理能力。

作为计算机行业的领导者之一，戴尔公司在商业模式和技术创新上从未停下过脚步。Change is the only constant in Dells，变革——根植于戴尔企业文化的 DNA 之中。从技术上来看，从电脑、笔记本生产到数据中心，再到云平台建设，戴尔正在全力向端到端解决方案和服务提供商转型。然而，正如前文所述，在戴尔，这些技术变革的原动力是客户的需求，而非技术本身。这在戴尔针对供应链管理的创新和变革中体现得更加淋漓尽致。

1. 戴尔供应链的二次革新

多年以前，戴尔以直接销售、按单定制的创新模式，引领了业界供应链管理的重大变革，这些创新模式已成为众多著名商学院的经典案例。那时的戴尔供应链主要关注于准时生产、低库存和高现金流，希望用一种供应链模式满足所有客户的需求。这种模式在特定的历史时期取得了巨大的成功。但随着市场的发展和变化，这种单一直销模式的局限性也逐步显现。例如，IT 客户从过去的占大多数的大中型企业客户和公共事业客户，逐步扩展到越来越多的小型企业客户和个人消费客户。小型企业客户和个人消费客户对直销模式的偏好程度远低于大中型企业客户，且对交货期的要求更为不同。大多数小型企业客户和个人消费客户喜欢经销和零售模式，希望能直接提货，要求“零天”交货期，且对价格比较敏感。而大中型企业客户和公共事业客户则要求在缩短交货时间的基础上，希望交货期在一定的正态分布范围内，过于超期或提前都将带来不良的客户体验。同时，客户对订单的可预见性也有着越来越高的要求，希望能随时知道自己的产品处于何种状态，以及何时能最终交付使用。

根据互联网数据中心（IDC）的报告，在 2008 年全球个人计算机市场份额中，直

① 《IT 产业变迁与戴尔的供应链变革》，作者：施云，见《全球采购》杂志，2013 年 8 月刊。

销订单只占26%，零售和经销订单合计达到74%；而在戴尔，直销订单占了近80%，零售和经销订单合计才占约20%。为了满足客户需求，特别是对交货期的需求，更好地进入零售和经销市场，戴尔必须改变原来比较单一的直销模式，重新规划自己的供应链，以适应新的客户需求。

图5－6为戴尔公司今天的产品线。

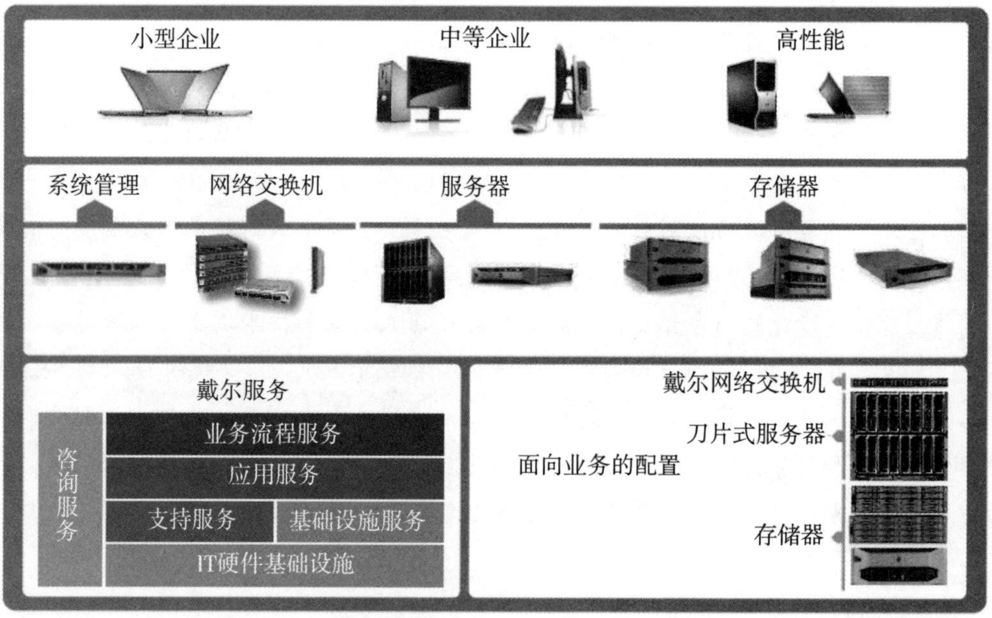

图5－6　戴尔公司今天的产品线

为了更好地适应客户需求的转变，从2008年开始，戴尔逐渐向基于市场细分的供应链进行转型，引领其供应链管理的第二次革新。戴尔如今的供应链模式，如图5－6所示，涵盖了个人消费者、企业客户以及公共事业客户等各个细分市场，并且拥有自身生产和外包生产（ODM）两种模式，同时提供着大量的定制化或标准化的产品和服务，并不断提升为客户提供整体IT解决方案的服务水平，由此不断地提高客户的满意度。戴尔的第二次供应链管理的重大变革的实质就是从以前的基于按订单配置的直销模式的供应链，变革为现在的基于按市场细分的多渠道模式的供应链。变革以后，戴尔将供应链管理的重心转变为根据市场细分，设计不同的供应链模式以满足不同类型的客户需求。这既承袭了原有的供应链优势，又拓展了更为广泛的供应链竞争能力。

2. 六大供应链模式提升客户满意度

适应市场和客户需求的发展和变化是戴尔公司供应链管理创新和变革的根本原因。

基于大量的市场分析，并根据两个主要维度：灵活配置能力和交付时间，戴尔公司按照市场细分配置了六大供应链模式：标准化的低成本零售商订单、标准化的经销商订单、标准化的长交货周期大订单、客户定制化的标准订单、客户定制化的非标准订单、基于设计的客户订单。其中，零售商订单主要针对个人消费者；经销商订单主要针对中小企业客户；定制化的订单主要针对大企业客户；长交货期的大订单主要针对公共事业部的客户。然后，根据供应链的主要因素：产品定位和设计、可灵活配置能力、反应能力和速度、计划和采购的参与程度、订单交付管理的可见度、售后服务管理、成本、现金流和库存管理，戴尔重新规划和设计了基于市场细分的差异化的六种供应链模式。

针对零售市场，戴尔为客户提供标准配置的大众化产品，批量化降低成本满足了客户性价比的要求（净推荐值反馈中，性价比也是一个重要组成部分）。同时也适当地准备库存，以满足客户现场取货的需要（这样基本上不会再有交货期方面的投诉了）。比如，客户在苏宁或国美等零售商店看中某款产品，就可当场提货。这种模式，因为采用固定配置的模式，计划和采购的参与程度相对较低；同时，因为战略性地提高库存，也就适当地降低了对现金流的要求。

而针对基于设计的客户订单，戴尔为客户提供非常灵活的配置能力，设计出高性价比的产品和服务。例如，针对某互联网公司数据中心的需求，戴尔可以将定制的服务器和存储设备，一起安装到整体机柜，并在工厂完成所有的软件安装和测试，甚至可以贴好该公司的资产标签。最终产品运到该公司的指定数据中心，直接接上电源和网络，就可以正常工作了。这种模式下，因为采用的是客户定制化的非标准配置模式，计划和采购的参与程度相对较高，以及时地反应客户的需求，并需随时跟踪订单的生产和交付情况。此时，因为采用按单生产的模式，基本实现了零库存；因为交货与零售有很大的不同，所以在下订单之前，销售人员会与客户在交货期天数上达成一致。由于管理的提高及先进的 IT 系统，99% 实际的交货期都好于预期的交货期，对于超期的订单，则通过空运来弥补生产的超期。

可见，不同的供应链模式有各自不同的特点，这就要求对此分别做相应的分析、规划和设计，并选用与之相适应的管理模式和方法，以满足不同客户的需求。

3. 全透明价值链提升供应链柔性

供应链领域不断发生着各种变化，这些变化对企业发展产生了不同程度的影响。近年来在全球层出不穷的大事件，诸如油价波动、全球金融危机、全球经济增速放缓等，都对 IT 制造业企业带来消极的影响，有些影响甚至可以导致某些供应中断，工厂停产。有时这些影响对交货期、质量和成本的影响大大超过原有想象，最终必然影响客户的满意度。

如何提高供应链的灵活度和弹性，就给戴尔及与戴尔一样以客户为中心的企业提出了更高的要求。应对挑战，企业需要拥有一个透明的价值链，能够帮助企业准确洞察行业发展趋势，合理调整供给以快速响应市场变化和客户需求，从而能够从容应对复杂挑战，提高竞争力。

图 5 -7 为戴尔供应链的第二个十年创新。

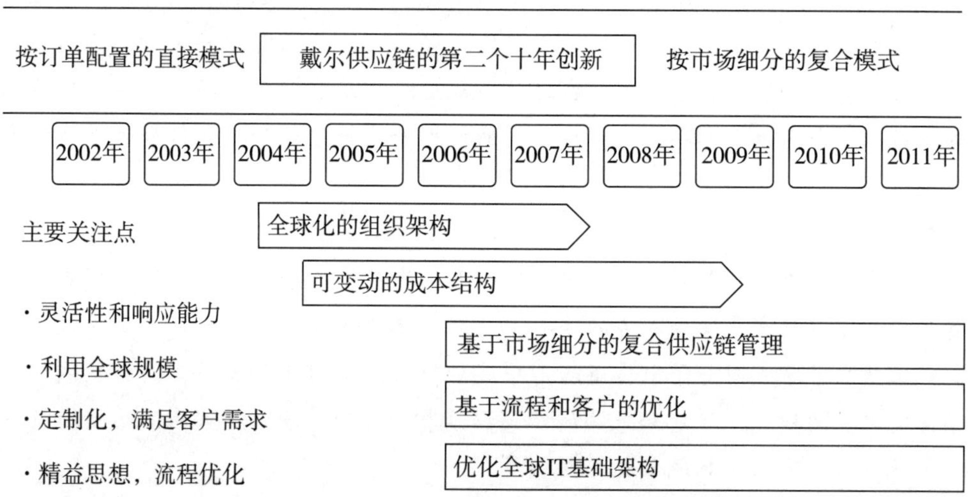

图 5 -7　戴尔供应链的第二个十年创新

因此，在这十年的变革过程中，戴尔主要做了 5 项系统工作来搭建全透明的价值链：①组织架构的全球化；②成本结构的可变动化；③全球 IT 基础架构的优化；④基于流程和客户的优化；⑤基于市场细分的复合供应链管理。这里重点谈谈第二点和第三点。

2008 年年初，戴尔开始建立可变动的成本结构，以选择成本最低的供应链模式，来满足不同细分市场客户的需求。比如，戴尔逐步将一些标准化程度较高的产品大批量地外包给 ODM 厂家生产，利用 ODM 的规模效应降低了大量的制造成本。但与此同时，戴尔还保留了自己的制造能力，通过自己的工厂集中资源为客户提供定制化的产品和服务，大大提高了供应链的柔性和客户满意度，并保持了戴尔对制造过程控制的世界领先水平。戴尔成都全球运营中心已于 2013 年 6 月正式投产，这也展现了戴尔致力于提升 IT 产业供应链的努力。再如，通过采用按库存生产的模式，可以将在中国生产的产品通过海运到欧美地区销售，大大地降低了供应链的制造成本和物流成本，由此增强了戴尔在欧美零售市场的竞争力。这样，戴尔就能够把主要精力集中于实现整体供应链的战略设计和规划，不断优化和创新供应链管理，由此不断增强自身的竞争优势，为客户提供更好的服务。

2009 年年初，戴尔开始对 IT 基础架构进行全面优化，在全球范围逐步推广和实施更高效率且更低成本的 IT 解决方案，以确保各类细分市场的供应链信息端到端的传输。和许多公司不同的是，在戴尔，没有唯一的 ERP 系统。公司根据不同业务需求配置了不同的信息化解决方案，并利用公司 IT 部门的首次或二次开发能力，在各个系统之间搭建起无缝连接。这种高度自我配置化的信息系统架构，能够在保证成本的基础上实现最大化的客户满意度，并对公司自身信息化团队的建设有着重要的意义。

4. 不仅仅是变革

以客户需求驱动的供应链变革乃至IT行业变革，逐渐地取代了过去以技术为单一驱动力的行业变革。这种变革，从市场的角度来看，因其更加贴近客户，从而散发出巨大的生命力；从社会资源利用的角度来看，因其有的放矢，从而更加经济环保。技术是为了市场而存在，脱离了市场需求，片面地追求创新速度，或是追求技术突破而带来裂变效果，往往代价不菲，甚至得不偿失。在快速变革中，企业需要保持专注，紧跟客户需求的变化。在戴尔，有一个指标会出现在全体员工的绩效评价表中，这就是净推荐值（NPS）。戴尔公司从2003年就开始从第三方公司获取NPS调查的数据。NPS调查非常直接，其终极问题就是“您是否向亲戚、朋友或同事推荐本公司产品?”这是一个量化的问题，受访者需要按照自己推荐意愿的强度从0～10给被调查的公司打分。只有推荐意愿达到10或9的受访者才是所谓的“推荐型客户”（Promoters），他们会继续购买并推荐给其他人。

在2008年，戴尔公司的NPS曾到达一个历史低点。同时公司供应链的情况也很不乐观。通过对NPS反馈数据的分析，主要存在两类问题。一个是与交货期相关的问题，另一个是与到货质量相关的问题。第一个问题占到90%以上的权重，而且从趋势图可以看到供应链管理相关的反馈也达到了历史低点。这也成了戴尔进行变革的主要原因。

变革至今，戴尔在供应链成本、到货质量以及交货期都有了很大的改善。其中，个人消费产品的配置组合减少99%，由此也显著地提高了需求预测的准确度，从而大大降低了管理成本、库存成本及交货期。配置的简化也使质量的控制更简单，从而降低了配置错误、丢失率。再者，由于采用了新的供应链模式，许多产品可以从原来的空运转为成本较低的海运，为此物流成本降低了30%以上。此外，由于许多产品外包给ODM厂家生产，将固定成本转化为可变动成本，并且可以实现规模效应，为此制造成本也降低了30%以上。管理成本的大幅降低，让客户以更低的价格获得更好的产品，使得戴尔有了更大的竞争优势，能为客户提供更好的产品和服务，由此也进一步地促进了供应链管理的变革进程。

在这个变革过程中，戴尔的客户满意度有了显著的提高。一方面，供应链管理成本的降低，使得戴尔可以为客户提供性价比更高的产品和服务，而不是简单地寻求低价的原材料和零部件来应对市场价格竞争。另一方面，随着供应链管理水平的提高，戴尔产品的平均交货时间降低了44%；产品质量的错漏件及损坏率也降低了79%。最终，体现出了NPS有了22%的净值增加，已在多个细分市场达到业界第一梯队的水平。

在后PC时代，由于宏观经济环境和行业结构的调整，戴尔由原先的产品和服务提供商向整体解决方案提供商转型，这些变化都要求供应链管理的持续改进能满足客户不断提升的需求，而戴尔已经准备好了去迎接未来的挑战。

事实上，随着 IT 产业的变迁，主动调整供应链战略的不只是戴尔，笔者在仔细研究过 IT 行业的各大厂商后惊奇地发现，所有的 IT 厂商都在进行供应链变革。先说惠普，如图 5－8 所示，和戴尔类似，惠普公司的产品覆盖了企业系统、图形及打印设备、惠普服务、个人系统，为了满足不同客户的需求，惠普的供应链分成了四种模式：直销模式、解决方案模式、客户定制式、超值式。

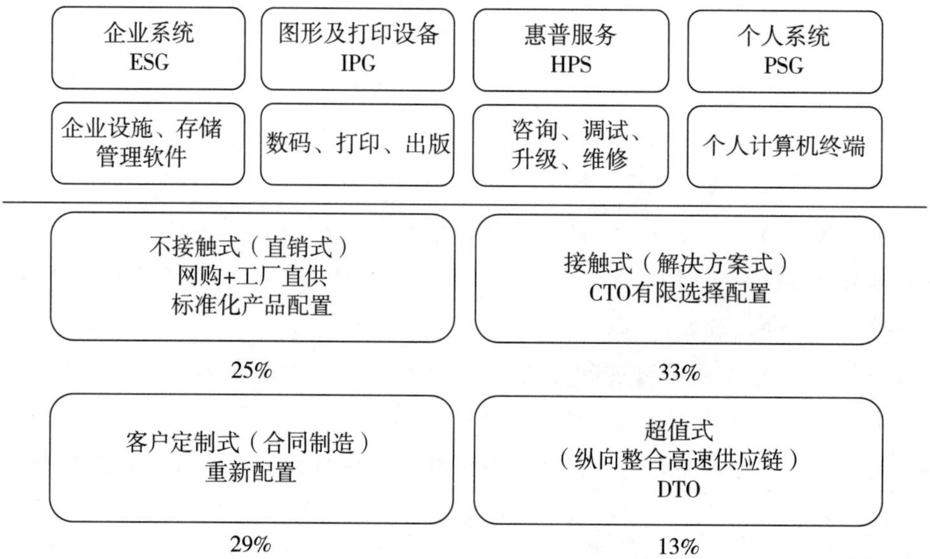

图 5－8　惠普的复合供应链管理模式

联想也一样，2004 年，联想公司启动了供应链改造项目，在保留联想的最传统也最擅长的“BTS＋”渠道的供应链模式的基础上，添加了直销供应链管理模式。如今，联想的供应链也同样是复合型供应链，在联想的内部，各式各样的产品在供应链端被加以细分和整合，出现了所谓的 T 模式、R 模式、I 模式等诸多模式，但万变不离其宗，这些战略或策略都跳不出上一章中所提及的基本模式。

可见，时至今日，“直销”“定制化”的供应链模式早已不是戴尔的专利，特别是近几年，传统企业纷纷试水“直销”和“定制化”，“直销”或“定制”俨然成了一种最“新潮”供应链配置，似乎在这种潮流之下，谁没有跟上节奏，谁就落伍了。

有趣的是，早在 20 年前，“定制化”就已经被认为是未来伴随着消费升级和客户细分所必然发展的方向，但是为什么直到最近的三五年里，“定制化”才被广泛地运用和普及起来？原因很简单，移动互联网及电子商务的推动功不可没。

如案例 5－2 所述，大家都知道“定制化”是一片蓝海，它能满足客户独特的需求，避开与竞争对手的正面冲突，但“定制化”运作起来并非易事。“定制化”最大的问题是显著降低了供应链的反应速度，并且增加了供应链管理的复杂度，它对供应链运营管理的要求甚高，并非所有传统企业都能一夜之间具备“定制化”能力。以戴尔为例，在定制化的前提下，为了保证供应链的反应速度不受影响，它首先采用直销的模式，通过切除中间环节来提升速度，减少复杂性；同时，它在采购、物流、生产、销售、IT系统等供应链运营上苦心规划，历经十年才搭建起来了一个“直销”和“定制化”供应链体系。高昂的成本和复杂的系统让对手望而却步。

然而，正如笔者所述，任何竞争优势的保持都只是一时的。随着时间的推移，尤其是伴随移动互联网的普及，技术差距被逐步缩短，“直销”和“定制化”的运用成本越来越低，而这个时候，客户需求也发生了变化和分离。中高端客户需要“高端定制化”产品，为了满足这部分客户的需求，戴尔进一步强化了其“定制化”供应链的能力，朝着“深度定制化”的方向继续迈进，甩开对手；而普通客户通常不会为了一台家用电脑而煞费苦心地进行定制，为了满足这部分客户的需求，戴尔抛弃了其固守的“定制化”供应链，转而向竞争对手学习，建立起了标准化固定配置的产品目录供客户选择。这就是我们在第四章中提到的“复合供应链管理模式”。

所以，如果读者要问，什么才是真正的精益供应链管理模式，是“单一型”“扫把型”“漏斗型”还是“细分/集成型”？答案是：以上都不是。供应链战略模式没有对与错之分，只有合适和不合适之分。作为供应链架构师，我们应当遵循如下的方法或思路来搭建供应链战略：以实现客户价值为导向，在分析产品特性、供应特性、渠道特性的基础上，选择合适的供应链战略；打通实物流、信息流、资金流，在其上搭建流程，建立起服务高增长、高周转、高收益（吃得精、消化快、转化好）的精益供应链体系。

本章小结

第四章我们讨论了供应链战略模型，本章是第四章的延续，进一步讨论如何进行战略的选择，构建起所谓的“精益供应链”。

（1）所谓精益并不是单纯地追求“瘦身”，而是达到一个“均衡”的状态，既能够“苗条”，同时又能够“健康”。

（2）Gartner选择“三年加权复合营收增长率”“库存周转率”“三年加权复合资产收益率”这三大指标作为其评选“全球供应链最佳实践企业”的三个硬性指标，恰恰体现了精益供应链的最基本的三个诉求：“吃得精，消化快，转化好”。

（3）精益供应链的九字口诀“吃得精、消化快、转化好”如果转换成供应链的语言，就是“高增长、高周转、高收益”。

（4）我们可以进一步把精益供应链定义为三个目标，为了方便记忆，我将其称为“两个最大、一个不能”，即“最大程度满足客户需求”“最大程度降低成本”以及“不能掉链子”。

（5）“满足客户多样化的需求”与“追求成本最低”，往往是鱼和熊掌不可兼得。

（6）扫把理论同时满足了精益供应链的“两个最大、一个不能”的目标。即扫把的上端——供应链的上游设计，要追求高效、标准化，从而最大程度降低成本；而扫把的下端——供应链的下游，要注重弹性、可定制化，从而最大程度地满足客户需求；而中间的箍子，要足够牢靠，通过缓冲、延迟等手段确保链条的持续性，即不能掉链子。

（7）大家都知道“定制化”是一片蓝海，它能满足客户独特的需求，避开与竞争对手的正面冲突，但“定制化”运作起来并非易事。定制化最大的问题是显著降低了供应链的反应速度，并且增加了供应链管理的复杂度，它对供应链运营管理的要求甚高，并非所有传统企业都能一夜之间建立起“定制化”的能力。

（8）变革的原因很简单，技术变了、市场变了、客户变了、供应商也变了，而唯一不变的是——仍然需要保持精益！

（9）什么才是真正的精益供应链管理模式，是“单一型”“扫把型”“漏斗型”，还是“细分/集成型”？答案是：以上都不是。

（10）以实现客户价值为导向，在分析产品特性、供应特性、渠道特性的基础上，选择合适的供应链战略；打通实物流、信息流、资金流，在其上搭建流程，建立起服务高增长、高周转、高收益（吃得精、消化快、转化好）的精益供应链体系。

战 术 篇

夫兵形象水，水之形，避高而趋下，兵之形，避实而击虚。水因地而制流，兵因敌而制胜。故兵无常势，水无常形。能因敌变化而取胜者，谓之神。

——《孙子兵法·虚实篇》

供应链战略确定后，接下来的事情就是行军打仗、实战为王了！所谓将在外，军令有所不受，目的就是让前方带兵指挥的将军能够根据实际的战况及时调整战术，料敌所不想，攻敌所不备。供应链的战术打法也类似，千条万条路，不应拘泥于形式，而应追求实用、管用和好用。

在这一篇中，我们将带领大家把供应链管理上的主要细分领域逐个分析展开，包括计划管理、库存管理、采购管理、资金管理、物流管理，同时，介绍一些供应链上的拓展知识，如供应链金融、约束理论（TOC）、跨国企业的供应链挑战等。

第六章 如何搭建计划管理平台

——内外协同 步调一致

传统的观点认为，计划部门是供应链的指挥机关，是供应链的大脑，如同作战的参谋部，指挥着供应链上的千军万马冲锋陷阵。然而在计划部门自己来看，指挥权真的掌握在自己的手中吗？可能很多计划员都会打上一个大大的问号。指挥权暂且不论，出了问题大家可都来找计划。产品多了卖不出去，找计划；产品少了不够卖，也找计划。没办法，谁要计划是“理所当然”的源头呢？这里面就涉及计划的职能范畴。

如图 6－1 所示，企业的计划职能通常包括：结合财务计划（Finance Planning）、销售预测（Sales Forecast），制订运营计划（Operation Planning），然后转换成主生产计划（Master Production Schedule，MPS），进一步展开为能力需求计划（Capacity Requirement Planning，CRP）和物料需求计划（Material Requirement Planning，MRP），最后是计划控制（Planning Control）和计划执行（Planning Execution）。

	1 财务计划	2 销售预测	3 运营计划	4 能力需求计划	5 物料需求计划	6 计划控制	7 计划执行
周期	年	季度	月	周	周	周	日
流程主要负责部门	财务	市场与运营	计划	计划/生产	计划/采购	各部门	各部门
主要流程	①优先级确定 ②财务目标设定 ③投资决策	①销售预测 ②产品组合 ③促销计划 ④新产品投放	①主生产计划 ②库存计划 ③计划平衡	①产能规划 ②产能平衡 ③生产效率	①物料清单 ②物料需求展开 ③物料采购计划 ④库存控制	①计划达成率 ②预测准确性 ③库存监控	①采购 ②生产 ③物流 ④销售 ⑤其他

图 6－1 跨部门的计划协同与执行

举个简单的例子，家里今天会来客人，预计晚上会留下来用餐。家庭主妇首先会看一下手中的预算（财务计划）；然后根据客人的人数、性别、年龄、喜好等预估晚餐的菜肴（销售预测），与家人商讨之后，初步确定菜肴的制作时间、品种和数量（运营计划）；然后根据菜肴的品种数量计算一下需要购买的材料有哪些（物料需求计划），厨房里的设施够不够，是否还需要找人帮厨（能力需求计划）等；到菜市场一看，需要的鳗鱼已经售罄，不得已只好换螃蟹了（采购执行）；家里没有蟹钳，因此又赶紧去超市购买工具（生产执行）；忙了一天，晚上和客人告别后，主妇精心准备的这一顿晚餐得到了家人的赞赏（计划控制）。

在这个案例中，我们设想一下，有哪些东西是主妇无法控制或独立决策的。首先是预算，这顿饭要花费多少，对主妇来说，可能需要与家人商量后才能决定。其次是客人，假如客人临时有事来不了，主妇准备好菜肴可能会浪费；然后是菜品和数量，这些都与客人的数量、喜好有关系；材料的购买过程中，可能会出现缺货；制作的过程，可能会出现人力不够或缺少工具的情况。最后是家人的评价，每个人都有自己的观点和看法，他们会从自己的角度来评价菜肴的好坏，这也是主妇无法控制的。

计划管理是一个横跨整个供应链的端到端的工作，涉及了财务、市场、销售、采购、生产、物流等各部门的协同。计划出问题了，往往并不一定是计划部门的错，而是这中间的某个环节出了问题。话虽如此，企业里大部分人认为，计划部门的作用就是在中间发挥穿针引线、协调控制的作用，既然计划出了问题，计划部门应当承担最大的责任。从这个道理上来说，计划部门的这个“黑锅”似乎背定了。公说公有理，婆说婆有理。我们暂且把争论放一旁，来看一看成熟的计划管理应当怎么来推动。

第一节　运营计划的指挥权在谁手里

我曾经在公开课的课堂上做过一个小调查，询问在场的来自不同公司的计划人员：公司运营计划的指挥权究竟在谁的手里？回答非常有趣。有的说在客户手里，客户要什么，我们就照做；有的说在老板手里，因为老板指东，我们不敢往西；还有的说在生产部门手里，因为公司生产部门是老大，他们做的计划，没人敢不听；有的人说在财务部门手中，因为他们管钱，没有钱啥计划都甭想实施；最出人意料的回答是，公司运营的指挥权在老板娘手中，其中的原因可想而知……这些五花八门的回答背后，展现的是一个弱肉强食、此消彼长的运营指挥权争夺战。争夺意味着内耗，意味着效率的丧失，因为没有谁会心甘情愿地被指挥，也没有谁能够轻而易举地指挥他人。

假如我们换个思路，把“指挥”变成“协同”，情况会大不一样。首先，指挥是单向的，而协同则是双向的，协同双方都有话语权，都有机会来充分表达自己的意见，因此通过协同得到的计划，可操作性最强；其次，协同的最终目的是“保持一致”，英文叫 Alignment，达不成一致意见，与争斗吵架无异；最后，协同的效率和效果决定了协同的质量，为了保证最终获得一致的行动方案，可能彼此双方或其中一方需要做出让步，英文叫 Consensus，这种让步，符合公司的整体战略，而不是一方对另外一方的压倒性胜利。

我们在前述章节中，曾经多次提到过“协同”这个词，并且我们强调供应链战略规划的目标是：实现端到端的协同，并建立起供应链的盈利模式。那么，在战术层面，这个协同怎么来实现？这里就需要介绍一个业界比较成熟的模式S&OP。

S&OP，即销售与运营计划（Sales & Operations Planning）流程。如果我们把端到端的供应链分成“销售端（Sales）”和“运营端（Operations）”两部分，大多数情况下，它们好比两台独立运转的机器，各自独立地进行计划和决策。不仅如此，在这两台机器的内部，也存在着类似的情况。例如，在销售端，销售与营销计划脱节，各销售大区之间相互抢单，彼此不买账；在运营端，采购、生产、物流都互不信任，各自独立做计划，相互间缺少沟通。而S&OP所承担的，便是在它们之间进行协调，它好比一颗颗传动齿轮，将销售端和运营端的内部和外部连接起来进行统一协调管理。在这个流程中，计划部门只是S&OP上的一个协调和监督者，而不是决策者或指挥者。各个部门在S&OP平台上都扮演着重要的角色，相互配合，共同决策。因此，我们对计划的认识应当从过去狭隘地认为“计划是一个部门”，而转变成“计划是一个协同平台”。我们通过一个案例来看看S&OP是如何搭建供销协同平台的。

案例6－1：S&OP实施之路

陈弘最近很郁闷。作为公司计划部门的负责人，他在公司负责S&OP流程的推行。从开始实施S&OP到现在，六个月已经过去了，公司的计划水平虽然有所改观，计划的准确性从过去的40%（三个月的计划准确性）提升到了60%，但是远没有达到他预期的80%的水平。内部各部门之间还是存在着互相扯皮、相互不信任的问题。作为计划总监，他苦思不得其解，“究竟是哪里出了问题？”

一年前，陈弘加入了这家以运动休闲服装为主要产品的跨国公司，担任公司中国区计划总监，负责中国区整体的计划管理。加入公司不久，陈弘很快发现中国区存在的一系列问题。销售体系直接向中国区总经理汇报，而后端运营体系的各部门垂直向总部汇报，销售端与运营端脱节且不说，各自内部也是职责混乱，相互不买账，很多决策无法在中国区的层面上达成一致，往往要上升到欧洲总部进行协调。由于总部距离市场远，给出的决策也往往比竞争对手慢半拍，往往决策下来了，市场环境已发生了变化。作为有着国外供应链硕士学位背景的陈弘来说，他想到了S&OP，这是一个可以帮助公司解决困境，并为自己树立权威的绝好机会。于是，在经历了两个月的充分调研之后，他向中国区的总经理递交了一份详细的S&OP实施建议书。

在这份建议书里，陈弘详细陈述了中国区目前所面临的问题，并提出构建统一的中国区S&OP运作流程的构想。如图6－2所示，他的改善建议主要有三条：首先，计划部门应当代表运营部门参与公司的销售与市场计划的制订中去；其次，计划部门负责计划在运营端的执行，确保运营端只有唯一一套计划数字；最后，建立计划执行的控制与反馈机制，对执行过程中间出现的变化和新问题，进行主动而快速的调整，以适应市场的变化。

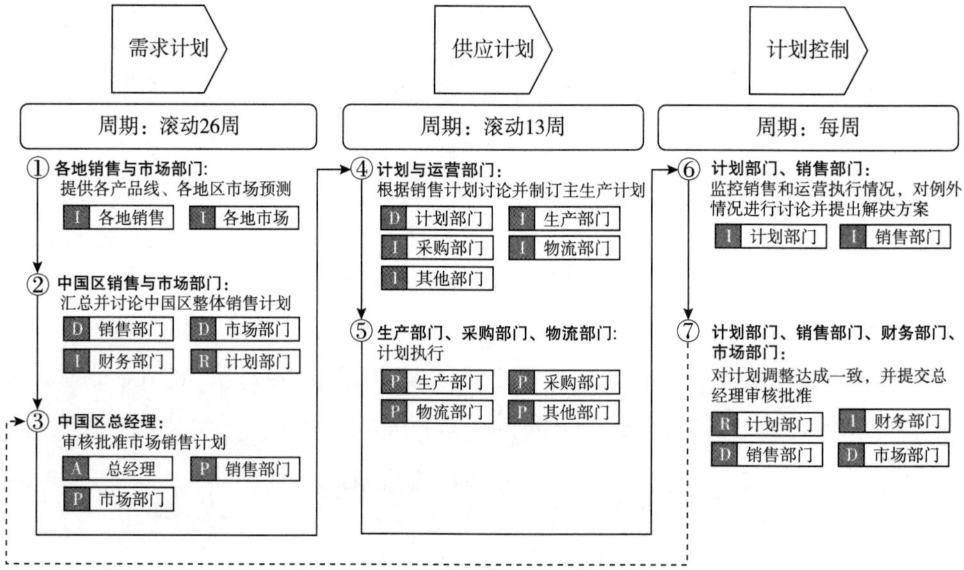

图6－2 陈弘提出的S&OP流程

图6－2中的字母代表的含义见图6－3，它被称之为RAPID工具，在确定跨部门职责范围和角色的时候，非常适用。

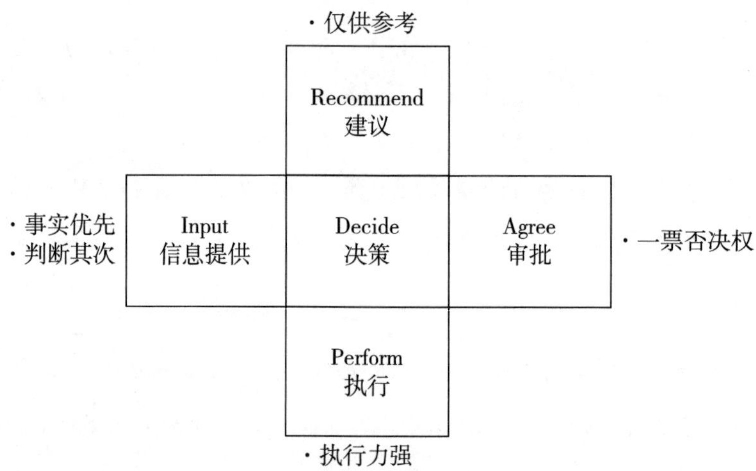

图6－3 RAPID 工具

由于方案逻辑清晰，S&OP实施项目很快得到了高层的肯定，陈弘被指定作为这个项目的负责人。如前文所述，S&OP的实施远比想象中的复杂。陈弘用六个月的时间来推行新的流程，在这个过程中，来自销售和市场端的配合度给了他很大的支持。一方面，毕竟销售和市场端属于中国区总经理的直属管辖范畴，有了总经理的首肯，陈弘并没有遇到太大的阻力；另一方面，销售和市场端也特别希望运营端有人能够进到销售计划的决策团队中去，好不容易盼到有人愿意来主动承担责任，而不用他们花费力气派人去死盯制造、采购和物流部门的订单执行情况，那可是个吃力不讨好的活。然而，来自运营端的阻力却给陈弘带来了巨大的挑战。运营端各部门并不直接向中国区总经理汇报，他们各自由总部的运营部门垂直管理，因此，陈弘对各部门的影响力有限，花费了大量的时间才说服各部门使用统一的计划数字。但是，运营端各部门对陈弘的计划部门代表运营端去参加销售计划会议依然是怨言满腹。如果不是因为在这个过程中，计划的准确性从40%提升到了60%，陈弘早就被运营端的声音给打趴下了。

如何在60%的基础上，进一步提升计划的准确性？陈弘回过头来重新评估整个S&OP流程，并邀请外部专家一起参与项目并提供指导和帮助。经过一段时间的观察和分析，陈弘发现了一些深层次的问题。

首先，他发现，他所指派的几个代表不同产品线的计划经理中，经验丰富、沟通能力较好的经理，在销售计划会议中所确定的数字往往能够得到运营端的支持，而经验较浅或者沟通能力较差的经理，则经常被投诉。究其原因，是因为经验老到的计划经理，在参加会议前会先找销售部门要到计划数字，提前与运营端各部门开会研讨，确定计划的可操作性，并在此基础上提出运营端所能接受的上中下三种方案；而缺乏经验的计划经理，则仅仅根据历史数据来判断销售计划的可行性，忽略了运营端的接受程度。他并没有责怪自己的团队，而是很巧妙地对S&OP流程进行了微调，即要求所有计划经理在与销售端开会确定数字前，必须与运营端进行沟通并获得运营端的认可。这样一来，运营端各部门的参与度大大提升，计划的执行力度也得到了很大的提升。

其次，他还发现，公司缺乏一套科学的计划工具。计划部门需要在不同的系统（销售系统、计划系统、MRP系统等）之间乾坤大挪移，把数字导出来，修改调整后再输入到另外一个系统中，这中间有很多手工处理的报表，不仅花费时间，还容易产生人为的错误。同时，在公司的系统中存在着大量的历史数据，不同的计划员会采用不同的方式对历史数据进行解读，来评估计划的可行性，这种做法本身就是非常不规范的。为此，陈弘建议公司购买行业标准的计划解决方案，建立基于历史数据的计划模型，并在各个系统之间建立关联，减少人为的失误。陈弘相信，经过改善后的IT方案，能够提升计划工作的标准化程度和准确性。

最后，也是最令陈弘感到意外的是，经过专家的数据分析，过去每周一次的计划调整其实并不科学。原本陈弘认为，每周一次调整可以增加供应链的反应速度，更贴近市场的变化。然而，数据显示，多频次的计划调整中，只有不到30%的调整提高了准确性，而超过50%的调整，不但没有提高计划的准确性，反而给供应链造成了负面的影响。采购、生产、物流等部门必须应对每一次计划的调整，增强了供应链的“牛鞭效应”。为此，外部专家建议，将过去每周调整一次计划变成每两周调整一次，而在这每两周中间的那一周，仅对超过30%的计划变化进行调整。

令陈弘感到欣慰的是，这一系列措施的调整，似乎逐渐产生了效果。计划水平持续攀升，S&OP流程在公司也得到了广泛的认可，甚至连其他国家或地区的分公司也开始效仿推广了。

第二节　共识预测与计划流程

与其说S&OP是一套流程，倒不如说它是一种文化。各个部门发扬团队精神，为了整体目标的达成，摒弃部门的小利益，而追求战略目标的达成。它的成功有多重因素。从案例中，我们可以做一个小结。

（1）创建一个滚动的经营计划，并根据战略目标进行评估。

（2）创建一个唯一的达成共识的销售计划，此计划对销售端、供应端都是可行的。

（3）建立明确的角色和责任分工，推动销售端和运营端的执行。

（4）建立定期的会议机制，强调各方参与的重要性。

（5）建立一个根据经营战略需要而持续改善的平台。

（6）建立跨部门的协作。

笑话一则：国外有一对夫妇因为30年来从未发生过争执而闻名全城。在他们30周年结婚纪念日上，当地报社编辑想借此机会找出他们“幸福婚姻”的秘密。编辑问：“先生，太不可思议了，你们是怎么做到的？”丈夫回想起当年蜜月期说：“我们婚后度蜜月的期间去骑马。我们俩骑的马不一样，我的马很温顺，可我妻子骑的马似乎是匹烈马。途中，那匹马突然跳跃起来，把我妻子摔了下来。妻子从地上站起来后，拍拍马背说：‘这是你第一次。’她再次上马继续骑。不一会儿，悲剧重演了，这次她冷静地说：‘这是你第二次。’然后继续骑。第三次从马背上摔下来后，她静静地从手袋里掏出手枪，将马打死了。我对着妻子大吼道：‘你这个疯子，看你干了什么？你杀了这可怜的动物。你疯了吗？’她静静看我一眼，说：‘这是你第一次！’就这样，我们从此以后过上了幸福快乐的生活。”

再好的流程，在执行过程中都可能走样，尤其是跨部门的流程，不是今天张三迟到，就是明天王五缺席。因此，应当时时强调纪律，而这种纪律的达成，一方面，需要得到高层的授权，奖惩分明；另一方面，需要企业文化的密切配合，只有让S&OP成为一种共识和文化，推行起来才不会出现敷衍了事，只做表面文章的现象。

如何达成共识，是S&OP流程中的实施难点。这里推荐大家使用共识预测与计划流程（Consensus Forecasting Planning，CFP）。它总共分成四个步骤，如图6－4所示。

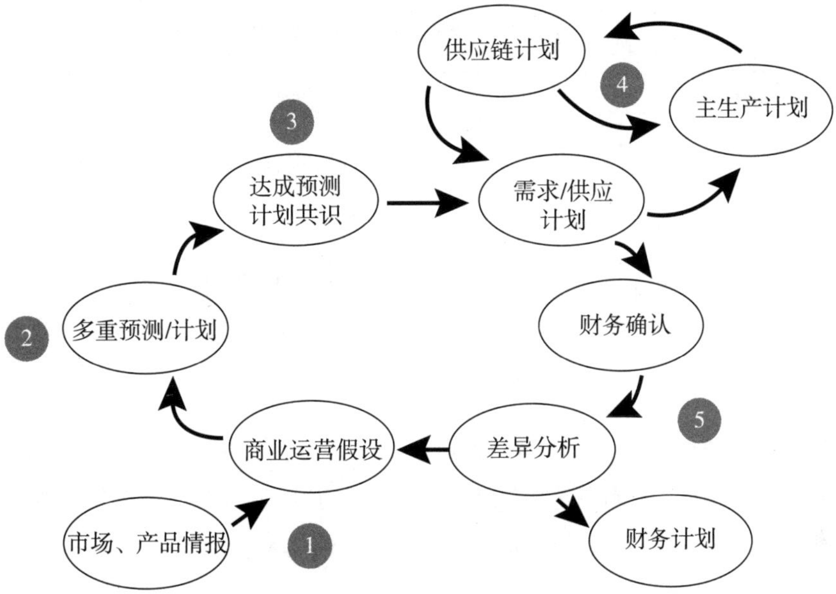

图6-4　共识预测与计划流程

步骤一：建立商业运营假设（Business Assumption Package，BAP）。通过市场、产品情报的收集与分析，建立商业运营假设，并在销售、运营、财务几个部门间达成共识。商业运营假设包括：

（1）价格走势图；

（2）竞争态势图；

（3）促销与广告；

（4）NPI（新产品引入）/EOL（旧产品退出）；

（5）其他。

步骤二：多重预测/计划（Multiple Forecasts Validation）。各部门根据各自的方法进行预测，主要分为三种预测（见图6-5）。

（1）计划部门基于历史数据，通过统计方法得出预测值。

（2）销售部门基于各区销售人员的预估，通过由下至上的方法收集并汇总得出预测值。

（3）市场部门基于市场和产品的分析，通过由上至下的方法得出预测值。

步骤三：达成预测/计划共识（Consensus Forecasts Validation）。经过充分讨论，将多重预测/计划调整为唯一一套的预测/计划共识。

步骤四：运营可行性分析（Operations Validation）。根据预测/计划共识分解为供应计划、采购计划、供应商的能力计划等，通过确认供应链的计划能力与预测值进行匹配，找出差异。

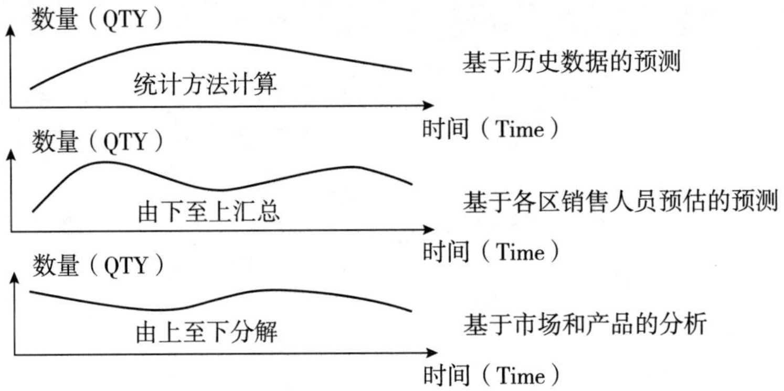

图6-5　多重预测/计划

步骤五：财务确认（Financial Validation）。如果生成的预测无法满足财务的计划目标，则需要重新调整BAP，进行新一轮的预测循环，最后输出可满足目标的财务计划。

那么，如何检验S&OP实施的质量？我们可以参考补充阅读内容中的图6-6，来评估一下自己所在企业和供应链的S&OP执行情况，以便进一步进行改善。

拓展阅读

S&OP——打造供应链的协同与创新平台[①]

供应链上从来都不缺乏创新者，每一次创新都成就了一家伟大的企业：丰田的准时化、戴尔的直销、ZARA的极速、亚马逊的智慧物流、UPS的供应链金融……我们可以列举出许许多多的创新者，它们好比燎原的星火，在成就了自己的同时也在产业界掀起了一次次变革的浪潮。有趣的是，我们不难发现，供应链的每一轮创新都紧密地围绕着一个关键词来展开——协同！

所谓协同，即打破层层壁垒，提升核心企业与上下游合作的效率和水平，在这一点上所能激发的创新是永无止境的！丰田的准时化打破了企业与供应商的沟通壁垒，实现了与供应商的同步计划与制造能力；戴尔的直销打破了企业与客户的沟通壁垒，实现了客户需求的精准预测和满足能力；ZARA的极速供应链打破了服装企业与时尚对接的时间壁垒，实现了潮流变化与快速制造的完美结合；亚马逊的智慧物流打破了线上线下的流程壁垒，通过海量信息处理与先进物流的结合满足了多样化的长尾客户需求；UPS的供应链金融打破了现金拥有者与使用者的资源壁垒，通过资金和资源的合理调配，为供应链不断地注入新鲜的血液和活力……可以说，供应链上的创新无所不在！

---

① 《S&OP——打造供应链的协同与创新平台》，作者：施云，见《全球采购》杂志，2015年2月刊。

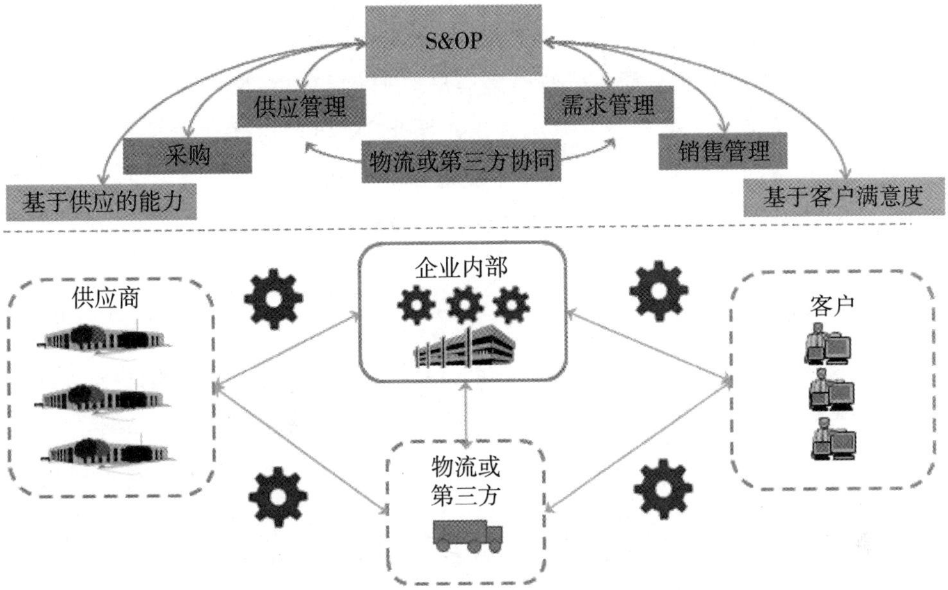

图 6－6 S&OP 平台

而推动和维持这些成功企业在供应链上的协同和创新的，无一例外地都有一套规范的流程，我们可以将其称之为“供应链协同与创新流程”。其中，最典型的流程之一，就是所谓的 S&OP——销售与运营计划流程，有的企业称之为 SIOP——销售、库存与运营计划流程。当然，还有很多种提法，且不论这些名称的千变万化，它们的核心都在于通过流程将诸多的信息汇集到共享的平台上，从而促进企业内外的沟通，激发高效的协同和创新。

那么，何谓 S&OP？笔者对它的定义如下：以企业和供应链目标为导向，协调企业内各个部门的工作与计划，并随之延伸到企业外部，驱动并协调供应链合作伙伴的工作与计划，使企业内部、供应链上各节点的运作能够协调发展。传统企业内外部好比一个个谷仓，销售部门、生产部门、采购部门等大家各自为政、独立运作，企业和企业之间也缺乏统一的沟通和计划管理，造成“牛鞭效应”肆虐，采购、生产浪费严重，客户满意度低下。S&OP 就好比一个个精密的齿轮，把这些独立的部门和企业连接起来，成为一个协调运作的机器，而驱动这台庞大机器运作的唯一动力，便是客户的真实需求。

美国达特茅斯学院塔克商学院的 J. Andrew Grimson 和 David F. Pyke 曾经就 S&OP 流程的成熟度发表过一篇研究文章，他们把企业的 S&OP 流程成熟度分为五个级别，分别是无流程级、反应级、标准级、先进级、主动级，如图 6－7 所示。每一个级别都按照企业在会议与协作、组织架构、考核绩效、信息技术、计划整合能力五个方面的水平高低进行区分。事实上，企业 S&OP 流程的成熟度在相当大的程度上也反映了企业供应链的成熟度和水平高低。即便是一些世界知名企业，其S&OP的成熟度也未能达到第四级的水平，而能达到第五级的企业更是寥若晨星。反观国内众多企业，普遍还在“有”和“没有”S&OP流程的第一级与第二级之间徘徊，差距是显而易见的。企业提升供应链水平、推动供应链创新可以从实施并提升S&OP的运作水平入手，而这里的提升空间是永无止境的，任何一家企业，即便是世界顶级供应链管理标杆企业，都一定存在着或多或少的供应链协同问题，而这就是创新的机会。

	阶段1 无流程级	阶段2 反应级	阶段3 标准级	阶段4 先进级	阶段5 主动级
会议与协作	▫ 谷仓效应 ▫ 无会议 ▫ 无协作	▫ 高层管理会议讨论 ▫ 专注财务目标	▫ 员工预备会议 ▫ S&OP领导层会议 ▫ 部分供应商/消费者数据	▫ 供应商与消费者数据合并 ▫ 供应商与消费者参与部分会议	▫ 事件驱动会议取代预定会议 ▫ 实时接入外部数据
组织架构	▫ 无组织架构	▫ 无正式S&OP团队 ▫ S&OP要素分散在各个职位中	▫ S&OP功能是某些职位的一部分：产品经理、供应链经理	▫ 正式的S&OP团队 ▫ 领导层参与	▫ S&OP在组织内被认为是优化企业利润的工具
考核绩效	▫ 无绩效考核	▫ 考核运作满足销售计划的程度	▫ 阶段2+ ▫ 考核销售预测准确性	▫ 阶段3+ ▫ 引进新产品 ▫ S&OP效用	▫ 阶段4+ ▫ 公司盈利
信息技术	▫ 经理单独保存数据表格 ▫ 信息不合并	▫ 过多分散的数据表格 ▫ 手工合并部分数据	▫ 数据集成 ▫ 收益或运作计划软件	▫ 批量处理 ▫ 连接ERP但不进行共同优化的收益&运作优化软件 ▫ S&OP工作台	▫ 整合S&OP优化软件 ▫ 与ERP、财务系统、预测系统完全对接实现 ▫ 实时求解工具
计划整合能力	▫ 无正式计划流程 ▫ 运作只试图满足新订单	▫ 销售计划驱动实际运作 ▫ 自上而下的流程 ▫ 忽略产能动态利用	▫ 部分计划整合 ▫ 只有一个方向的顺序流程 ▫ 自下而上的计划	▫ 计划高度整合 ▫ 并发&协作流程 ▫ 应用于各个方向的约束理论	▫ 计划的无缝整合 ▫ 专注整个公司利润优化的流程

图6-7 S&OP的成熟度

既然实施S&OP势在必行，我们就来谈谈企业在实施S&OP的时候所遇到的一些困难和问题。

误区一：S&OP仅仅只是一个内部沟通流程。

这从笔者对S&OP的定义与业界通用定义的区别中可以看出问题的普遍性，业界通常将S&OP定义为一个“内部”流程，而笔者更愿意将其延伸为一个“内外部共通”的流程。笔者认为，成熟的流程势必将沟通延伸到企业的外部。我们从S&OP成熟度表格中也不难发现，从第一级到第三级都只是在谈内部流程，而一旦达到第四级，企业就已经开始将客户和供应商的沟通作为流程的一部分，达到第五级的企业更是实现了实时的内外部数据交换和沟通能力。S&OP平台的概念，即一个内外贯通的流程体系。

误区二：S&OP仅仅只是企业计划部门一个部门的事情。

大部分的企业都有计划部门，但有计划部门未必就代表企业有S&OP流程。有的企业号称有S&OP流程，但有S&OP流程却未必真正领悟并实现了S&OP的精髓。

很多情况下，企业实施S&OP最先想到的是计划部门，计划部门也就当仁不让地成了S&OP的负责部门。在这样的安排之下，计划部门遇到的最典型问题就是：相关部门的配合度不高，需要的信息拿不到，拿到的信息是不及时或者不准确的，造成S&OP运行不畅；甚至连最简单的事情——召集S&OP会议都会状况不断，不是采购总监缺席，就是销售总监外出……诸如此类的问题归根结底就是未能充分理解S&OP实施之精髓，简单来说，是建立一个无障碍的沟通平台。如图6－8所示，成功的S&OP流程，一定要由企业高层亲自挂帅，计划、销售、采购、制造、物流、财务等各个部门积极参与、密切配合。这也是S&OP实施的最难点，突破了这一壁垒，S&OP就越过了“有”和“没有”的最大障碍。拿小米手机为例，创立之初，雷军给团队定了一个规矩：雷军牵头，每周都会召集负责供应链、采购、物流、网商的部门老总聚在一起，制订未来三个月的滚动需求计划，这个计划驱动了整个供应链的内外部配合，是小米供应链成功的基石之一，虽然并不完善成熟，但也体现了最质朴的S&OP理念——高层亲自参与，部门通力协作。

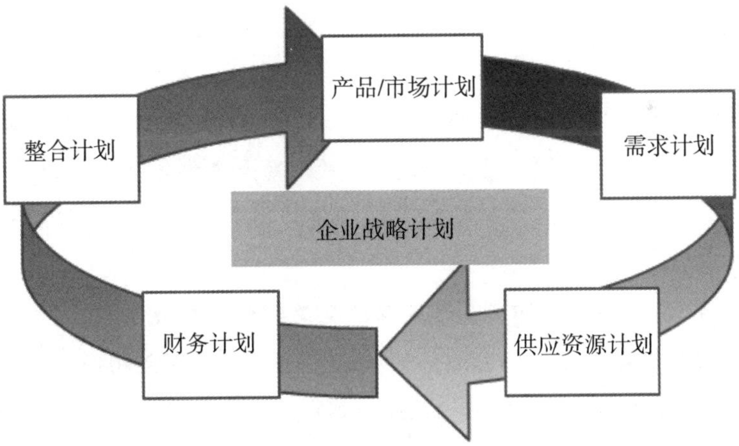

图6－8　S&OP流程

误区三：S&OP是一个自上而下的流程。

由于有高层挂帅，S&OP很容易被认为是一个自上而下的流程，高层的意见往往深刻地左右着整个计划流程的进程，甚至在不少企业的文化中，高层的意志决定了一切。在这样的情况之下，参与S&OP的各方战战兢兢，不敢暴露问题，不敢提意见，S&OP形同虚设，死水一潭，对协同起不了任何作用。

有效的S&OP是一个双向的协调机制，自上而下的目标是落实战略，自下而上的目标是激发创新和反馈问题。如图6－9所示，从年度战略计划层层展开，最后细化到季度计划、月计划，每一层的计划达成都是双向沟通的结果。（注：企业的S&OP通常不会细化到周或日计划，这一部分的计划达成最有效的做法是依托于执行层面的快速反应。所谓将在外，军令有所不为，是同样的道理。）

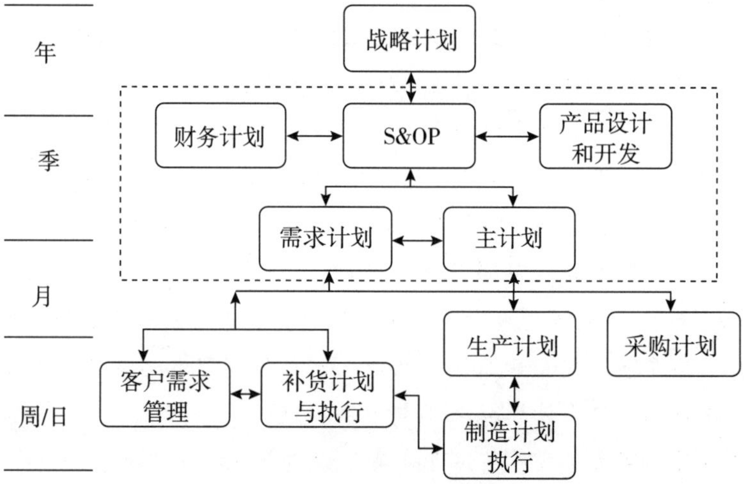

图6-9　S&OP双向流程

误区四：S&OP只是基于单一数据的分析流程。

成功的S&OP是基于多重数据和信息的分析，在此基础之上达成的一致的计划流程。传统的S&OP计划模式是销售部门先做计划，各部门基于销售部门的计划进行分析，最后达成一套唯一的计划。这个模式最大的问题是"群体迷失效应"，由于已经有了销售部门的计划，各部门的计划很容易被销售计划牵着鼻子走，最后出来的计划和销售计划如出一辙。

企业在实施S&OP的过程中，为了避免此类"群体迷失效应"，应当鼓励各部门基于不同的目的建立"背靠背"的独立计划，这些计划很可能大相径庭，因此需要通过S&OP的例会进行分析和对标，对标的结果是形成一套上下统一、内外兼顾的唯一的计划。在这个过程中，要鼓励信息的顺畅沟通，鼓励创新的建议和想法。可以把客户关系管理（SRM）、供应商早期参与（ESI）、集成供应链管理（ISCM）等方法都在这个统一的沟通平台上进行反复推敲，为"唯一"计划的制订注入活力。

除了以上这些问题，笔者在协助企业实施和运行S&OP的时候，还遇到过各种各样的问题，其解决方案和对策也不拘一格，限于篇幅，这里不再累述。

在"平台至上"的今天，通俗点来说，S&OP就是一个平台，一个内外沟通的信息集成平台。它解决的首先是企业内部沟通的问题，并能够将这种沟通延伸到企业外部。沟通的幅度决定了核心企业对供应链上下游的影响力，沟通的深度决定了核心企业对供应链总体效率的掌控力。我们常常说，平台有多大，影响力和掌控力就有多大。这取决于三个方面：企业S&OP流程的成熟度、企业各部门的协同水平（对内）、供应链上各企业的协同水平（对外）。任何沟通都存在着障碍，这是人的本性，也是企业的本性。沟通无极限，协同的提升也是无极限的，而创新便是激发这个沟通平台不断迭代升级的利器。

图6-10为S&OP的多重计划协调流程。

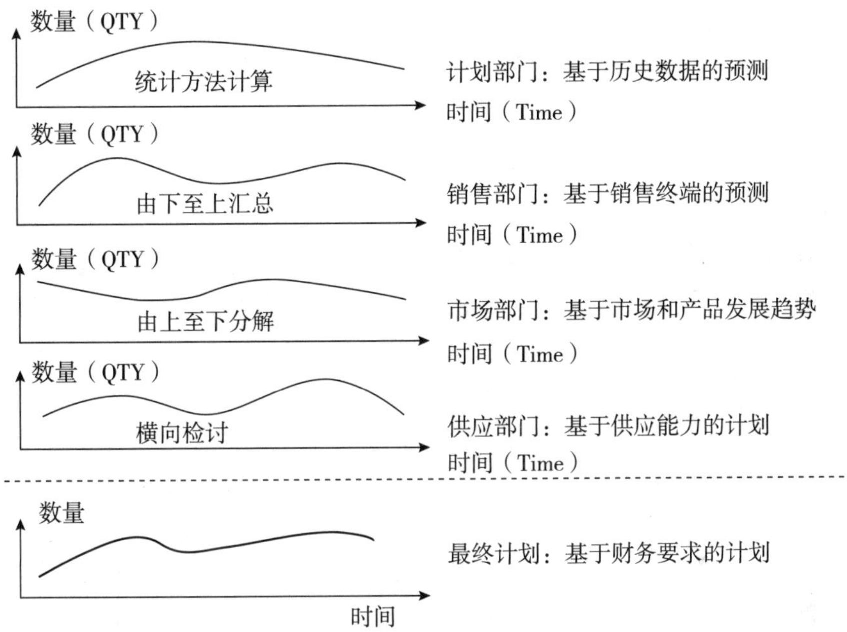

图6-10　S&OP的多重计划协调流程

第三节　预测：理性与感性的思考

预测是计划管理的难点，也是计划工作中最具创造力和想象力的内容。关于预测，生活中就有很多例子。炒股票、炒房子、买彩票、做生意……只要是对未知的事物提前进行判断，就会涉及预测。有预测，就一定有风险。因为预测的第一条铁律就是：预测往往是不准的！然而，面对预测的不确定性，有的人相信数学工具，有的人凭经验做出判断。这两者之中，究竟孰对孰错？

在华尔街，有一家名为骑士公司的股票交易商，它是全球交易量最大的股票交易公司。很难想象，这家公司90%以上的股票交易都是通过计算机自动完成的。它的巨大成功，证明了依靠数学建模，采用纯理性预测分析的可行性。然而，在我们为理性预测的成功而欢呼雀跃的同时，也暴露出了它脆弱的一面。2010年5月6日，道琼斯指数在五分钟之内突然大跌998点，这是道琼斯历史上最大的单日跌幅。事后的调查表明，计算机自动交易系统，可能是这次暴跌的最大元凶。

理性和感性，永远是一对爱打爱闹、却又割舍不弃的冤家。在理性和感性之间，我们要做的是合乎时宜。我们曾经说过，供应链管理规划没有对错，只有合适与不合适。当下合适的方法，当环境变了，又变得不那么恰当了。预测方法的选择，是典型的供应链战术规划工作，需要考虑各种因素，结合具体的情境进行抉择，有时偏理性多一些，有时偏感性多一些。虽然复杂，也还是有一些规律可循的。我们可以罗列一些：

（1）对近期的预测更趋于准确；

（2）对产品组合与服务组合的预测更趋于准确；

（3）对数值区间的预测准确率大于对单个数值的预测；

（4）合适的数学模型可以为预测提供参考。

这些规律不难理解，但如何运用呢？我们在前文中介绍了 CFP（共识预测与计划流程）。在达成共识前，会先进行多重预测分析，即销售部门、计划部门、市场部门等从各自的角度进行独立的预测。其中，销售预测是典型的由下至上的预测，即从分散在各地的每个销售员手中获取预测数据，汇总后得出来总的预测值。我们通过一个案例，来看看这些规律是如何在实战中进行运用的。

案例6－2：销售总监：维护 CRM 是浪费时间

刘鹏是某世界500强企业的区域销售总监，典型的鹰派风格，自信、好战、不惧怕任何阻力。然而，最近发生的一些事情让他陷入了深深地反思。

半年前，公司上了一套新的 CRM（客户关系管理）系统。这是一套基于云端的定制化的 CRM 系统，用户可以随时随地通过手机、笔记本电脑等工具进行实时的更新和查看。刘鹏对新兴事物并不排斥，但对这套系统他一直就抱着抵触的情绪，原因是数据维护的工作量太大，连那些八字都还没有一撇的单子也要维护进系统，压根就是浪费时间。刘鹏是一个爱才之人，对于自己的部下体恤有加。他能深刻体会每个奔波在外的销售人员的艰辛，由于自己在行业内深耕多年，又是从一线摸爬滚打起来的，对于每个客户都非常了解，销售人员一个个简单的汇报，他就知道这单成不成，根本不需要那些看上去花里胡哨的工具的帮忙。因此，他对下属敷衍了事的 CRM 数据维护工作，也抱着睁一只眼闭一只眼的态度。虽然公司高层一再三令五申督促各区域总监要认真严肃地使用新系统，他也只是当成耳边风，没有真心落实。

作为全国八个大区里业务能力最强、绩效最好的销售总监，往往每次到总部开会，刘鹏都高人一头。然而，最近一次的全国销售季度会议上，刘鹏被当头泼了盆凉水。毋庸置疑，刘鹏的团队依然占据订单量的榜首，然而订单的履约率，却从过去的头名降到了倒数第三名。刘鹏一直认为，这是后端供应链部门的问题。因此，总部开会的第一天，刘鹏就借着机会狠狠地指责公司的运营总监："市场不断攀升，产品却交不出来，让一线销售的兄弟怎么向客户交代?"然而，还没等运营总监反驳，总经理在一旁冷冷地说了一句："刘鹏，你的CRM系统是怎么维护的？谁的责任，回去反思一下!"刘鹏一时语塞，也不好意思反驳，堵着气回到了下榻的酒店。这一晚上，刘鹏辗转反侧地睡不着，只好爬起来，准备到楼下的茶吧坐坐。还真是冤家路窄，刚一出门，就撞上了刚刚回到酒店的运营总监肖劲，刘鹏也是大大咧咧，"嗯"了一声，准备自顾自地下楼。没想到肖劲却不依不饶，"刘总，生啥气呢?""没有，太热了，我到楼下吃点冰消消暑。"刘鹏爱理不理的，可是肖劲却格外热情："刘总，不然我请你吧，正好有事找你聊聊。""行，奉陪到底!"刘鹏心想，也好，白天没有算清的账，晚上继续。

没想到，这一聊，就是一整夜。起初，肖劲借着请教的名义，咨询刘鹏，什么是销售漏斗理论。作为营销高手，这点问题还是难不倒刘鹏的。于是他要了笔纸，画了一张简图来解释，如图6－11所示，做销售，特别是大额产品的项目型销售，从潜在客户到最终成交，永远没有办法一蹴而就，这个过程就像漏斗一样。漏斗的顶端，潜在的客户多，但是成交的概率低；随着与客户接触的深度增加，有些客户逐渐被过滤掉了，而留下来的客户的成交概率越来越高；这样一层一层，当到达漏斗的底部，所留下来的客户就是最终成交的客户。

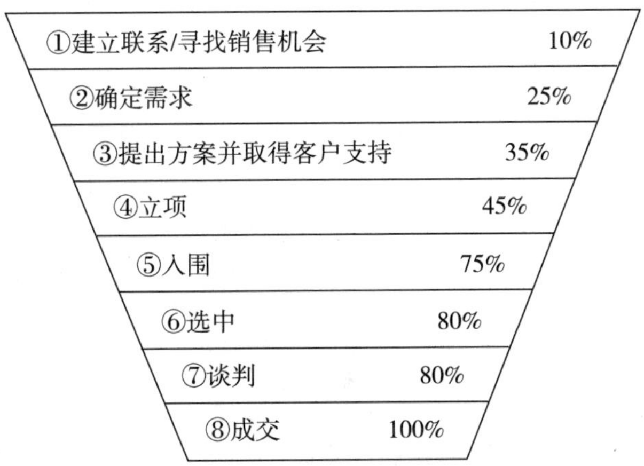

图6－11 销售漏斗模型

肖劲接着问道："销售漏斗理论有什么用处?"刘鹏哈哈一笑："用处可大了。销售漏斗理论将过去只专注于结果导向的销售管理，变革为销售的过程管理，控制了过程才能得到希望的结果。"肖劲摇摇头，乐着说："刘总说得不够全面啊。这销售漏斗其实还有一个作用。"刘鹏眉头一皱，感觉这里面有文章，于是说道"愿闻其详"。

肖劲不慌不忙地拿出了手机，进入了CRM的App，将一个真实的销售漏斗图展现在了刘鹏的面前。"刘总，每一位销售员所维护的数据，汇总成了销售漏斗里每个产品的总的销售概率，它是我们后端运营预测的源头，依据这个数字，我们可以生成13周的产品销售滚动预测，以此来指导我们的采购、生产和物流部门进行提前规划，确保订单实际成交时的达成率。”接下来，肖劲又详细展示了 CRM 系统中的其他一些功能，如潜在客户管理、销售预测模型、销售协作管理、报表汇总和展开、数据仪表盘等。这一夜，过得很快，也让刘鹏从心底里开始领悟了公司高层上这套系统的良苦用心。

预测的方法很多，大体上可以分为定量预测和定性预测两类。如图 6－12 所示，涉及数理统计和建模等知识，不是本书的重点。建议大家可以参考理查德·蔡斯的《运营管理》或 ISM（美国供应管理协会）出版的 CPSM（供应管理专业人士认证）的教材，里面有较为详细的分析。我们在选用预测方法时，可以遵循一个基本的思路，即：能定量分析，则首选定量分析；无法进行定量分析，则采用定性分析；有条件的情况下，定量和定性最好同时做，最后做综合判断。

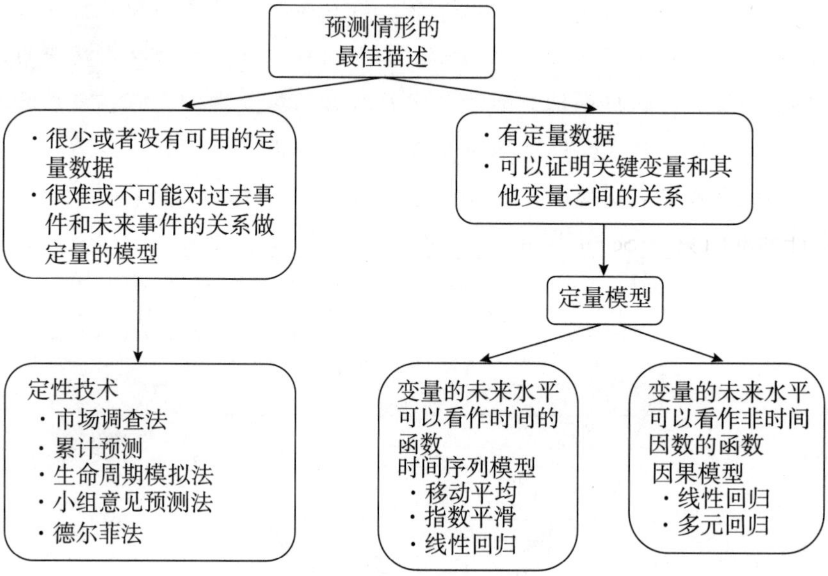

图 6－12　选择合适的预测方法

举个例子，新产品上市阶段，我们由于缺乏历史销售数据，因此通常只能采用定性分析来进行预测，根据市场调查等方法，预估新产品的销量。对于成熟稳定的产品，由于已经有了历史销售数据，因此可以采用数学建模的方式，市场上有很多成熟的软件产品，可以让计划员选择不同的定量方法对历史数据进行拟合，分析出不同方式下拟合的差异度。例如，我们可以分别选择移动平均法或指数平滑法来对过去一年的销售数据进行拟合，根据拟合的结果，选择差异度最小的定量方法对未来三个月的销量进行预测。在这个过程中，计划员还可以结合产品的季节因子（根据历史数据推算出的销量随季节变化的因素）、客户需求的服务水平、突发事件导致的历史数据奇异点、计划员的个人经验、市场分析报告等，对拟合值和预测值进行人为的调整。最终得出的预测值，是基于定量和定性两种方法的综合考量做出的。还是那句话，无所谓对错，重要的是在这个过程中不断进行数据的拟合分析和预测经验的累积，这也是计划员这个岗位的价值所在，也是人工之所以无法被机器完全取代的原因。

本章小结

第六章是本书战术篇的第一部分，所以选择了计划管理，是因为计划是引领整个供应链战术部队的先导，牵一发而动全身。但现实的情况是，计划往往在供应链上被当作一个独立的职能部门，因为缺少授权或协同不足，而在内外部的指挥权争夺战中丧失了效率。因此我们提出了计划的核心是：突破部门边界，搭建一个计划平台。为此，我们以业界较为成熟的 S&OP 和 CFP 流程为例，阐述了如何搭建计划管理的协同平台。有了平台，就需要了解如何选择合适的计划工具。预测是计划管理的难点，也是计划工作中最具创造力和想象力的内容，因此我们介绍了一些典型的预测方法，以及如何将其与销售端配合提高预测的准确性。我们一起来回顾一下本章的要点知识。

（1）计划工作是一个横跨整个供应链的端到端的工作，涉及财务、市场、销售、采购、生产、物流等各部门的协同。

（2）计划部门只是 S&OP 上的一个协调者和监督者，而不是决策者或者指挥者。各个部门在 S&OP 平台上都扮演着重要的角色，相互配合、共同决策。

（3）如何达成共识，是 S&OP 流程中的实施难点。推荐大家使用共识预测与计划流程（Consensus Forecasting Planning）。

（4）S&OP 以企业和供应链目标为导向，协调企业内各个部门的工作与计划，并随之延伸到企业外部，驱动并协调供应链合作伙伴的工作与计划，使企业内部、供应链上各节点的运作能够协调发展。

（5）有效的 S&OP 是一个双向的协调机制，自上而下的目标是落实战略，自下而上的目标是激发创新和反馈问题。

（6）企业在实施 S&OP 的过程中，为了避免“群体迷失效应”，应当鼓励各部门基于不同的目的建立“背靠背”的独立计划，这些计划很可能大相径庭，因此需要通过 S&OP 的例会进行分析和对标，对标的结果是形成一套上下统一、内外兼顾的唯一的计划。

（7）预测方法的选择，是典型的供应链战术规划工作，需要考虑各种因素，结合具体的情境进行抉择，有时偏理性多一些，有时偏感性多一些。

（8）我们在选用预测方法时，可以遵循一个基本的思路，即：能定量分析，则首选定量分析；无法进行定量分析，则采用定性分析；有条件的情况下，定量和定性最好同时做，最后做综合判断。

第七章　零库存还是大库存

——“省”时度势　布局合理

最近的十几年，以苹果为代表的ODM/OEM外包战略为企业带来了丰厚的回报，以丰田为代表的零库存战略为企业节省了大量的成本。因此，有种声音甚嚣尘上，即外包和零库存将成为主流，而重资产、高库存将逐步丧失竞争力。

这是一种可怕的观点，尤其是中国的本土企业，在刚刚具备了初步的制造、研发能力后，考虑到重资产项目投入大、利润低等会产生巨大的运营压力，便纷纷打起了外包和轻资产的念头，学着国际企业的样子照葫芦画瓢，最终的结果反而是丢了西瓜捡起了芝麻，得不偿失。

宏碁集团创始人施振荣先生提出的微笑曲线（见图7-1）理论反映了国际分工过程附加价值在产业链上的分布情况。显然，作为制造大国的中国，占据的是微笑曲线的最底端，做得最辛苦，赚得却最少。这条曲线推动着无数的中国企业家在思考如何摆脱利润率最低的制造、物流等流程而转向投入高附加值的流程。

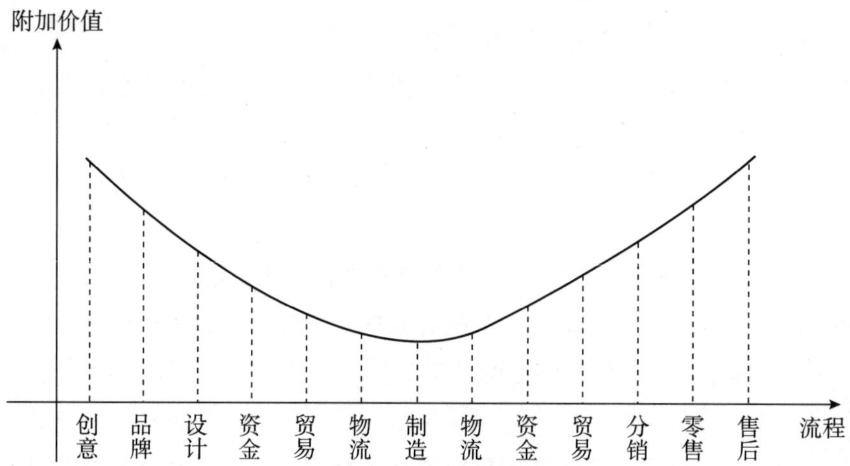

图7-1　微笑曲线

笔者对此有不同的观点。施振荣先生所提出的微笑曲线理论是在20世纪90年代，当时的世界经济格局是区域经济发展极端不平衡，欧美企业占据着技术和品牌的优势，而亚洲新兴市场刚刚摆脱了贫困，迫切需要通过廉价劳动来换取财富。在这样的背景下，欧美企业可以用极其低廉的价格换取所需要的制造能力，但是，随着国际经济一体化的加速，以中国为代表的新兴国家已经逐步成为国际经济不可忽视的力量。在这样的大背景下，笔者认为，微笑曲线将被不断拉直，而最终趋于一条直线（这才是真正的"世界是平的"）。因为国际分工本不应分贫贱富贵，微笑曲线实际是世界经济不平衡导致的一种不正常的财富分配关系。最近这几年我们其实可以看到一种趋势，国际外包已然没有过去那么热，外资纷纷撤离的背后，是以美国为代表的国家认识到制造业的重要性而高呼制造业的回归。在这样的背景下，我们如果还在谈摆脱制造、摆脱重资产而追求所谓的零库存和轻资产反而是一种背道而驰的片面看法。最近几年，中国政府所提出的"工业4.0""中国制造2025"便是深化制造的最好佐证。

因此企业在做外包和轻资产决策的时候，要考虑到两个前提。

首先是企业应当控制难以替代的核心能力，可能是研发、可能是物流、可能是制造，但一定不是"品牌"。品牌是什么？品牌是具有经济价值的无形资产，用抽象化的、特有的、能识别的心智概念来表现其差异性，从而在人们的意识当中占据一定位置的综合反映。这是一种看不见摸不着的东西，品牌的价值是由其背后企业的核心能力作为支撑的，脱离了核心能力的品牌是不具备太多价值的。笔者刚刚参加工作的头几年曾经服务于一家国内知名的上市企业，很不幸的是，这家企业后来在手机市场的竞争大潮中因为资金链断裂而轰然倒塌。然而其品牌被一些投资人以看似"很便宜"的价格买走。与许多知名品牌"掉价转手"之后的结局类似，接手之后的企业至今还在苦苦挣扎。类似的例子还有很多，企业在做外包和轻资产决策时，需要保留核心能力，同时要评估核心能力是否会因为外包而受到损害。

其次是企业的供应链整合能力，即外包之后，企业能否掌控得了供应链，能否得到供应链上合作伙伴的支持。IBM在21世纪初经历了"由硬到软"的商业模式创新，通过退出低利润的硬件制造，扩展软件和服务产品，获得了巨大的成功。而这种转型的背后，是IBM一百年来在产业深度和广度上所建立的强大的供应链整合和管理能力，这些才是IBM敢于放弃低端产品的制造，从一个硬件提供商变革成了端到端的服务提供商的根本原因。

我们说的零库存策略，是一种典型的外包战略，即将企业原本应当自己储备的库存转而由供应链的合作伙伴来共同持有，企业与企业之间通过信息共享以及物流配合，实现了供应链流程的无缝对接，从而在库存共同持有的基础上将供应链管道内的整体库存降至最低。企业在实施零库存策略的时候，如果不具备供应链的整合和管理能力，就变成了四不像。有的企业将库存压给供应商或渠道商，自己变成了"零库存"，却让合作伙伴变成了"大胖子"。有的企业调低库存水位，试图破釜沉舟、倒逼变革，却被逼出来的问题给弄垮了。笔者把库存比喻成供应链的一面镜子。库存管理好的企业，手中拿着的是"照妖镜"，可以通过它暴露出企业供应链管理中的深层次问题；而反之，库存管理不好的企业，手中拿着的是个“哈哈镜”，大家看着都很开心，但看到的却是虚假的信息。

第一节　走出库存管理的五大误区

误区一：库存管理就是仓库管理

和别人交换名片的时候，笔者常常遇到一个尴尬的场面。“您是做库存管理的啊，仓库应该不小吧？有多少仓管员呢?”每到这个时候，笔者都被弄得哭笑不得。

从供应链的角度来看，库存无处不在，有原材料库存、半成品库存、在制品库存、在途库存、成品库存、试制品库存、样品库存、不良库存……除此以外，还有一种新型库存——数字化库存，看不见摸不着，但却有价值。例如游戏公司的激活账号、软件的使用权限、航空公司的累积里程、电子商务公司的免费换购券等。由于没有实物，这些数字化库存的管理往往比实物库存更难。事实上，看不见的还远不止这些。在信息化时代，每一个实物库存通常都会相对应地反馈在 ERP 系统里。而 ERP 系统中的库存，并不只是简单的一个料号或产品号，它往往与交易数据（进出库、移动、数量、日期、责任人等）、关联数据（在 BOM 中的位置、可替换产品信息等）等一系列信息相互绑定，管理起来就更为复杂。同时，这些数据并不是静止不变的，它可能每时每刻都在变化，由此产生的大量数据如果缺乏管理，很容易给供应链造成巨大的麻烦。

假如我们把所有的库存都串起来，会发现我们其实通过库存看到的是一个端到端的供应链。我们看到的是库存实物的流动、库存信息的流动以及由此产生的与库存关联的资金的流动。这正是我们供应链上的三大要素“实物流、信息流和资金流”。因此，从广义的角度来说，库存管理是从库存的角度来管理整个供应链，它的重要性不言而喻。

误区二：库存是“魔鬼”，“零库存”最完美

有一种观点认为，库存是“魔鬼”，我们要尽可能地消灭库存。然而当我们遇到物料短缺的时候，大家又会说：库存其实是“天使”。天使和魔鬼往往只在一线间，而这一线就是我们所说的库存配置。这里所谓的配置，即库存点的地理分布、库存量的多少、库存补充的策略等，不同的配置方案得出不同的结果。

企业的供应链出问题，往往最终的结果就是库存高企或是库存短缺。因此，问题不在于库存的多或少，而是在于我们需要的时候它在哪里？与“零库存”相反的是“大库存”策略，这种策略往往会运用于产品工艺流程长但客户需求时间短，同时库存产品的市场价值不断升高、产品不容易变质的时候。不论哪种策略，都有实施的前提

条件，不能一概而论地说，“零库存”就是最佳的模式，而“大库存”就万劫不复。我们在本章开始的时候，讨论了实施“零库存”策略的前提是企业应当具备良好的供应链整合能力。那么，“大库存”实施的前提又是什么呢？在本节的末尾我们一起来看一则有趣的关于“大库存”的成功案例。

误区三：库存管理是个“数字游戏”

如果只是为了玩玩数字游戏，我们可以轻而易举地降低库存。我们可以在财务关账前让供应商先暂停发货，或者货到仓库先不入账，还可以在期末把成品出到代理商手上，或者搞个所谓的 VMI，将所有的库存都不负责任地推给供应商。如果再搭配上供应链金融工具或者 WMS/TMS 系统，可以把库存藏得更深一些。忽悠老板的方法有很多，但同时忽悠的还有自己的良心。

不要以为这些数字游戏只有小公司在玩，上市公司为了在月底拿出一个漂亮的财务报表给投资人，可以使出浑身解数，不惜冒着风险粉饰报表。这些数字游戏在很多公司里已然成为公开的秘密，尤其是在中国的股市还不够成熟的情况下，信息不对称、透明度低，这种恶习短期很难解决。上市公司有财务审核，但是财务审核在企业运营层面的深度是有限的，假如能够配合上供应链的流程审核，特别是库存管理流程审核，将大大降低企业和投资人的风险。

误区四：上 ERP 就能解决库存问题

信息系统（如 ERP）搭建是供应链架构中的重要部分。上 ERP 可以解决什么，不可以解决什么，作为供应链架构师应有非常清醒的认识。首先，ERP 解决不了流程本身的问题；其次，流程的设计和梳理是 ERP 实施的关键，也是供应链架构师的工作之一。笔者作为一家世界 500 强企业全球制造端以及亚太区库存控制的负责人，每一个供应链相关的项目笔者的团队都要参与，信息系统的实施和上线是其中最重要的工作之一。有经验的架构师和缺乏经验的架构师在信息系统实施过程中的最大区别就是关注点不同，有经验的架构师会着重关注流程设计的合理性，而缺乏经验者主要关注的是项目进度。因此，为了保证大家的关注点一致，笔者与团队设计出了一套检验流程合理性的工具，并要求团队严格地执行。2014—2015 年年初，我们在北美的物流中心频繁地出现系统问题，导致巨大的数据差异、账实不符。事后证明，这些问题都与系统实施过程中的流程缺陷有关。全球财务部门在与亚太区进行定期的供应链风险评估会议上，提问说亚太区是否存在着同类风险，为什么亚太区没有发生类似问题？碍于同事的面子，我们一直没有正面地做出解释，而是抓紧从内部推动该流程的全球化，因为归咎责任是没有益处的，只有帮助公司解决了问题才是关键。

事实上，ERP 带来的是效率的提升，过去通过人工操作的流程，可以通过系统来自动化操作，时效性大大提升。库存的问题本身是流程的问题，因此 ERP 解决不了流程所导致的库存问题，但是可以帮助我们提高库存管理的效率和准确性。例如，过去盘点需要手工计算，ERP 可以通过外接简单的扫描枪进行输入，扫描数据进入系统进行比对即可完成盘点。当然，再好的系统、再好的流程，都需要好的执行，好的 ERP 的实施，需要供应链架构师的深入参与。如图 7－2 所示，流程、人、ERP 组成了一个三角形的支架，即供应链的 PPT 架构，这个支架上任何一个点出了问题，我们的 ERP 都会出现问题。

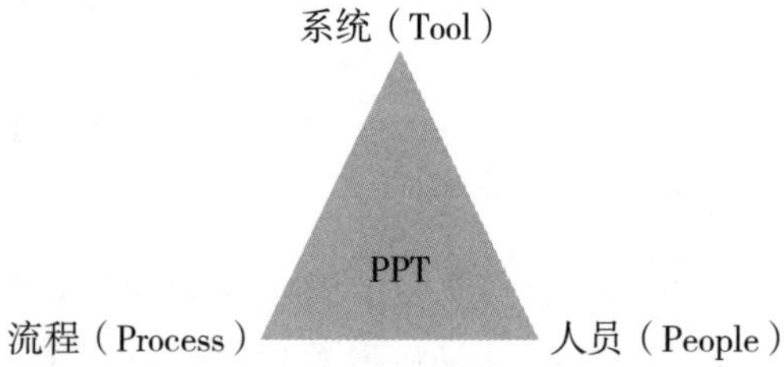

图 7－2　供应链的 PPT 架构

误区五：库存周转率越高越好

提高库存周转率，对企业有诸多好处。它可以降低企业运营所需要的净运营资本，提高企业的资金利用率；它还能够增加企业面对市场危机时抵御风险的能力，提高供应链的灵活性。那么怎样提高库存周转率呢？库存周转率的计算公式：

库存周转率 = 销售成本（COGS）/平均库存

提高库存周转率可以通过两个方式，一是增加销售量，另外一个是降低平均库存。提高销售量不是我们供应链管理部门能做的，因此我们来谈谈如何降低平均库存。降低平均库存，可以通过三个方法：①降低安全库存；②提高交货频率；③降低呆滞库存。

然而，任何事情都有两面性。这三个方法虽说都可以提高库存周转率，但同时也都有一些负面影响，需要权衡。先说降低安全库存，虽然可以提高库存周转率，但也可能使得供应链柔性变差，客户突增的订单无法满足；提高交货频率也可以使库存周转率上升，但同时企业采购材料的运输成本也有可能上升了；降低呆滞库存是只有好处、没有坏处的事情，但是财务人员可能会担心通过报废、折价销售呆滞库存的方法会造成账面资产下降，因为库存是被当作企业资产来计算的。这其实是个数字游戏，因为呆滞库存放在那里，对企业来说不仅没有好处，还需要支出额外的仓储成本。因此，呆滞库存的处理是需要勇气的，需要企业各部门达成一致，常抓不懈。当然，为了避免与财务部门的指标冲突，需要和财务人员共同做好计划，按步骤有计划地处理，以免账面资产出现大幅度变化而造成股东的恐慌。

因此库存周转率不是越高越好，它需要满足一定的前提条件，即不会因为库存周转率的上升而导致客户的交货满意度下降，不会因为保持灵活性所付出的成本超过了企业所能承受的成本压力。因此，库存周转率通常需要结合其他几个指标一起来衡量。

（1）客户订单准时交付率（OTD）。

（2）物料运输总成本。

（3）库存周转率上升所带来的营运资本成本的下降（例如：库存周转率上升使得年净营运资本下降了1000万元，这1000万元的贷款利息就省下来了）。

（4）潜在的呆滞库存的风险成本的下降。根据调查，库存持有的平均成本，机械行业是25%，电子行业因为库存风险高，持有成本会更高，一般是35%~40%，也就是说100元的库存，持有一年的成本为35~40元，这个成本是相当高的，很多企业都没有意识到。当然，每个企业的库存持有成本会有所不同，还需要根据企业的实际经营历史数据进行测算。

我们说过，供应链管理往往是在做权衡取舍，单一看任何指标都没有什么意义，必须结合其他指标一起来看，而指标之间是有悖反关系的。为了提升一个指标，而将其他几个指标做差的方法是不可取的。我们只有在稳定住其中的一个或多个指标，而将另外的指标提升，供应链的效率才算真正提升了。

案例7-1：库存去哪了

采购员陈锋最近经常被生产部门投诉，而投诉的内容往往很“奇葩”，要不就是因为缺螺丝螺母，或者因为缺弹簧，再不就是密封圈，都是那些看似不起眼的小物料。正是因为这些小物料的短缺导致了生产线的停工停线，他在同事面前颜面尽失、抬不起头。

小陈是部门里最年轻的采购员，经验不多做事却很认真，但是他一直没有弄明白这究竟是怎么回事？明明ERP系统里记录的采购的数量与入库的数量是100%匹配的，产线的用量和车间班长报的用量也没问题，为什么却一再短缺？为了进一步弄清楚原因，小陈准备深入到车间一线，用最“笨”的方法，跟随物料的流动一步一步地进行核查。

不查不要紧，一查小陈发现了很多问题。首先是收料，螺丝、螺母、弹簧、密封圈在进料的时候，由于体积小、数量多，仓管员通常不会一个个点数，而是拿出几个样品，称算出平均重量，然后依据总重量除以平均重量得出总数量。而车间的电子秤很多年没有校对了，小陈抽查了几批物料，发现每次收料都会有0.5%~2%的误差，这对于大批量的物料是个不小的差异。

在产线，小陈发现车间对于物料的管理有些混乱，经常将A螺丝当作B螺丝来用，或者C弹簧当作D弹簧来使用。虽然在某些情况下，物料之间是可以做一些高配低的互换，但是由于缺乏管理，这些互换没有做好记录，导致有些物料的实际用量大于理论用量，从而造成不可预期的缺料。

小陈还发现，由于这些物料都比较小，价值也比较低，工程师的关注度不够，导致生产BOM的设置常常出错。例如明明是每台机器用10颗螺丝，在生产BOM上却写成了8颗，导致的结果是采购需求计算不准确，少买了20%的用量。

有了这些发现，小陈很快组织起了一个改善项目团队，针对问题逐个解决，很快便解决了公司物料短缺的问题。

案例7－2：姚明织带的大库存策略

我们这里说的姚明，并不是那个中国人都知道的篮球明星，而是一位传奇的企业家，他的名字也叫姚明。从赢得“双反（反倾销、反补贴）”官司，到通过法律途径获得“姚明”商标，再到如今响当当的全球织带“冠军”，姚明所取得的每一步成功看上去似乎都顺风顺水，毫无悬念。甚至还会给人造成一种假象，即姚明的成功有太多的“运气”和“偶然”的成分。事实真是如此吗？

织带行业是纺织行业中比较特殊的一类，其品种繁多，广泛用于服饰、鞋材、箱包、工业、农业、军需和交通运输等部门。从不同行业的客户群体来看，织带产品既有服装辅料的一些需求特性，也有礼品包装材料的一些需求特性。织带产品作为服装和玩具的辅料，客户处在高度竞争的市场环境，为控制成本，往往对价格尤为敏感，要求织带供应企业提供具有竞争力的价格。与此同时，由于流行周期越来越短，服装和玩具类客户必须缩短生产周期以追赶潮流，这就要求织带供应企业尽量缩短供货周期，最好是现货供应。织带产品作为礼品包装带，有着时尚类产品的特性，要求款式新颖独特，能够吸引客户，这就要求织带供应企业能够提供款式新颖、具有差异化的产品。

从不同销售渠道的客户群体来看，不同的客户群体订单需求也有着很大的差异，具体如下：海外销售行业客户，要求多品种大批量；海外销售重点客户，要求多品种小批量；海外销售批发商，要求多品种大批量；内销客户，要求多品种小批量；代理商，要求面向库存销售；档口终端，要求面向库存销售；淘宝商城，要求面向库存的零星销售。目前，姚明织带的产品出口占40%，国内销售占60%；未来，公司计划国外与国内市场各占50%。公司业务已遍布全世界，80%的顶级奢侈品牌如Hermes、Dior、LV等都在使用姚明织带的丝带包装解决方案，全球各大卖场如沃尔玛、Tesco、LIDL、Hobby Lobby、Michaels、Jo－Ann均销售姚明织带的产品。

以上这些来自不同客户多样化的不确定的需求，给姚明织带的销售管理带来很大的挑战。另外，织带产品的制造流程很长，从原材料涤纶长丝 FDY 和 DTY 的织带开始，经过染整、大包装、印刷再到精品包装，才能最终成为货架上一卷卷的精美织带。姚明织带公司日产各类丝带2000万码、印刷丝带200万码、丝带花饰100万卷，产品主要分布于六大品类，涉及196种颜色与11种材质。

生产周期长、品类多、工艺复杂，这些都是织带行业长期存在的普遍性问题。过去，织带行业各生产企业普遍采用订单式（MTO）生产，基本上仅保留少量库存，其好处在于库存积压少，企业风险小，但交期漫长，边际成本高，很难实现规模效益。

这种 MTO 的模式，让生产部门感到异常“痛苦”，尽管每次生产出来的织带都不愁销路，但销售部门往往让生产部门今天生产 A 品类，明天生产 B 品类，生产的预估性差，突然而至的订单常让生产部门措手不及，而生产线的频繁切换也产生了巨大的成本。最关键的是，吃力还不讨好，客户订单的及时交货率上不去，客户的满意度也不高。究其原因，是“客户需求”和“生产供应”的矛盾没有很好地协调处理。一方面，客户对于快速交货的需求不断提高；另一方面，生产系统所固有的周期长、反应慢的特性一时难以改变。这两者之间的矛盾造成了一系列的问题。

为了解决这些矛盾，提高客户的满意度，姚明织带采用了其独特的“大库存”模式。与提倡“安全库存”或“零库存”的制造企业不同，姚明选择了另一条看似与之相悖的道路。公司常年备有8亿~10亿码的丝带库存，可以及时满足众多客户批量小、交货快的需求。当其他供应商还在迟疑要不要接小批量的订单时，姚明已经把优质的丝带送到了客户手上，而客户则无须为自己获得的便捷服务支付更高的费用。

织带的差别主要体现在染色和印刷上，而姚明织带的客户的需求普遍集中在196种颜色、11种材质的产品中，进一步说，公司2/3以上的客户都是这196种固定颜色织带的买家。于是，姚明织带选择大批量生产这196种颜色的织带，并常年供应现货。通常情况下，根据运输距离的长短，现货可以在0~5天内交货；对于少数需要定制颜色的客户，公司也可以在1~4天内完成打样，3~10天内交货。

“大库存模式”的特色可以总结为三点：一是常年对外承诺备有现货；二是遇到补充库存与客户订单间出现排产冲突时，以补充库存为优先原则；三是在库容允许的情况下，开足马力生产而不考虑库存水平超出安全库存的程度。

相比之下，国内大部分制造企业采取的是安全库存的模式。一般而言，实行安全库存的做法是预测未来一段时间内的订货需求，并设置订货点，当库存水平降低到这个订货点时，就启动生产进行补货。从这个角度看，实施安全库存战略的企业可以在库存成本与品质和交期之间取得一个平衡。但它的不足是，企业一般不会追求绝对满足客户的现货需求，也不会进行超出安全库存的生产，一旦遇到大规模的订单，企业仍可能出现缺货的现象。

在此基础上，假使行业内的企业全都采用安全库存的战略，那么结果必定会催生出新的战略选择。进一步说，只要有一家企业采用大库存模式，在安全库存的基础上降低了生产转换成本及色差产生的损失，那么安全库存模式的绩效就会大打折扣。在织带业近乎红海的竞争中，促使姚明织带采用大库存模式的恰恰是客户的需求。织带业的客户多为服饰、玩具、礼品、鞋材等行业的商家，他们对织带也呈现出多重的偏好。

第一，世界各地的政府与消费者对产品品质与环保技术的要求越来越严格。尽管织带在多数情况下属于辅料，但商家对织带品质的重视程度仍与日俱增。

第二，服饰、礼品等行业的进入门槛较低，商家对成本十分敏感，因此对辅料的采购价格也十分在意。换言之，姚明织带的目标客户群具有很强的物美价廉的偏好，因此公司必须在价格上做文章，实行平价的差异化战略。这种情况下，大批量的生产有益于公司降低生产成本。

第三，服饰、玩具、鞋材等行业的产品流行期越来越短，这意味着商家一旦确定款式设计，就会要求在尽可能短的时间内配足主辅料开始生产。因此，下游客户会要求织带厂商尽可能即时交货，对姚明织带而言，以提供现货来形成交期上的优势，就成了其竞争的利器。

而就织带行业本身来说，它的生产技术与传统纺织产品十分接近，因此进入门槛较低。进一步说，产品用途和技术门槛决定了这个行业的竞争十分激烈，单个企业几乎很难建立起相对上游原料供应商与下游客户的主导地位，也不具备大力逼迫经销商快速销售的话语权。这样的行业性质，迫使姚明织带采用大库存模式来形成相对的竞争力。值得一提的是，大库存并不简单地意味着库存越多越好，姚明织带同样预见到了可能遭遇的风险。为此，公司设计了具有“姚明特色”的库存策略。

首先，假使公司在所有织带品种上都采取现货供应，那么占用的资金量将使公司难以承受。因此，姚明织带选择的库存集中在196种颜色、11种材质的品类中。其次，为了兼顾锁定品类的产能以及产品线的扩充，公司采用了产能与产品线滚动式扩张的战略，既考虑到即时交货的需求，也满足了产品线的扩展。与此同时，公司在销售淡季仍开足马力生产，试图为接下来的销售旺季提供充足的现货。

在金蝶商业价值研究院副院长吴生平眼里，姚明织带的“大销售、大生产、大库存”模式的核心就是通过规模化生产和精益化管理降低生产成本，通过库存规避由各种因素导致的原材料价格上涨风险，并应对市场销售价格下降的挤压。

但不得不说，满足了客户的现货需求，并取得了稳定的产品品质后，由此带来的高库存成本也可能削弱产品的价格竞争力。姚明织带的库存一般会在最长不超过6个月的时间内全部消化掉。这种大库存模式有其历史的特殊性。“一方面，素色带的需求在80%以上，我们备的库存绝大部分都是素色带，不太可能滞销；另一方面，国内的GDP在上升，原材料价格也在不断上涨，提前备货可以锁定成本。”

除此以外，配合大库存的规模化量产，姚明织带对涤纶织带产品的生产工艺展开了不断的改进，提倡精益生产。相对尼龙材料，涤纶虽然价格便宜，但由于吸水性低、摩擦产生的静电大，为此涤纶长纤用于织带生产时会遇到染色性能差等工艺困难。为了解决涤纶织带的染色难题，提高着色牢固度和减少批次之间的颜色差（简称色差），公司组成攻关团队，持续坚持技术革新，对外部采购的染色设备进行系统改造和独立调试，掌握了一套低成本稳定染色品质的技术诀窍，成功摆脱了对境外设备提供商的技术依赖，从而为赢得用户的满意奠定了良好的技术基础。

姚明将“大库存模式”与“精益生产”完美结合，形成了辩证的统一。2013 年 8 月，姚明织带获得了“第六届中国管理模式杰出奖”之“杰出领导力奖”，此奖项是由中国管理现代化研究会、中欧国际工商学院、北京大学光华管理学院等共同发起的第一个针对中国境内企业管理实践成就的荣誉奖项，每年只颁发给一家获奖企业。姚明织带是福建企业获此殊荣的第一家。

第二节　库存管理的“控制台”与“圣经”

如前文所述，通过库存，我们可以看见整条供应链。库存管理贯穿于整条供应链之中，涉及面广、内容丰富。每个接触到库存的部门或人都可以说自己正在做着与库存相关的工作。然而，企业管理中最怕的就是职责不清，谁都在管就等于谁都没管。因此，有必要对库存管理的工作进行梳理，并在企业内部架构起库存管理的统一平台。

笔者认为，所谓的库存管理主要包括四大模块、两大核心、一个中央控制台。

库存计划
- 计划与目标设定
- 订货与补货
- 需求与供应的优化
- 库龄分析与控制
- 产品生命周期管理
- 呆滞库存的处理

物料管理
- 实物的存储
- 实物的进出
- 实物的移动
- 仓库的规划
- 存储条件控制
- 库存的定期盘点

流程控制
- 库存精度控制
- 流程标准的制订
- 场地认证
- 流程审核
- 人员培训

财务管控
- 库存金额
- 库存数量
- 历史数据
- 账目相符
- 资金流计划

图 7－3　库存管理的四大模块

我们根据库存管理内容，将其分为四大模块，分别是：库存计划、物料管理、流程控制、财务管控，具体如图 7 －3 所示。其中，库存计划的工作涉及计划与目标设定、订货与补货、需求与供应的优化、库龄分析与控制、产品生命周期管理、呆滞库存的处理等，主要与计划、采购、生产等部门相关；物料管理工作涉及实物的存储、进出、移动，仓库的规划，存储条件的控制，库存的定期盘点等，主要与仓储、生产、物流等部门相关；流程控制工作涉及库存精度控制、流程标准的制订、场地认证、流程审核、人员培训等，这部分工作往往分散在众多部门，也是最容易被忽视的工作；财务管控工作涉及库存量的控制、账实相符控制、库存的资金占用控制等，这部分工作有的归属财务部门，有的也被分散到各个部门中去了。

这四大模块各有侧重，但主要围绕两大核心展开。这两大核心便是：“量值”与“精度”。其中，量值包括数量（Volume）、价值（Value）、速度（Velocity），笔者将其归纳为 3V，如图 7 －4 所示；精度包括可视化（Visibility）、准确性（Accuracy）、可追溯性（Traceability），笔者将其归纳为 VAT，如图 7 －5 所示。（注：此 VAT 可不是指增值税的那个 VAT，如此缩写主要为了便于记忆。）

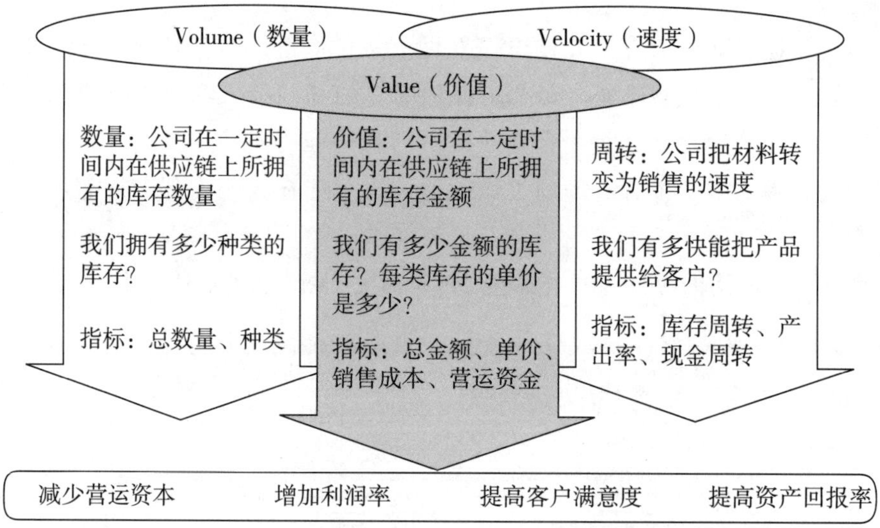

图 7 －4　库存管理的第一大核心——量值 3V

事实上，所有库存管理的活动都围绕着这两大核心展开，所有库存管理的运营指标也都可以被归类到“量值 3V”或“精度 VAT”的范畴之内。举例来说，我们可能会问：目前有多少在途的采购物资？金额是多少？数量是多少？运转的效率高不高？这些都属于“量值 3V”的范畴。如果我们希望更进一步，看到这些在途物料目前都在哪里？从哪里来？去向哪里？并且在 TMS（运输管理系统）中所查到的数据与实物的实际状态是否相匹配？这些便都属于“精度 VAT”的范畴了。

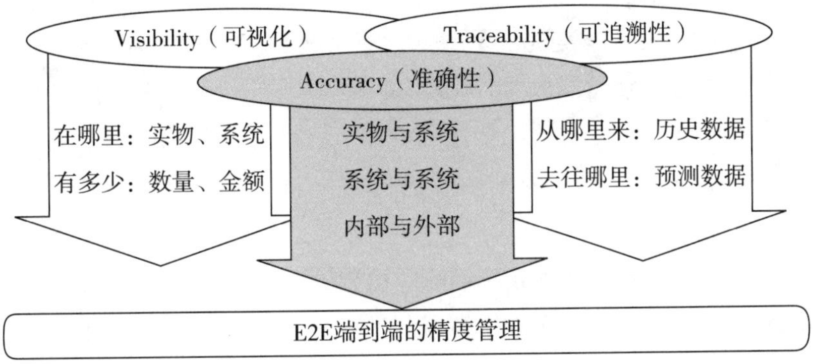

图7－5 库存管理的第二大核心——精度VAT

为了从这两大核心来衡量库存管理工作的绩效，我们设计了一系列的库存管理指标。如库存的价值、库存的数量、库存周转率、呆滞库存比例、超龄库存比例、库存盘点精度、系统精度等，每个行业、每家企业都可以围绕这两大核心展开出适合自己的具体指标。例如，我们以速度（Velocity）指标为例，大多数企业会使用库存周转效率这个指标来衡量库存的使用效率，但是不同行业会对这个指标做一些不同变形，以适用于行业特性。

在电子行业，我们会使用库存天数（Day of Sales Inventory，DSI）。通过这个指标，我们可以很容易判断某个物料的周转情况，并同时对可能的缺料做出预判。它的典型公式如下：

DSI＝（在手库存－客户订单缺料）/未来20天的平均日销售预测量

在商超零售行业，我们会使用坪效这个指标。通过这个指标，我们可以判断商超货品的摆放是否合理、货品是否畅销，从而指导店长和管理人员及时对货架陈列做出调整。它的典型公式如下。

坪效＝日均销售/门店面积

有趣的是，在“量值3V”或“精度VAT”这两个大维度之下，还可以拆分出更多更细的维度。我们可以根据行业需求，将这些细化后的维度进行搭配，更深层次地展现库存管理的绩效，笔者将其称为：库存的多维度管理。我们以最常用的物料ABC分类法为例，具体地向大家展示如何进行多维度库存管理。

首先我们来回顾一下，物料的ABC分类法如下：

（1）将存货单元累计20%，但成本却占总成本的80%的物料划分为A类库存；

（2）将存货单元累计20%～50%，而成本占总成本15%的物料划分为B类库存；

（3）将存货单元累计50%～100%，而成本占总成本5%的物料划分为C类库存。

众所周知，对库存进行ABC分类的目的是按价值对存货单元加以区别控制。通常，对于高价值A类物料，应集中力量进行控制以减少库存；而对于低价值的C类物料，可以维持较大库存以避免缺货。这种分类方法虽然简单，但也存在着问题：仅仅根据金额的大小进行分类过于单一，没有考虑到物料的使用频率高低、物料的重要性程度、物料的生命周期长短、物料的采购周期长短等更具体的要求。因此，我们应当设立更加有针对性的指标管理。例如，我们可以在 ABC 分类维度的基础上，增加一个物料使用频率和数量的维度。我们可以将其称之为 PRS 分类，分类方法如下：

（1）明星（Popular）是使用频率最高、用量最大的物品；

（2）常客（Regular）是使用频率高但用量较小的物品，或者使用频率小但用量大的物品；

（3）陌生人（Stranger）是使用频率和用量都较小的物品。

举例来说，某个 A 类物料，虽然金额很大，但是使用频率很低，客户一年的订购量可能都不到 10 个，我们可以称之为 Stranger。因此，ABC 和 PRS 可以作为两个维度放在一个矩阵图里，如图 7 - 6 所示，形成一个九宫格。在每个格子里，我们可以设定相应的库存周转率指标。例如对于 AP 类物料（左上方第一个格子），由于价值高、使用频率和使用量都很大，这类物料应该设置最高的周转率目标，假设目标为一年周转 24 次，而我们的现状是 10 次/年，没有达标，因此我们标为灰色，重点进行改善；而对于 CS 类物料（右下角最后一个格子），由于价值低、使用频率和用量都很低，这类物料应该设置较低的周转率目标，假设目标为一年周转两次，实际的情况也正好是两次，达到了目标，我们后续只要持续跟踪观察即可。ABC 和 PRS 结合的双维度库存管理只是一个例子，我们可以根据需要进行多样化的搭配。例如我们将 ABC 与物料的体积大小（Large，Middle，Small，LMS）放在一个矩阵里进行分类管理，指导我们设计出合理的运输和存储方案；还可以将 ABC 与保质期长短放在一个矩阵里进行管理。读者可以依据这个思路，根据行业和公司特点设计出更加有针对性的库存管理指标。

	A	B	C
P	24/10	12/14	6/6
R	12/12	12/10	3/4
S	12/8	4/4	2/2

图 7 - 6　库存的多维度管理（ABC 和 PRS）

前文中，我们讨论了库存的四大模块与两个维度。不难发现，库存管理的特点就是涉及面广、指标多，供应链上各部门都与库存管理相关联，但又各走各路、各管一段，很容易陷入一叶障目不见泰山的局面。这种局面与很多基础设施的建设类似，我们来看一则新闻。

近十年来，约3000千米的长江主干线上建成及规划中的各类大桥已经突破60座。由于缺乏统一协调，这些桥梁的净空高高低低各不相同，造成船舶无法通行。自20世纪80年代以来，国家先后投资10亿元在南京以上的芜湖等港口建成数10座5000t级外贸码头和集装箱码头。但自码头投产至今，基本上没有外轮靠泊。2001年进入长江的国际航行船舶虽然超过1万艘次，但99%的船舶均停靠在南京以下的港口，其上的大部分外贸码头闲置。这些都是因为缺乏统一调度，统一控制的后果。

因此，笔者建议有一定规模的企业应设立一个内部的中央控制平台（Central Inventory Control）。这个平台作为第三方，可以承担起跨部门的库存管控工作。它的职责并不是取代计划部门去制订库存计划，而是推动计划部门制订并落实端到端库存计划策略，根据库存报表及时调整计划水平；它的职责也不是取代物流部门去承担库存的运输工作，而是推动物料的可视化水平、数据的准确度水平等的提升，在物流信息化过程中做到账实相符；它的职责更不是取代制造部门去抓取物料装配产品，而是推动物料转移变化过程中的流程管理，尽可能地降低物料的损耗与浪费……诸如此类，不一一列举。这个控制平台主要通过建立与库存相关的统一的库存管理政策（Inventory Policy），通过参与流程设立、定期不定期的审核、实时或定期的数据报表监控等方式确保各部门、各流程都保持一致性，并能对库存实施端到端的实时管理。那么，什么样规模的企业需要这样的平台呢？很简单的一个测试，作为公司的CEO，您只需要找到自己的供应链部门，问问他们公司总共拥有多少库存，都在哪里，都是些什么，价值几何，都放置了多久？如果没有人能够比较准确地回答您这些问题，您就应当考虑是否要设立这么一个平台了。这个平台可以是个专职部门，也可以是由专职人员牵头，各部门设立协调员，通过定期不定期会议的形式进行管理。

我们提到了统一的库存管理政策（Inventory Policy），这是一个非常值得研究的课题。我们可以通过一则案例来看看。

案例7－3：如何管理全球上千个库存点

蔡航是一家世界500强企业里的库存控制经理，负责北亚地区的库存控制团队的管理，公司主要生产并销售家用电器类产品，如电视机、电冰箱、洗衣机等。公司的产品种类多，除了在中国销售外，大多数销售到欧美。中国作为主要的产地，自有工厂主要生产高端产品，其余中低端的产品均采用外包方式交给代工厂生产。公司的物流与仓储运营主要采用3PL（第三方物流）外包的模式。有四种主要的物流与仓储外包模式，首先是公司的战略原材料物流中心（Strategy Buy Hub），在这个中心里主要储备着公司的战略采购物资，如液晶屏、压缩机、电机、主芯片等，这些物资的价格往往会随着市场需求而上下波动，战略采购可以通过在合适的时机购买来获得价格优势；其次是原材料仓库，由于公司采用供应商管理库存模式（VMI），大部分的原材料都储备在第三方的物流仓储中心里；再次是订单履行中心（Fulfillment Center），通过在靠近客户的区域储备一些产成品以及附件，来快速满足客户的需求；最后是服务与逆向物流中心（Service and Reverse Logistics Center），主要是储备一些备品备件，并提供上门维修服务与坏机送回原厂返修的工作。除了这些仓储外包以外，物流服务也由众多物流运输服务商提供。

蔡航作为库存控制部门经理，管辖着以上这些大大小小的库存点总共1500余个，以及各类物流运输服务商30多家，包括海运、空运、公路和铁路运输服务商，他的主要任务便是确保所有的内部部门、外部合作方都按照统一的原则管理好公司的库存。在蔡航的手上有一本被他称之为“圣经”的全球库存控制政策（Global Inventory Control Policy）。在这本政策文件里，详细地列举了库存管控的各项流程要求，例如谁来负责库龄分析，多久分析一次，需要采取什么动作来处理呆滞物料；再如，库存精度的目标是多少，第三方合作伙伴的合同条款（库存管理部分），多长时间盘点一次，多久审核一次；还有各类物料的存储要求，库存管理的指标体系，考核周期等。内容涵盖了企业端到端的库存管控要求。

作为区域性经理，蔡航的一个重要职责就是确保地区的流程与全球的流程保持同步，并及时将区域性的库存管理变革汇报给总部，并在统一协调下对流程规范进行调整，以应对市场变化对库存管理造成的挑战。对于新的流程设立，只要是与库存相关，蔡航的团队一定会派出人员参与项目的规划和实施中去，在第一时间对流程进行把控，确保库存控制的一致性。

第三节　库存多少才合理

前面说到，库存管理的两大核心是“量值”和“精度”。我们先来研究下量值。量值控制事实上解决的是两个问题，即什么时候买？买多少？这就涉及经典的库存决策模型。有兴趣的读者可以参考程晓华老师的《制造业库存控制技巧》一书，他是库存管理方面的专家，关于库存管理的知识深度超过本书。本书更多的是从供应链架构的角度来谈库存，会更关注供应链在广度上的知识。因此，我们在这里再谈“量值”控制，主要帮助大家快速梳理一下知识并搞清楚几个比较容易混淆的概念。

1. 经典的库存决策模型

如图 7－7 所示，库存的决策模型主要分为两个大类：单期库存模型和多期库存模型。单期库存模型主要解决的是一次性采购的问题，即我们通常所说的“报童模型”。报童每天进货需要在“缺货”和“浪费”之间做权衡。进少了会损失销售机会，进多了卖不出去只能变成废纸。因此，存在着一个缺货和浪费之间的平衡点，即最佳库存水平。它的逻辑是当边际收益等于或小于边际成本的时候，即多买入一份报纸所获得的收益小于等于因为卖不出去而造成浪费的成本的时候，此时的报纸的库存量刚刚好。然而，我们往往可能不喜欢这个最佳库存量，而选择承担更大的风险来满足客户的需求，即我们所说的服务水平。例如我们选择 80% 为服务水平，即 80% 的预测量我们都选择去满足，剩余 20% 的预测量放弃掉，然后根据标准公式计算出应该购进的库存数量。

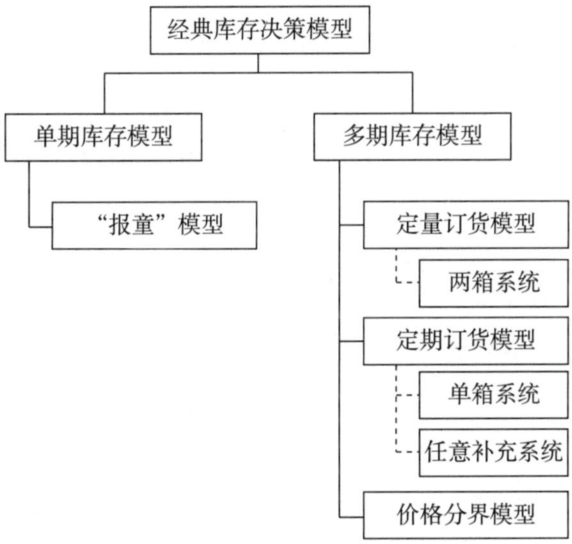

图 7－7　经典的库存决策模型

多期库存模型，即多次订货模型，适用于那些需要持续供应的产品，分为定量订货模型、定期订货模型以及价格分界模型。前两者之间的区别如图 7－8 所示。定量订货模型是根据预先设置好的补货点来驱动订单，当库存量低于补货点的时候，生成订单；定期订货模型是根据预先设置好的时间来驱动盘点，盘点后假如数量低于预设值，则发出订单补充库存到预设值；价格分界模型则适用于销售价格随着订单大小变动的情况。例如，订购某产品少于 100 个时，单个产品价格为 1 元；假如超过 100 个，少于 1000 个，单个产品价格为 0.9 元。诸如此类情况，我们则会选择价格分界模型来计算最佳订货量。除此以外，多期库存模型中又可以延伸出“两箱系统”“单箱系统”“任意补充系统”等比较灵活方便且易于操作的库存决策模型。

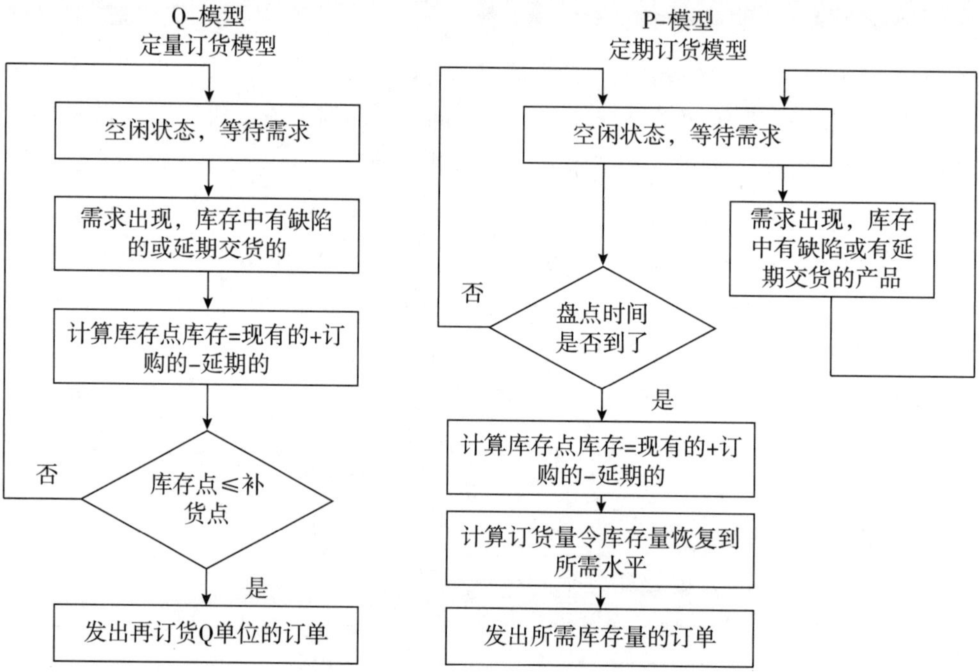

图7－8　定量订货模型和定期订货模型①

2. 使用模型时需注意的问题

首先，我们做库存决策的时候，不要被各种各样的计算公式吓倒。事实上，不论选择哪种模型，计算的公式都是现成的。即便有些时候无法完全匹配，我们也能根据行业特性，在现成的公式上做一些变形和调整，这些都不会太难。最难的其实是库存决策，主要包括：①选用什么模型最合适；②能够承担多大的库存风险（服务水平）；③基础数据的准确性。

其次，我们常常混淆安全库存和循环库存的概念。我们以定量订货模型为例，如图7－9所示。所谓的循环库存是我们根据“采购/生产提前期”以及“平均日消耗量”两者相乘计算出来的库存值，是我们维持正常销售、生产运作过程中所需要的库存量；而安全库存是为了应对不确定性需求所准备的额外的库存量。举个简单的例子，例如我们开一家社区小店，经营烧鹅，按照每天的人流量，平均一天卖出50只烧鹅。当然，这并不表示我们每天都十分准确地卖出50只烧鹅，而是有的日子卖得多一些，有的日子卖得少一些，日销售量应该是一条上下波动的曲线。中间偶尔也会出现例如台风天大家不爱自己做菜，可以一天卖出一百盒的情况，但是这样的情况毕竟出现得比较少。这里我们所指的循环库存即平均库存50只鹅，但是只储备50只是不够满足那些平均销量以上的可能会出现的需求量，为了满足这部分需求量所设定的库存才是真正

① 见《运营管理》（第11版），理查德·B. 蔡斯等著，北京：机械工业出版社，2007年，第545页。

意义上的安全库存。它是基于服务水平和历史数据所计算出来的。服务水平越高，安全库存水平则越高，因为我们要为那些概率很低的、不确定性极高的需求量储备足够的安全库存以备不时之需。

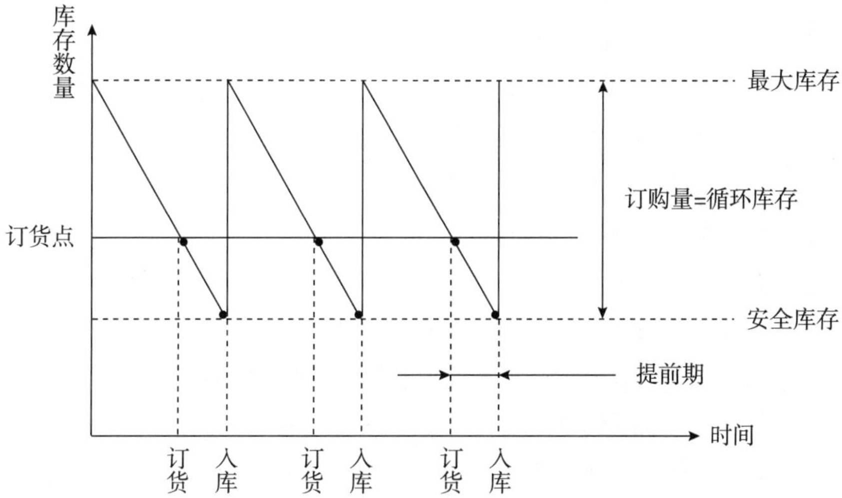

图 7－9　定量订货模型

再次，拉式供应链需不需要安全库存？丰田的 JIT（准时制）提倡的是零库存，即按需生产、不储备多余的库存。那么，我们是否还需要准备安全库存呢？我们在第五章曾经说过，纯粹的拉式供应链是非常罕见的。所谓的拉式，通常是在供应链的某些分段上做到纯粹拉动。在段与段之间还是需要储备一定的安全库存以备不时之需。

最后，无论是哪个模型，都有两个前提：①需要先建立需求预测。没有预测，所有的经典库存决策模型都是空谈。预测的方法有很多，我们在上一章中很粗浅地提到过，因为涉及数学知识，读者看起来会很枯燥，因此不在本书阐述，有需要深入了解的可以找相关的教科书（推荐大家阅读蔡斯的《运营管理》）。②采购提前期是固定的。做过采购的都知道，采购提前期一定不是一个精确值，根本无法固定。因此，为了更好地利用这个模型，我们要经常对物料的采购提前期进行检查，尽可能地设定一个相对准确的数值。

案例 7－4：备件库存管理

江泰是某知名通信设备企业的采购总监，负责该企业几千种备品备件的采购管理工作，团队有 5 名成员，负责不同品类的备件采购。所谓备品备件，即用于客户所购设备出现故障时，可以随时调用的零件库存。由于客户通常规模都比较大，对于服务品质的要求高，因此公司在销售设备的时候通常也承诺了备品备件的服务时效性，通常分为8小时与24小时两种响应类型。为了满足全国各地客户的需求，公司在全国设立了大大小小28个备品备件库存中心（包括中央库存中心和区域库存中心）。几千种部件，28个库存点，还要满足时效性需求。除此以外，新产品与成熟产品的备货原则也不一样。这里面有着相当高的管理复杂性和难度。

过去，江秦的团队使用的是手工报表的方式计算并调整库存和订单量，不仅效率低，而且准确性差。每个员工都习惯使用自己摸索出来的Excel工具来进行计算，虽然几次三番推动标准化和优化工作，但没多久又走了样，由此造成员工各自的绩效差异也比较大。而且手工计算工作量大，团队成员每天加班加点，不分昼夜，有时候也做不完，因此马马虎虎了事的也不在少数。

经过一番调研，江秦决定在公司内部上一套库存与计划管理系统。这套系统能够为不同的备件在不同库存中心内的库存量进行合理规划。它的运行逻辑便是我们通常采用的“补货点”模型（定量订货模型）。首先，基于过去26周的备件使用量进行预测，系统会采用不同的数学统计方法（如指数平滑、移动平均、线性回归等）拟合出多条曲线，计划员可以根据这些曲线的拟合度来选择最佳的曲线进行预测；其次，根据季节、促销计划等与时间相关的因子对预测值进行调整；最后，根据定期订货模型的公式，结合公司制定的客户服务水平99%，以及现有库存量、在途库存量、在途订单等，系统会自动计算出采购员何时需要下达订单以及订单的数量。

系统上线后，备品备件采购工作走上了规范的道路，员工的工作效率大大提升，能够腾出更多的时间开展供应商管理的工作。

第四节　控制库存精度，不只是账实相符

作为库存管理的另一大核心——库存的精度控制，是从VAT三个维度展开的。

（1）Visibility（可视化）：搞清楚企业库存都分布在哪里？不仅仅是实物库存的分布，还有库存在ERP系统中的分布。

（2）Accuracy（准确性）：做到账实相符，不仅仅账目与实物相互匹配，还涉及账目在多个系统中的匹配。

（3）Traceability（可追溯性）：仅仅知道库存分布在哪里是不够的，还要知道它们是怎么来的？又将去向哪里？

这三者看似简单，但是实现起来并不容易，而且供应链越复杂，实现的难度越高。作为供应链架构师，通常会分为两个阶段、四种手段（流程测试、盘点、数据匹配、审核）进行控制。

首先是供应链的架构阶段。VAT三者，如果在供应链架构时没有给予充分的考虑，

后面修补的代价将非常高。笔者曾经看过一段华为供应链管理部门的员工制作的用于2015年公司春节联欢会的视频，里面反复地提到“账实相符”几个字，大意是供应链管理部门的员工们为了实现“账实相符”所付出的艰辛努力。对此，笔者深有同感。要做到库存的VAT，我们需要对实物流和信息流的每一个环节都了如指掌。不仅要熟悉计划、采购、制造、物流等流程，还要掌握IT信息化架构的知识，并且参与和实物流、信息流相关的所有项目中去，对每一个可能对VAT造成潜在影响的流程进行分析、设计甚至是再造，并通过第一种手段——流程测试，在架构阶段进行充分的测试，以确保架构实施后能满足这些条件。

其次是供应链的运营阶段。运营阶段的控制手段有三种，分别是盘点、数据匹配、审核。关于盘点的知识在很多书上已经有了，读者可以参考其他书目。数据匹配通常适用于有多个系统并行的企业或供应链。例如，企业在物流端依赖供应商的WMS、TMS系统，通过EDI、ASN等形式与企业的ERP系统进行数据交换。那么就很有可能在供应商的系统与企业的系统之间形成数据差异。另外一种情况是企业内部也存在多个系统并行的情况，从而造成系统与系统之间的数据差异。这些差异的产生，有的可能是人为操作失误导致，也有可能是系统漏洞所造成的。为了确保多系统之间数据的匹配，企业应当对两个系统中的数据进行实时或定期的核对，核对的方法也有很多，例如两点法、四点法、步进法等，这里不做展开。库存审核，包括流程审核、现场审核等。这里面还涉及一些审核的报表工具，企业可以根据各自的具体要求制作。

“库存精度”的控制是供应链的“细活”，但非常考验架构师的设计功力。在外行眼里，这部分的工作是隐性的，不容易被看见。好比我们装修房子，好的设计师在水电布置上会考虑周全，避免未来发生潜在的漏水、漏电的风险；而有的设计师却只管外观好看，对于客户看不见的地方就偷工减料，以图省钱方便。同样地，在供应链架构过程中，架构师对于“精度”部分下了功夫，将大大减少数据差异、账实不符、流程混乱等问题。这些问题往往藏得很深，一旦发生，需要花费大量的时间进行检测排查，代价是非常高昂的。

案例7－5：不全是物流供应商的责任

Kim是某世界500强企业的韩国区物流总监，然而他的位置最近岌岌可危。事情的起因要追溯到年初他发起的一个项目。总部每年都会设定各地物流中心成本的节约目标，由于韩国仓储物流成本持续高企，Kim一直如负重轭。为了实现年初总部设定的目标，Kim和供应商进行了多轮价格谈判，最终却劳而无功。于是，Kim下决心要换掉这家供应商。

经过团队的一番调查研究，他最终决定选择一家名为MN的外资大型仓储物流服务商。这家企业有几十年的从业经验，与总部保持着良好的互动关系，在全球多处与公司都有业务往来，熟悉公司的流程。虽然在韩国的业务才刚刚起步，但他们的报价比原供应商低了很多。从初步的评估来看，这家公司的仓储和物流承载力也是足够的。

为了尽快获取成本的下降，Kim决定立即推动供应商的变更。他组建了一个项目团队，包括物流、计划、采购、IT、关务、法务、财务等部门。历时一个月，对此次物流中心供应商的变更做了详细的规划。包括新仓库的规划、物料的转移、订单的接收和发送、人员的安排等。他胸有成竹地期待着项目的实施以及后续所带来的巨大成效。

然而，事以愿违。项目一上马，问题马上浮出水面。原计划新物流中心第一周每天处理1000个订单，第二周每天处理2000个订单，逐步攀升到5000单达到饱和水平。但是两周过去，新物流中心每天只达到了500~800单的水平，大大低于计划水平。由于原供应商在转换期只提供有限的支持，导致新的物流中心起不来，旧的物流中心又回不去，着实被弄得骑虎难下。

Kim很沮丧，他要求项目团队不惜一切代价把订单处理量提升起来。得到的答复是，现有的系统数据差异很大，每天都需要花费大量的时间处理差异，所以处理能力一直无法提升。如果一味拉高物流中心的订单处理量，会造成系统全面崩溃，带来更大的麻烦。

原来，新供应商所使用的WMS系统与公司的ERP系统在对接流程上出了问题。当初设计的时候，为了赶工期以及考虑到数据传输的效率，WMS系统中的交易数据与公司的ERP系统都是采用批处理打包的方式进行对话，没有设置交易（Transaction）对交易（Transaction）的识别代码。这两者之间一旦出现差异没有办法追溯到最原始的交易数据，项目团队只能手工一条条地核对账目差异，无法确定时，还要核对实物，耗时耗力。

无奈之下，Kim只好回过头厚着脸皮与原供应商进行交涉，希望他们能看在过去多年合作的基础上，出手帮忙。原供应商也很干脆，帮忙可以，你们要终止新供应商的合同，把合同全部转回来。在Kim看来，这是他目前唯一的选择……

拓展阅读

《库存优化——制造企业在危机之后应补的第一堂课》[①]

一、背景介绍

恩格斯曾经说过："每一次灾难都将以社会的进步作为补偿。"2008年的金融危机

① 选自《2012年中国采购发展报告》，作者：施云，中国物流与采购联合会采购专业委员会2012年9月发布。

依然历历在目，堆积如山的存货、无人问津的业务、穷追猛打的债主让许多企业认识到，抗风险能力（risk－averse）对供应链运作至关重要，因为失败的代价往往极高，高得能让企业一夜之间轰然倒闭。在所有的风险中，过高的库存无疑是将制造企业拉入深渊的罪魁祸首之一。它像恶魔一样慢慢地吞噬着企业的现金，吸干了企业的利润。可恶的是，它还堂而皇之地充当着企业的资产，欺骗着管理者的眼球。当企业面临破产清算的时候，企业主们才真正看清了这个恶魔的嘴脸。我们有理由认为，库存优化理应成为制造企业在危机之后要补的第一堂课。

二、库存优化的目的和意义

库存是指某个时刻企业所存储的全部成品和材料。库存优化的目的是发现和解决库存管理中的问题并使企业库存实现最优化配置。请注意，库存优化不是一味地降低库存，而是寻求最优化的解决方案。这个方案既要能满足企业实际运作的需要和客户的需求，又要能尽可能地减少企业的库存负担。

我们都知道库存需要成本，如图7－10所示，它耗费资金、占用空间、随时间老化、容易损坏，必须定期盘点、移动等。那为什么降低库存这么难呢？因为库存能藏匿问题。举例来说，供应商供货不可靠、企业内部生产设备不稳定、产品质量缺陷高。怎么办？库存是供应链的缓冲剂，多放库存就是了。然而危险结果是，一旦多余库存被建立起来，问题就变得不再那么紧急。多余库存允许我们“活”在问题之中，永远不去解决那些最根本的问题。拥有一个可靠的供应商重要么？控制成本重要么？高质量交货重要么？敏捷、快速响应重要么？当然重要！但是，一旦我们拥有了一个感觉很“舒服”的库存水平，这一切都变得不那么紧急了。时间管理的研究结论显示：管理者们花费了大部分的时间在解决那些看似“紧急”的问题上，却把那些真正重要的事情给耽误了。合理地降低库存能让这些问题第一时间浮出水面，使重要的问题变得紧急。

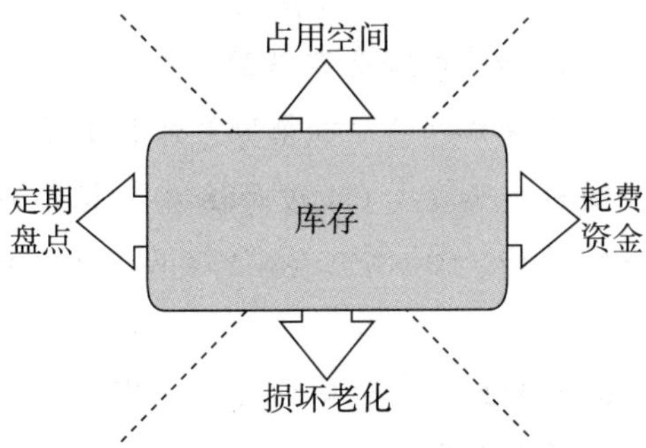

图7－10　库存所造成的成本

三、多余库存的成因

国内运动品牌的龙头企业李宁公司这些年饱受库存之苦。公司从2009年开始出现库存危机至今，削减成本、大批裁员，什么狠招都用过了，但库存问题始终挥之不去。

2011年李宁的库存压力爬到顶峰，公开数据显示，2011年年末，李宁的产品库存相比2010年同期增加了2亿元，除此以外，公司还表示将从经销商那里回购总额达3亿元的存货①，李宁想要走出困境，库存优化是其唯一的途径！其实，在鞋服行业，李宁并不是唯一一家存在库存问题的企业。美特斯邦威2011年三季报显示，公司的库存为29亿元，与2010年一季度的7亿元存货相比，增长了300%；而特步的半年报也曾披露企业存货金额达到8.87亿元，同比增幅约为92%。这些企业无一例外地在库存管理上出了问题，但究竟是什么原因导致这些明星企业步入了今天这个尴尬的局面呢？

企业里多余库存产生的原因有很多种，但归纳起来不外乎有以下几个。

1. 供应链战略的问题

供应链战略是制造企业竞争战略的核心。企业在面对同一客户需求时，往往有多重选项：是按照订单生产还是面向库存生产？是外包还是自制？是直销还是分销？是快速物流还是普通运输？是少品种大批量，还是多品种高度客户定制？……这些选项都是由企业的供应链战略所决定的。归纳起来，供应链战略要解决的根本问题其实只有两个：客户的需求是什么以及如何满足客户的需求？对于某些从未制定过供应链战略的企业，并不能说他们就没有战略，任何企业在做多重选择的时候，其实已经完成了自己的供应链战略的设计。

必须指出的是，供应链战略一旦实施，很难在短期内改变。根据调查，60%～70%的库存问题都是由于企业供应链战略的失误所导致的。因此，企业应当在制定供应链战略的时候慎之又慎。事实上，无论是李宁，还是美特斯邦威，他们在面对高库存的困境时，无一不提出了企业战略转型的解决方案。在笔者认为，这还不够，还应当全面审视企业的供应链战略，并对其进行调整和变革。

2. 运作执行的问题

好的战略只是选对了方向，有效的库存控制还需要强有力的执行保证。在许多制造企业的运作中，以下的问题随处可见。

（1）ERP数据精度：产品BOM、生产报废率、各类提前期、安全库存量的设置准确性不高。“Rubbish in，Rubbish out”（垃圾数据进，垃圾数据出）是对此最好的诠释。根本的原因是数据处理精度没有被当作企业的关键绩效来衡量。

（2）库存/材料控制：没有定期盘点；违反材料管理规定；数据输入不及时、数据输入错误、数据丢失等都会造成库存的差异。

（3）生产制造管理：缺乏对工作流的时间管理；由于存在问题而停滞的生产工单；为填充产能而开出的生产工单；大量返工；隔离区物料占用；过多的工单变更和调整；没有对呆滞物料做定期的评估和处理等。

① 见《李宁——战略在哪?》，发表于《第一财经周刊》2012年第12期第44页。

（4）设计管理：设计变更导致材料和成品报废；设计变更的执行日期混乱；缺乏产品的生命周期管理等。

3. 契约关系的问题

供应链上下游的有效配合必须通过契约关系予以保证。尤其是在国内企业诚信度普遍缺乏的商业环境中，契约关系的设计和维护更应当受到企业的重视。我们在企业中通常可以看到以下一些由于契约关系导致的库存问题。

（1）供应商：交货不准时；交货数量不对；质量不稳定；退货处理缓慢等。

（2）客户：取消或变更订单；压货返点；窜货销售等。

（3）3PL：配送不准时；物件损坏或丢失等。

（4）数据透明度：供应链信息流传递不顺畅；没有依照规定流程操作；没有及时录入数据等。

多余库存产生的原因还因业务种类的不同而不同，因此企业需要解决的核心问题也不尽相同。需要指出的是，很多企业迷信于使用新的软件系统来解决企业在库存管理上的问题，这种看法是片面的，软件只是一种工具，先进的软件可以提升企业库存管理的效率，但仅仅依靠软件无法解决企业库存管理的核心问题。

四、应该关注和衡量的指标

企业应当建立合理的指标体系来关注和优化库存，这些指标主要包括以下内容。

1. 库存金额

这是企业最为常用的指标，用来衡量库存占用企业资金的情况。需要注意的是，在计算库存金额的时候，往往不知道如何处理和计算在途库存。首先应当明确的是，在途库存也是企业库存的一部分，一批物料是否应当算作企业的在途库存要根据企业与供应商确定的贸易条款为依据。例如，如果企业与供应商签订的是EXW工厂交货条款，那么货物从离开供应商工厂的那一刻就应当被计算为企业的在途库存；再比如，如果企业与供应商签订的是DDP交货条款，那么货物在到达买方工厂前，都还依旧属于供应商的存货而非企业的在途库存。

2. 库存天数或库存周转次数

该指标的具体算法本文不再赘述。这里主要阐明其建立的正确方法，如图7－11所示，企业应结合企业内外部情况制定企业库存周转天数或周转次数的目标值，并以此为标准进行月度检查和改进。值得提醒的是，对于制造型企业，特别需要关注在制品（WIP）周转次数。在制品是调节各个车间、工作地和各道工序之间的生产，组织各个生产环节之间平衡的一个重要杠杆。然而，它却最容易成为企业库存管理的死角。材料一旦发给生产制造部门就脱离了物料部门的控制，也就往往脱离了企业的库存指标体系。合理地控制在制品、半成品的储备量，做好保管工作，使它们不受损坏，可以保证产品质量，节约流动资金，缩短生产周期，减少和避免积压。

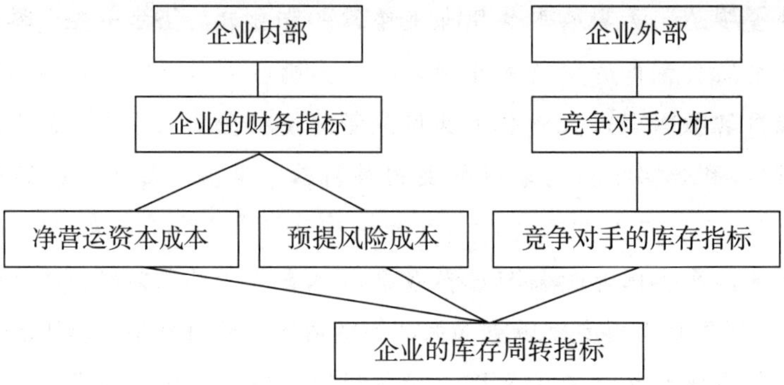

图7-11　企业库存周转指标的制定

3. 库龄/在库时间

企业应当对现有库存的存放时间进行梳理，按照库龄长短对原材料、在制品和成品库存进行区分，例如可以按照小于1个月、1~3个月、3~6个月、6~12个月，以此类推的方法对库存进行划分，并对库龄过长的物料定期分析评审，尽可能地降低超长库龄的存货。

4. 12个月的滚动趋势和库存目标图

这个图表用来监控库存的动态变化，一般保留过去6个月的库存指标（如周转次数、库存金额等），并预测未来6个月的库存变动趋势，分析并测量这些数据与目标值的差距，然后找出解决方案。

5. 库存精度

库存的“精度”是库存控制的基础，包含账实匹配、账账匹配两个方面。账实匹配是指系统与实物的数据相互匹配；账账匹配是指多个系统对于相同库存的数据描述一致。我们通常采用盘点来检验账实匹配度，通过对账来检验账账匹配度。这两个指标按照百分比来衡量。

五、有效优化库存

让我们先来看一下工业界在优化库存上使用的10个最佳实践方法（Best Practice）。

（1）定期检查。

（2）分析用量和提前期。

（3）减少安全库存量。

（4）使用ABC等物料归类方法。

（5）减少制造周期（Cycle Time）。

（6）通过VMI、看板、寄售等方式与供应商共同管理库存。

（7）重新评估订单数量，降低采购最小包装量。

（8）使用新的库存管理软件。

（9）提高价值物料的预测精度。

（10）分享采购计划给供应商，提高信息的透明度。

这些方法无疑都非常有效，限于篇幅，本书不再一一解读。在这里，笔者希望针对前文所述的多余库存产生的原因逐一进行分析，提出解决的对策。

1. 运作执行的问题

执行过程中要通过定期检查库存指标的健康度来挖掘执行过程中的漏洞，好的执行力要靠由上至下、职责明确、奖惩分明的企业文化来保证。本书对常见的导致多余库存的执行问题给出以下解决建议。

（1）ERP 数据精度：定期检查系统数据参数的准确性，包括报废率、提前期、安全库存、最小订单量等参数的设置，并把参数准确性作为责任单位的考核指标。

（2）库存/材料控制：尽可能减少在制品库存、长库龄库存；减少从码头/堆放地到仓库的时间；采用先进先出、ABC/RRS 原则控制材料；建立快速高效的不良材料处理流程；将多余的材料销售给供应商、第三方代理或者公开市场；减少在客户处存放的材料等。

（3）生产制造：按照客户需求的节拍来安排生产，停止过早地齐套备单；确保计划人员与生产人员的信息沟通顺畅；及时开立和关闭生产工单；减少产品的制造周期时间等。

（4）设计管理：采用标准化或模块化设计方案；评估设计变更所造成的全面影响；建立有效的产品生命周期管理机制，确保过季产品在最后一次促销中被消耗掉等。

2. 契约关系的问题

我们通常认为，契约关系的缔结取决于谈判双方利益的博弈，是零和游戏。然而良好的契约关系需要建立在双赢的基础之上，要能确保供应链的健康长效发展。契约关系也不仅仅指企业与企业的合同，还包括企业的诚信度、企业与合作伙伴关系的维护、企业的社会责任等。我们仅就常见的契约关系问题给出建议。

（1）供应商：制定最小订单量评估策略，对比价格优势与潜在的库存风险，尽可能减小最小订单量（MOQ）；减少采购变更订单的次数，如急单、增加订单以及删除订单的情况；改善供应商的质量和交货及时率；库存/服务目标应该随需求模式变化而定期地评估和更新；停止向供应商免费外发材料，而是尽量销售给他们；建立看板、VMI 等物料拉动系统；维护良好的供应关系等。

（2）客户：提高客户预付款水平；帮助客户提高预测精度；约定客户承担其发起的设计变更造成的呆滞物料；维护良好的客户关系等。

（3）第三方物流：加强对物流供应商的关键绩效管理；使用先进的仓储管理软件、运输管理软件提高企业对物流的控制力；约定损坏、丢失的赔偿方式等。

（4）数据透明度：使用有效的供应链 ERP 软件、加强供应链信息流的传递；检查各个工作节点的设置合理性；减少不增值活动在供应链中的比重；定期审核评估“全供应链库存”而非仅仅考察企业账上的库存等。

六、结论说明

库存优化不是一朝一夕的工作，企业应当为此建立长期的机制和文化，按照项目管理的方式定期评估报告库存优化的成效和问题，确保企业向更加精益的方向前进。一个好的方法是通过建立目标、检查自审、制定战术、计划实施、定期测量、分析评估、报告结果、建立新目标这八个关键的步骤来实施库存优化项目。

库存不是魔鬼，不应被妖魔化，合理的库存是制造企业赖以生存的根本。在库存优化过程中，我们应当尽可能地去发现并解决导致库存过高的深层次问题，建立一套完善的企业库存预警系统。通过库存优化来帮助企业优化全供应链的价值流程，而不仅仅是局部的流程。库存优化的实施需要的是勇气，是打破现状、告别安逸的勇气，我们有理由相信，一个敢于正视自己企业内部问题的团队，未来一定能在激烈的市场竞争中脱颖而出！

本章小结

第七章我们谈的是库存。为什么我们在第六章讲完计划后，紧接着讲的是库存？因为一个是“主因”，一个是“主果”，当然，这个因果之间还有很多其他因素，所以在前面加了一个“主”字。谈到库存，我们有很多认识误区，笔者归纳了 5 条。在这个基础上，与计划管理类似地，笔者也提出了搭建库存管理平台的建议。库存横跨了整个供应链，它以各种形态存在于供应链的各个角落。因此，搭建库存管理平台同样十分重要。库存平台怎么搭？笔者的建议是围绕库存的四大模块、两大核心来搭建一个中央库存控制平台。

（1）笔者把库存比喻成供应链的一面镜子。库存管理好的企业，手中拿着的是“照妖镜”，可以通过它暴露出企业供应链管理中的深层次问题；而反之，库存管理不好的企业，手中拿着的是个“哈哈镜”，大家看着都很开心，但看到的却是虚假的信息。

（2）通过库存，我们可以看见整条供应链。

（3）问题不在于库存的多或少，而是在于我们需要的时候它在哪里。

（4）上市公司有财务审核，但是财务审核在企业运营层面的深度是有限的，假如能够配合供应链的流程审核，特别是库存管理流程审核，将大大降低企业和投资人的风险。

（5）库存的问题本身是流程的问题，因此 ERP 解决不了流程所导致的库存问题，但是可以帮助我们提高库存管理的效率和准确性。

（6）库存周转率不是越高越好，它需要满足一定的前提。

（7）所谓的库存管理平台主要包括四大模块、两大核心、一个中央控制台。

（8）四大模块分别是：库存计划、物料管理、流程控制、财务管控。

（9）两大核心分别是“量值”与“精度”。其中，量值包括数量（Volume）、价值（Value）、速度（Velocity），笔者将其归纳为3V；精度包括可视化（Visibility）、准确性（Accuracy）、可追溯性（Traceability），笔者将其归纳为VAT。

（10）所有库存管理的活动都围绕着这两大核心展开，所有库存管理的运营指标也都可以被归类到“量值3V”或“精度VAT”的范畴之内。

（11）笔者建议有一定规模的企业应设立一个内部的中央控制平台（Central Inventory Control）。这个平台作为第三方，可以承担起跨部门的库存管控工作。

（12）我们做库存决策的时候，不要被各种各样的计算公式吓倒。事实上，不论选择哪种模型，计算的公式都是现成的。即便有些时候无法完全匹配，我们也能根据行业特性，在现成的公式上做一些变形和调整，这些都不会太难。最难的其实是库存决策，它主要包括：选用什么模型最合适；能够承担多大的库存风险（服务水平）；基础数据的准确性。

（13）所谓的循环库存是我们根据“采购/生产提前期”以及“平均日消耗量”两者相乘计算出来的库存值，是我们维持正常销售、生产运作过程中所需要的库存量；而安全库存是为了应对不确定性需求所准备的额外的库存量。

（14）所谓的拉式，通常是在供应链的某些分段上做到纯粹拉动。在段与段之间还是需要储备一定的安全库存以备不时之需。

（15）无论是哪个模型，都有两个前提：需要先建立需求预测；采购提前期是固定的。

（16）作为供应链架构师，对于VAT库存“精度”的控制，通常可以分为两个阶段、四种手段（流程测试、盘点、数据匹配、审核）进行控制。

第八章　采购是不是个技术活

——汇集资源　采购价值

采购，在很多人眼里是个谁都可以干的活，谈谈价格、下个订单、追追物料，没什么技术含量；采购，也是很多人眼中的肥差，供应商天天请客吃饭，礼物不断、回扣不断，脾气还特别大。笔者无意粉饰和隐瞒事实，因为这些评价并非空穴来风。

笔者离开技术岗位后的第一份工作就是采购，服务于某消费类电子产品品牌企业，负责结构部件的供应商资源管理。一次笔者奉命随团去苏州出差考核供应商，在供应商的企业里偶遇了另外一位来自竞争对手企业的采购人员。回想起来，对方也没有给我留下什么特别的印象，倒是供应商企业的销售经理的一席话让我至今记忆犹新。这位销售经理心直口快，在刚刚送走那位采购人员之后，骂骂咧咧地走进会议室。我们很奇怪，就问怎么了？他也不避讳，当着我们整个审核团队的人说："这家公司（指那位采购员服务的公司）竟然有这样没有素质的人员。考核供应商就一个采购人员过来，带着女朋友，吃住玩都是我们负责，末了，离开酒店时还把发票都拿走了。我们做销售的，请客户可以，但是没有发票搞不好还得自己掏腰包！"

采购，被很多人称之为"小舅子岗位"，不是没有道理的。老板不放心外人，于是请来了小舅子负责采购。然而，小舅子就一定让老板放心了吗？多年前，笔者合作过的一家 ODM 企业里曾发生过一件腐败大案，抓获的采购总监正是企业老板的直系亲属。

写到这里，笔者又要转回来为采购人员喊冤了。事实上，管理混乱的企业，并不只有采购员有机会贪腐，可能人人都有机会。设计师可以根据供应商要求"定制"一个部件，从而屏蔽其他供应商的竞争；质量工程师可以以品质不达标为借口，将货物退回原厂；财务人员可以以发票合同不符合要求，延迟供应商付款；就连仓管员，都可以以来料标签模糊等借口，将产品拒之门外。可以说，但凡一切与采购流程相关之部门和人员，都有机会"下手揩油"。而最后背负舆论黑锅的，搞不好还是"采购员"。

企业里的采购问题其实并非是采购员的个人素质问题，而是一个系统性的问题。当我们把视线投向全球领先企业的采购组织，会发现它们的采购管理流程规范、架构合理、队伍规整，采购管理早已从下单追料、价格谈判、反腐治贪这些比较初级的采购系统问题，上升到了比拼采购资源管理以及供应商关系管理等深度能力的层次之上。

我们或许听过这个故事：苹果在其第一代 iPhone 手机上因为使用了多点触控技术，掀起了手机行业的一场革命，正是这场革命成就了苹果今天的辉煌。但是谁曾知道，iPhone 触控屏的供应商 TPK（台湾宸鸿科技），其创始人江朝瑞怀揣着这一技术最先找到的是诺基亚，但却被这个当时世界上最领先的手机公司拒之门外。与此形成鲜明对比的是，当江朝瑞怯生生地拿着小学生用的透明彩色玻璃纸为苹果公司做演示时，还是一家电脑公司的后者当即要求他隔天就飞往美国洽谈合作事宜。采购管理中有一个专业词汇，叫 ESI（Early Supplier Involvement，早期供应商介入）。它是指供应商早期介入到产品的开发工作中，与企业共同进行产品的设计研发，从技术、生产、质量、价格、物流甚至售后服务等方面为设计团队提供建议。“早期供应商介入”的最高境界就是鼓励供应商为企业提供全新的技术及概念，使企业能捕捉到可能会掀起行业变革的哪怕是微乎其微的创新火种。毋庸置疑，苹果和诺基亚在应对当今快速变化的市场格局中，都曾经不止一次地喊出了“战略变革”的口号，甚至他们的供应商管理水平在业界都堪称楷模，也都熟悉并在运营中运用了 ESI 的技术。然而，仅仅体现在采购 ESI 技术的运用高度不同这一项上，就足以决定这两家公司截然不同的命运。

如今的采购管理，更多地被称之为供应管理，它是供应链管理不可或缺的组成部分。与前面两章所讲述的计划管理和库存管理类似，供应管理也是横跨多个部门的工作，因此，搭建统一的供应管理流程，架构合理的供应管理平台，同样是供应链架构师的必修课。

第一节 世界级采购与供应管理

我们先来做一道自测题。如图 8 - 1 所示，如果我们将采购与供应管理的发展分为四个层级，我们的企业目前处于哪个水平？虽然我们很不愿意承认，但是中国企业大部分都还处于原始级和交易级这两个层级上，更加关注交易价格这个单纯的指标；而处于主动级和世界级的采购与供应管理组织，更加关注的是利润这个指标。前者好比企业在和供应商一起切蛋糕，大家都害怕自己切少了，于是你争我抢，相互竞争，彼此不信任；而后者好比大家在一起做蛋糕，一起想着怎样把蛋糕做得更大，彼此密切配合、注重合作与共赢。

那么，如何与供应商一起把蛋糕做大呢？我们可以围绕成本、时间、质量、技术、服务、创新和柔性这七个方面下功夫，进而对销售和利润产生直接贡献，如图 8 - 2 所示。我们以柔性为例，看一个案例。

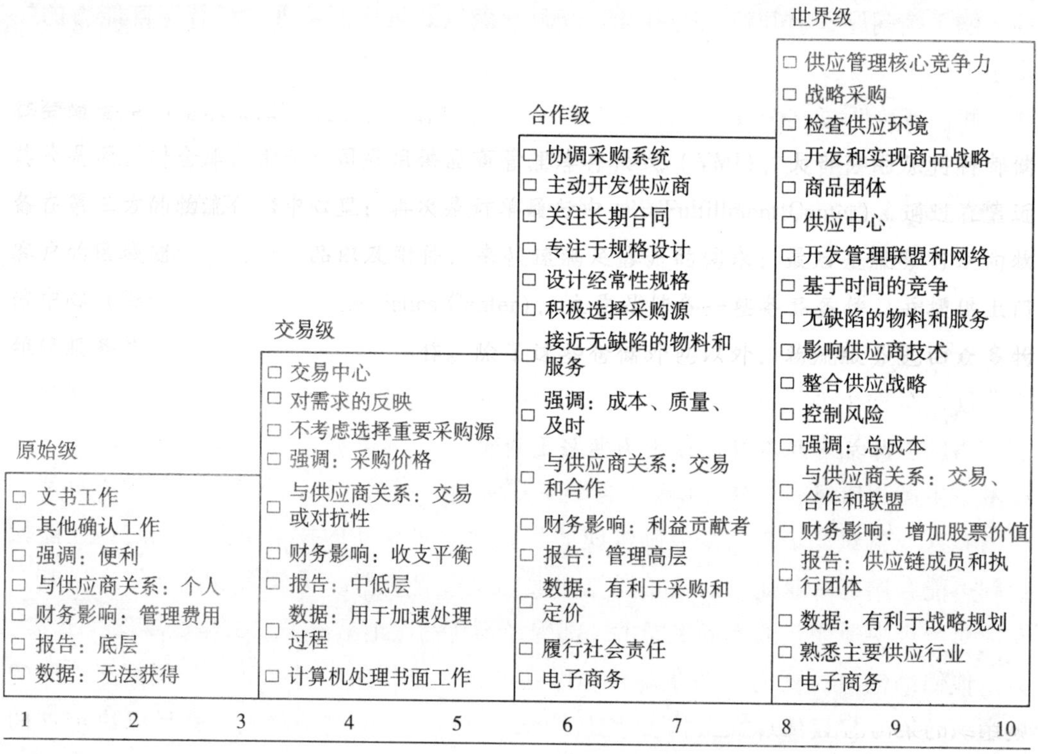

图8－1　世界级采购与供应管理的发展①

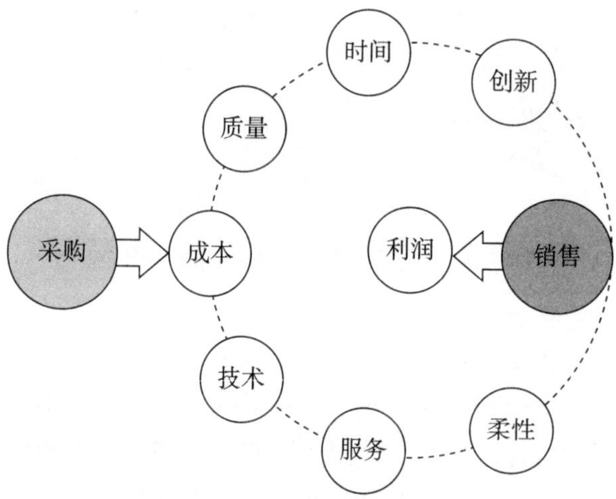

图8－2　采购对利润的贡献

案例8－1：爱信精机

丰田公司有家叫“爱信精机”的供应商，丰田汽车98%的刹车流量阀都是从这家

① 见《世界级供应管理》，大卫·伯特、唐纳德·多布勒著，北京：电子工业出版社，2003。

供应商采购的。这类阀门通常价格很便宜，只有大约折合人民币 50 元/个。然而，1997 年 2 月 1 日的一次意外的火灾使这家供应商被迫停产。虽然预计停产时间只有两周，但对于推行 JIT 及时制生产方式、每天产量约 1.5 万台汽车的丰田工厂简直就是灭顶之灾。然而，奇迹就在这个时候发生了。在丰田公司的号召下，超过 200 家的丰田供应商竟然相互协调、密切配合，仅仅用了不到一周的时间就帮助丰田制造出了合格且足够的刹车流量阀。有趣的是，这 200 多家供应商之前根本不生产此类零部件。正是因为丰田一直倡导的与供应商联盟合作的关系，形成了这种“一方有难，八方支援”的互助文化，使得丰田的供应链在独家供应商的情况下还能保持较高的柔性和快速响应能力。

相比传统的采购，笔者更喜欢用“价值采购”来描述采购与供应管理的成熟度，它的衡量标准是采购部门为公司所带来的“价值增值”的多少。除了推动典型的成本下降，还有促进品质改善、服务提升、交货准时、技术进步、创新创意以及柔性提高。这些已经远远超越了传统采购部门所承担的工作职责，对采购人员的工作技能，对采购组织的架构都提出了更高的要求。

如图 8－3 所示，根据笔者的观察，随着企业采购与供应管理水平的发展与提升，采购组织的架构也在不断地进行专业化的扩展与细化。从原始级只有采购岗位发展到交易级的时候，出现了寻源岗位，专门负责供应商的寻找、选择、评估、品类规划等工作；进一步发展到合作级时，又细化出了负责供应商质量管理工作的 SQE 岗位、负责长期品类战略管理的岗位、负责中短期物资供应管理的岗位；达到世界级的时候，又增加了负责跨区域物料调度与协调的岗位，负责采购价格策略与跟踪的岗位，以及专门负责间接物料采购的岗位或部门。当然，这里每个岗位出现的先后并不是绝对的，不同的企业可能会有所不同甚至会细分出更多专业化的岗位，它们的名称也大同小异。尽管如此，采购岗位的不断分化与细化，是采购工作朝着专业化发展的必然趋势：专业的人做专业的事！

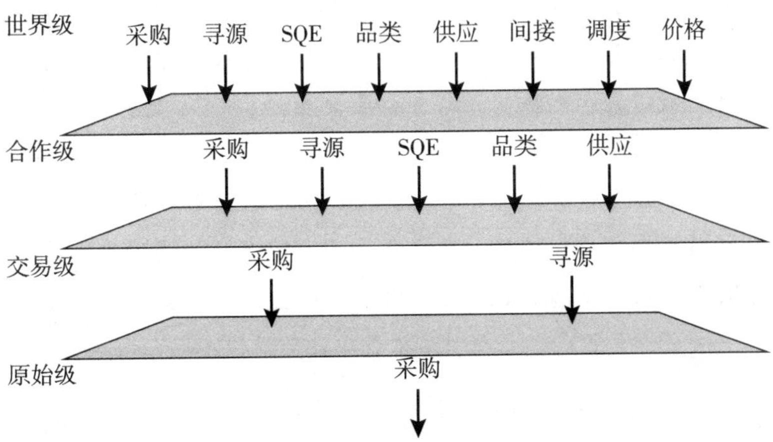

图 8－3　采购组织架构的发展

并不是所有的企业都需要配备如此齐全的采购组织。组织架构的发展要与组织的发展阶段相互匹配，任何超越或滞后于企业发展的组织架构都很有可能给企业带来负面影响。简单的组织架构可以为企业带来较高的执行效率，却很有可能因为不够专业而丧失机会；同样，专业化的组织架构虽然可以为组织发现与挖掘更大的价值，却很有可能因为分工过细而变得行动迟缓。因此，企业需要在效率和专业化两者之间做好权衡。

很多企业虽然已经意识到采购的组织架构中的种种问题与弊端，但是推动采购组织的变革往往异常困难和艰辛，变革的企业往往需要有“舍生取义”的勇气。我们来看一个案例。

案例8－2：采购组织的变革之惑

A公司是国内消费类电子行业的领先企业。年采购额从几千万元发展到几亿元的规模，A公司采购部门的人员虽然有所增加，但组织架构依旧是沿袭传统按品类进行划分，即采购员各自负责不同的品类，寻源、合同、订单、入库、质量跟踪、付款等一条龙全程负责。采购员们每日都在与生产计划部门、质量部门、财务部门“鏖战”，疲于应付，苦不堪言，根本无法抽出时间进行供应商的分级分类管理，更谈不上对供应策略进行系统性的规划。事实上，企业内部很早就有声音提出要将“采”与“购”进行分离，即设立战略采购团队，对供应策略进行系统规划，并强化供应商的关系管理。然而，这个决策却遭到了采购部门现有人员的极力反对。他们大多数人从企业设立之初就加入了企业，由于当时企业的整体待遇差、工作压力大，采购人员都从中专院校招募而来，学历不高，但都特别吃苦耐劳，能与企业共患难。随着企业的发展，他们虽然也一步步在成长，但是整体而言，还是无法满足战略采购人员的岗位要求。对他们而言，伴随着权力被分散、话语权的下降，他们非常担心将来沦落为仅仅负责催料、付款等日常事务的“跟单员”。因此，采购部的老员工们不断在企业上下活动，希望能阻止这次变革。与此同时，企业的部分高管也对采购组织架构的变革与否有着不同的看法。成立战略采购团队，意味着企业需要招募一批专业人员，势必带来采购部门人员成本的急剧增加。同时，由于战略采购团队全面负责供应商的导入、谈判、合同制定等事宜，必然会造成采购部“一头重、一头轻”的局面：一方面，负责战略采购的团队权力过于重，责任较轻；而负责采购日常事务的团队权力较轻，但承担的责任却较重。这种局面，不仅会造成企业内部纠纷多、抱怨多，还会造成权利与义务不对等的局面。讨论来讨论去，企业对这次变革还是迟疑不定，无从下手。

这样的例子并非个案，很多时候，企业明明知道某个方向是正确的，却缺乏变革的勇气和魄力，这种变革考验的是企业家的战略眼光和胆识。在国内，有几类企业是勇于做出这样的变革的。第一类是外资企业，采购与供应管理的理论体系最早是由西方企业所发展起来的，因此外资企业先天就能理解采购的组织架构与采购发展水平之间的关系，他们往往在进入中国市场前就已经熟悉并采用了较为完善的采购组织架构，并乐于培养和发展专业的采购与供应管理人员。第二类是国内领先的民营企业，以华为、阿里巴巴为代表的企业，是中国较早且主动向国际学习的民营企业。在它们所处的行业里，国际竞争往往是白热化的、惨烈的，来不得半点马虎，必须得扎扎实实地把供应链做好做强。第三类是大型国有企业，尤其是资源型的企业，这类企业因为坐拥资源、资金富足，为了与国际接轨，他们往往较早地、非常主动地向先进企业学习管理，并且也敢于尝试。但很多资源型的国企在学习的过程中往往形似而神不似，好比“东施效颦”，组织架构虽然调整了，但是内部的管理方式和思路还是沿袭老的方式，最后成了“四不像”。判断是否是“四不像”，我们只需要观察一下采购组织的具体工作内容。

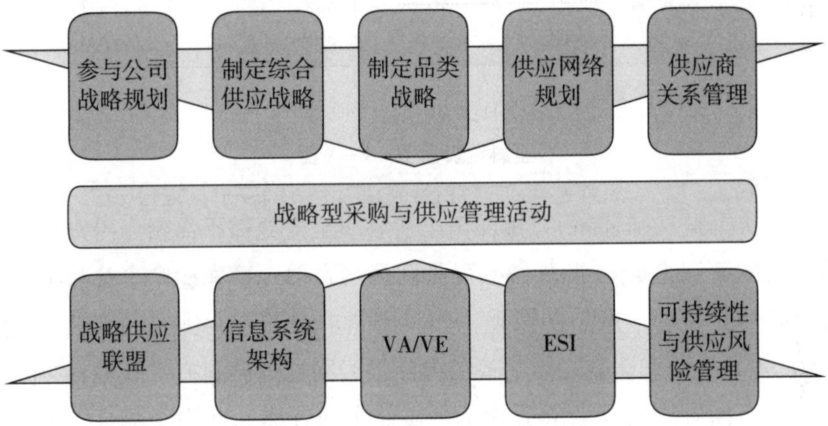

图 8－4　战略型采购与供应管理活动

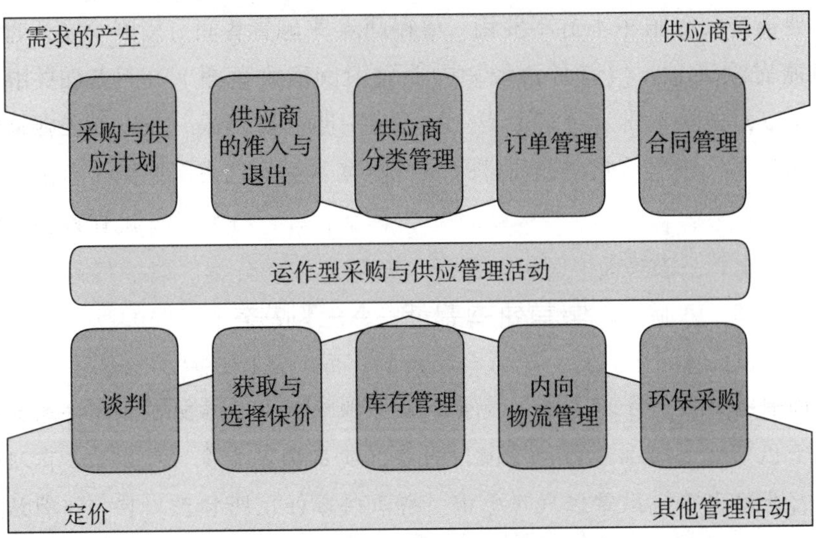

图 8－5　运作型采购与供应管理活动

我们可以将世界级采购组织的工作内容分为两大块：战略型采购与供应管理活动、运作型采购与供应管理活动，它们各自所包含的具体内容如图 8 -4 及 8 -5 所示。企业在战略型活动上所投入的精力越多，采购与供应管理对企业的“价值增值”的比重也就越大；相反，大部分的企业在运作型活动中投入了 90% 以上的精力，它们对供应链的“价值增值”就十分有限，只能做一些辅助其他部门的所谓“后勤”工作。通常来说，世界级采购组织中，战略型工作活动所占的比重至少应在 60% 以上，而从事战略型采购与供应管理人员在公司内部的级别也相当高。例如，在世界 500 强里，一位核心物料的战略采购负责人可以匹配到采购总监的级别。为了能够对供应市场进行详尽的分析，这类人员往往是从公司的技术部门里挑选出既懂产品又具备市场眼光的专业人士，为了能吸引住这样的人才，他们的待遇和薪资往往不菲。近年来，越来越多的从事采购供应管理的高管成了企业的 CEO，如通用汽车的现任 CEO Mary Barra 之前便是通用汽车的全球采购及供应链执行副总裁，还有从一线采购员做到沃尔玛现任 CEO 的 Doug McMillon。这从一个侧面反映了采购与供应管理人士在企业里所发挥的价值越来越多地得到了关注和体现。

第二节　如何写一份合格的“品类策略报告”

在给采购管理人员做培训的时候，我通常会做一个小调查：有多少从事采购工作的人士曾经撰写过“品类采购策略报告”？回答“是”的比例往往较少。在这些回答“是”的人员中，我紧接着会问：您所撰写的“品类策略报告”最后得到落实了吗？所剩之人寥寥无几。

笔者认为，是否有能力完成一份合格的“品类采购策略报告”是区分“价值型采购者”与“事务型采购者”的一项重要判断标准；是区分“有思想的专业采购人士”与“普通跟单员”的重要依据。如果我们想成为一名真正意义上的采购专家，首先要弄清楚什么是品类管理，什么是品类采购策略，还要懂得如何撰写和实施品类采购策略。

品类管理是采购与供应管理的核心，是采购工作的源头，而源头的源头便是品类采购策略的制定。采购管理中所指的品类，即零部件的分类。以手机为例，手机的液晶屏模组、按键、电池、柔性电路板等都可以称之为一个个不同的品类。无论是年销售几十万台手机，还是上百万、千万台手机的厂商，都应该针对这些不同的品类制定不同的采购管理策略。笔者认为，一份合格的品类采购策略报告应当至少包含以下 8 项内容：

（1）品类类别界定；

（2）该品类采购现状及问题分析；

（3）该品类的技术分析；

（4）该品类的供应市场分析；

（5）该品类采购力量分析；

（6）该品类的供应定位；

（7）该品类策略及任务分解；

（8）该品类小组的组织架构与工作方式。

1. 品类类别界定

为了不至于产生混淆，品类的分类应基于两个标准，首先是行业标准，其次是公司内部长期形成的分类标准。举例来说，我们可以把某个零件按照它的功能来分类，也可以按照它的材料属性来分类，如：电视机外壳是一个功能件，我们可以认为它本身就是一个品类，但也可以按照它的材质分类到塑料件的品类里。不同的分类会使得我们后续的品类策略分析产生不同的结果。当不同的分类方法发生冲突的时候，笔者建议尽可能按照行业标准进行分类。

2. 该品类采购现状及问题分析

该部分主要利用数据、事实、案例，分析目前公司该品类采购的现状和存在的问题，内容应包括：历年采购金额历史数据；供应商采购金额分布情况；采购绩效数据（从 QCDS 四个方面来展示）；当前面临的主要问题阐述等。必要的时候，需提供翔实的数据和案例作为佐证。

3. 该品类的技术分析

该部分主要从技术角度分析品类的特点，内容主要包括：加工生产难易程度、加工工艺流程特点；质量的稳定性、质量问题集中体现在哪里；标准化的可行性分析；未来的技术趋势（新技术、新材料、替代品）；产品成本分析，从 VA/VE 角度分析成本改善空间；其他技术相关内容。由于品类采购策略报告的读者大部分是企业的中高层管理者，他们对产品技术细节的了解未必深入，因此该部分内容的阐述应尽可能做到通俗易懂。必要时需配图、配数据进行阐述。

4. 该品类的供应市场分析

该部分主要从供应市场的角度分析品类的特点，内容主要包括：供应市场的成熟度（供应商数量、集中程度等）；现有和潜在的供应商清单（最优、好、中、差、淘汰）；各供应商的情况介绍（市场份额、主要客户份额、地理位置、管理水平、技术水平、配合意愿等）；供应商历史绩效数据、市场口碑等。在评价供应商绩效时，我们可以借鉴 ITC（国际贸易中心）采购专业认证的供应商绩效方程式，即绩效 = 能力 × 积极性。

除此以外，我们还可以用表 8 - 1 来评估供应方整体力量。

表8－1　供应方力量评估

影响因素	分数 （1＝低供应力量；5＝高供应力量）	解释
供应商数量（越少分值越高）		
供应市场的集中程度（越集中分值越高）		
供应市场合并和整合的趋势		
新供应商进入该市场的难度		
供应商替代的难度		
被新产品新技术替代的难度		
产品的可获得性		
总分（平均值）		

5. 该品类采购力量分析

该部分主要从采购的角度分析采购方的力量大小，也就是企业作为采购方的话语权和影响力的大小，内容主要包括：该品类上的历年采购金额历史数据；该品类上的未来几年的采购金额预测；企业的采购金额占供应商营业额的百分比；该品类目前采购的分散、集中程度（数据）等。

我们可以用表8－2来评估采购方整体的力量。

表8－2　采购方力量评估

影响因素	分数 （1＝低采购力量；5＝高采购力量）	解释
采购金额在整个市场上的份额		
采购量的变化趋势（减少、稳定、增长）		
提供给供应商的发展机会（如辅导、改善）		
对供应商的吸引力（品牌、价值、形象）		
被其他客户替代的难度		
供应商对客户的满意度评价		
总分（平均值）		

6. 该品类的供应定位

这里我们就不得不提到一个采购品类策略规划的重要工具——Kraljic 矩阵模型。

该模型以其创始人 Peter Kraljic 的名字命名，被广泛运用于采购品类的分析管理中。如图 8-6 所示，我们将"支出水平（采购方力量）"作为横坐标，将"供应机会与风险（供应方力量）"作为纵坐标，由此可以划分出四个矩阵，分别是：战略类、瓶颈类、杠杆类、日常类。

所谓战略类项目，是指对买方的产品或流程至关重要的采购项目。这类采购项目的数量很大，通常只有一个或少数几个可利用的供应源。这类产品在最终产品的成本中占有很大份额，并且不能在短期内加以改变，以避免重大损失，例如电脑的 CPU、汽车的发动机、电视的液晶屏等。这类产品的采购方式最好采用基于战略合作伙伴类的采购模式。

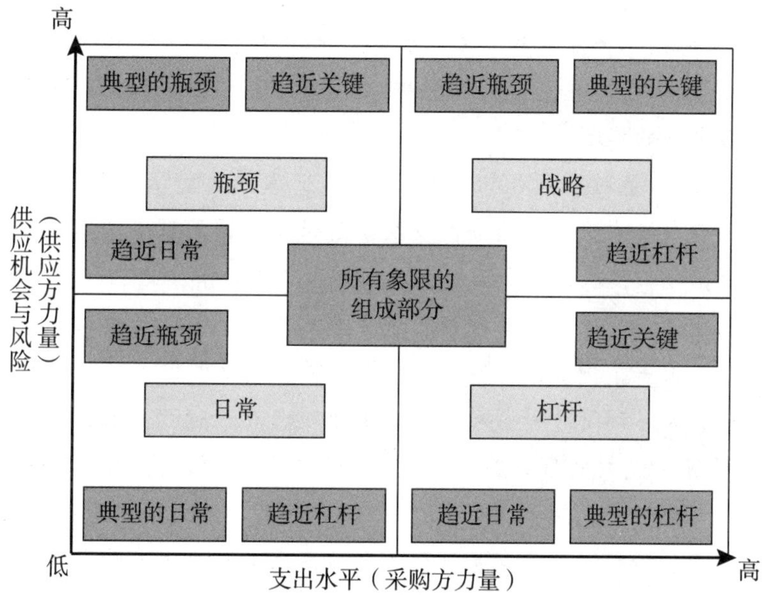

图 8-6　品类供应定位矩阵模型

所谓瓶颈类项目，这类物品在金额上只占相对有限的一部分，但是在供应上却极为脆弱。通常它们只能从一个供应商那里获得，例如纺织工业中的特殊原料，机械工业中的特殊金属材料。通常供应商在合同关系中处于支配地位，由此导致高昂的价格、较长的交货时间和劣质的服务。采购方一方面应尽可能寻找替代品或寻找替代的供应商，另一方面要努力维持好与现有供应商之间的合作关系，努力做一个"好客户"。

所谓杠杆类项目，是指可选供应商较多、能够为买方带来较高利润的采购项目。通常这类物品可以按标准的规格和质量等级从不同的供应商那里购得。它们在最终产品的成本构成中占有相对较大的份额，价格的微小变化对最终产品的成本造成相对较强的影响。具体的例子如塑料米、钢材、水泥等。这种情况下，采购方有选择供应商的自由。供应商数量众多，而且转换成本较低。

所谓日常类项目或非关键项目，是指供给丰富、采购容易、财务影响较低的采购项目。从采购的观点看，这些产品很少造成技术或商业问题。这类产品的价值通常较低，并存在大量可供选择的供应商，例如清洁材料、办公用品、维护用品和紧固件等。这类产品的采购问题在于处理它们的费用通常高于其本身的价格。

如上所述，不同的归类，所对应的供应策略有所不同。

案例8-3：泰国洪水背后的硬盘之争

2011年年底，泰国经历了60年一遇的大洪灾，在举国哀号、民众无家可归的背后，国际IT产业也在上演着一场“水漫金山”的大戏。泰国是全球第二大硬盘生产地，包括西部数据、希捷、东芝和日立在内的几乎所有全球硬盘生产商都把泰国作为其主要组装或零部件的产地。

从7月到11月，受到洪水的持续影响，硬盘业界巨头西部数据不得不暂时关停工厂、停止生产硬盘，日立旗下存储部门以及东芝位于泰国的硬盘工厂也被迫关闭，希捷和三星虽然生产重心没有设在泰国，但是相关零配件的供应链也遭受了严重的打击，因此也关停了旗下的工厂。伴随着硬盘产量的急剧下降，国际硬盘价格像坐火箭一样嗖嗖地向上涨，一天一个价格根本不是什么稀罕事。让国际IT厂商最为痛苦的还不仅仅是价格向上涨，拿不到货才是最要命的。由于硬盘属于通用产品，市场上通常都有现货，所以国际IT厂商的硬盘储备量通常不会超过两周。但是，这一次洪水来势汹汹，停产的硬盘厂家预计恢复供应的时间至少是在6周以上。国际IT厂商再也坐不住了，为了能够抢到硬盘，纷纷使出了浑身解数。有的甚至不惜派出采购人员“深入洪水一线”，坐镇硬盘厂商，大有“舍生取义”之势。

这个时候，与供应商维持着良好合作关系的IT厂商就显示出了极强的优势。当别的厂商哪怕是出高价也拿不到货，急得像热锅上的蚂蚁的时候，这些公司却能够保持较为稳定的货源，并与供应商携手一起制订方案，共同解决洪水所造成的危机。而这样的关系并不是一蹴而就的，事实上，在采购与供应的顶层战略设计中，这些厂家所采取的不同策略导致了不同结果的产生。在IT产品制造业中，通常会将零部件分成两个大类。一个是战略物资类，即采购金额大、影响大的重点物料，需要与供应商达成战略联盟；一个是市场类物料，即我们通常所说的杠杆型物料，这类物料市场供应充足，竞争激烈，因此厂商对供应商的态度更多的是压榨，尽可能以最低的成本达成这类物资的采购。那些将硬盘归类为战略类物资的IT厂商无疑是这场危机中的胜出者，而那些当初将硬盘归类为杠杆类物资的厂商由于与供应商之间未建立起联盟合作关系而在此次危机中尽显被动。

7. 该品类策略及任务分解

根据定位，阐述品类未来的管理策略，并将策略分解为任务，内容包括：在该品类上的管理策略建议；根据该策略，结合第一部分的问题分析，提出分解任务、行动计划时间、负责人、达成的目标等。可参考表 8－3，填写表格的时候，需要注意供应目标、品类策略、行动计划的关联性和一致性。

表 8－3　　品类实施策略及任务分解表

××品类实施策略及任务分解——杠杆型				
品类供应目标	品类策略	具体行动计划	负责人	进度
如：价格降低 10%	VA/VE 标准化			
	引进新供应商			
如：交期达成 95%	缩短供货期			
如：服务响应时间缩短×小时				

8. 该品类小组的组织架构与工作方式

之所以称之为品类小组，是因为品类策略的制定和实施必须是跨部门的共同智慧的结晶。品类小组可以由采购品类经理牵头，会同品质、技术等部门共同组建，并向供应链管理的高层直接汇报。跨部门的好处是听取来自不同部门的意见和建议，同时也利于品类策略的制定和实施。

总体来说，一份合格的品略采购策略报告应该能够回答以下问题。

（1）市场上有多少合适的供应商？

（2）我们要寻找什么类型的供应商？

（3）要建立什么类型的供应商关系？

（4）要采用什么类型的合作合同？

（5）要采用什么样的合作策略？

（6）需要哪些部门、什么级别的人员参与关系维护？

第三节　采购成本管理——不仅仅是降价

如我们所知，采购管理有四个主要的绩效指标——QCDS。Q——quality（质量）；C——cost（成本）；D——delivery（交期）；S——service（服务）。而成本是其中最容易被混淆的概念，因为不同的部门和人对于成本都有着不同的理解。采购人员认为成本即“采购价格”，财务人员认为成本是“机会成本”或“融资成本”，生产管理人员认为成本是“浪费”或“损耗”，而质量人员认为成本是“不良”或“退货”，可见每一个部门都有自己对成本的独特理解。那么谁是对的呢？

事实上，把“成本管理”简单地与“降价”画上等号恐怕是我们最常见的错误了，这体现在企业给采购部所定的绩效指标之中，不少企业选择的唯一成本指标即“年度降价”。原因很简单，因为客户每年都会给企业一个同样的“年降”指标，这样一级一级地传递下去，采购部也就当仁不让地成了这项指标的负责人了。

那么，年度降价重不重要呢？重要！但是采购人员的成本管理工作不应仅仅是获取“年降”那么简单。注意，这里所用的词汇是“简单”。因为说到这里，很多人可能会误以为笔者要回避“降价”这个大家都认为很难达成的指标，而大谈特谈那些虚无缥缈的所谓“成本管理”的概念。笔者认为，单纯谈“降价”是十分片面的，因为这是一个可操作的指标。我们来看一个有趣的案例。

案例8－4：我该怎么完成降价指标

郭樊是采购部的新员工，今年刚从名牌大学硕士毕业，做事认真、为人踏实，工作中遇到不懂的问题也总是会积极主动地向前辈们请教，深得领导和同事的喜欢，特别是郭樊的师傅老张，对小郭关怀备至。老张是一位有着二十多年工作经验的老采购，虽说老张平日里话不多，但是却特别喜欢郭樊这孩子，觉得这孩子资质高、谦虚懂事，所以也特别愿意把自己这么些年来总结的经验手把手、毫无保留地教给郭樊。郭樊也很尊敬自己的师傅，每天师傅长、师傅短的，小嘴特甜，有什么好吃好喝的也不忘带来孝敬师傅。然而，最近的一件事情却让郭樊陷入了两难的境地。

这事还得从公司的绩效考核说起。公司对每位采购员都有绩效考核指标，郭樊也不例外。按要求，他所负责的铸造件每年都需要达成10%的降价。郭樊刚来采购部，对10%的降价指标是高还是低没有什么特别的感觉，于是试着给几个供应商打电话尝试了一下，没想到却碰了一鼻子灰。供应商的业务代表大多是老江湖，表面上都拍着胸脯表示，虽然小郭你刚来，但是我们一定会鼎力支持，不过这几年每年都10%的降价，真的是吃不消。不仅如此，你们的付款条件，前些年还是60天TT，后来改成180天，我们也支持了，最近据说还要改成商业承兑汇票，还得我们自己来贴息。真是没法活下去了！老板劝我们放弃你们公司的生意，但是老张这些年对我们也不错，所以我们也就硬撑着。小郭你是硕士生，应该懂得这个道理，如今做生意讲的是双赢，回去好好向老张学习学习。还有，多劝劝你们领导，千万别往死里逼！

被泼了盆凉水后，郭樊本想马上找师傅请教，但是又担心师傅怪自己没有先主动思考就贸然行事，于是找了一些采购专业书籍来看。这一看不要紧，书本上竟然很少有谈怎么达成降价的，反而一再强调要维护好供应商关系，把工作重心放在成本管理而不是降价上。郭樊心里很矛盾，既然书本上都这么说了，为什么公司的绩效指标里只有这个降价的指标？好吧，看来只有找师傅帮忙了！

郭樊把自己的遭遇前前后后向师傅老张描述了一遍，没想到老张笑到差点从椅子上摔下来。老张拍拍郭樊的肩膀说，晚上到家里来吃饭，我细说给你听。郭樊心想，这八成是要教绝招的节奏吧，和孙猴子学艺的情形竟有几分相似。

傍晚，郭樊买了瓶好酒就上师傅家去了，师娘弄了几道好菜，酒过三巡，老张慢慢打开了话匣。“小郭，不是公司领导不知道这10%是个不靠谱的指标，但是每年客户给的15%的产品降价硬指标谁又能改变？这个行业就是这样，也是我们做采购的命，都得认！小郭，有些话在公司里不好说，既然你叫我一声师傅，我今天就把一些不该说的话、不该教的活都一股脑说给你听，只是出了这门，这些话就当师傅从来没有说过。其实，要达成这10%的指标，我教你三招，保证你过关。”小郭眨巴眨巴眼睛，期待着师傅精彩的分享。

“招式一：保留水分慢慢挤。你在向供应商询价的时候，不要特别卖力地压价，给自己保留至少三年每年10%的降价空间，供应商有钱赚，你的任务也能完成，何乐而不为？

“招式二：标准价高定。所谓降价，通常是基于某个标准价格而言的。这个标准价格的确定，就有很多可以玩的花样。例如可以选取几个供应商中价格最高的那个作为标准价，也可以选择一年中价格最高的那个点作为标准价。这样一来，完成任务就容易多了。

“招式三：分摊成本、暗度陈仓。你的那些铸造件，不是有模具费吗？把这些一次性开发成本都以成本分摊的形式算到采购单价里，等达到分摊数量后，采购价格就会有一次较大幅度的下调，别说10%，就是50%都有可能。这样神不知鬼不觉的暗度陈仓，是完成年降指标的法宝之一。对公司而言，不要另外单独出一笔模具费，领导也开心。”

“小郭，我们说双赢，就是不要仅仅只考虑压价，要知道留有余地，要和供应商达成默契，大家相互支持，很多事情自然而然就都能解决了！”老张说完哈哈一笑，“来，三招教完，喝酒喝酒！”郭樊此时不知道该笑还是该哭，他也终于明白了供应商所说的“双赢”是什么意思了。虽然涉世不深，但他还是隐隐觉得有些事情没有那么简单。想到这里，他忽然觉得胃里翻江倒海般的难受……

那么，什么是成本管理？最全面的描述应该是总拥有成本（Total Cost of Ownership，TCO）的概念，即产品在其整个生命周期过程中所产生的成本，包括从产品采购到后期使用、维护的总成本。为了帮助大家更好地掌握成本管理的方法，我们将成本管理分成以下三个部分逐一递进地进行剖析讨论。

1. 价格分析

价格分析是成本管理的“浅层”分析阶段。它不需要建立成本模型，不需要进行价格审核，价格分析以其简便高效而为采购人员所广泛使用。大多数情况下，价格分析往往无法让我们确定供应商的报价是否合理，因此，如需要进一步进行价格合理性分析，就需要结合成本分析的方法一同使用。价格分析主要采用的方法是“比价”，通常包括以下一些方法。

（1）历史价格比对。我们通常所说的“降价”，都是基于历史价格比对而言的。通过案例 8 -4，我们认识到，价格比对的前提是建立公平合理的价格基准，企业通常设定的价格基准即我们常说的“标准价格”。为了避免案例中所出现的“标准价格高定”的情况，我们可以依据历史成交订单的采购价格和采购数量，采用“移动平均法”“加权移动平均法”来计算标准价格。这两种计算方法的好处是，综合考虑了过去一段时间内的价格，而不是采用一个时间节点上的价格作为标准价格。

虽然如此，我们还应当注意到一点，即现存的历史价格并不一定就是有效的价格，因此，在设定标准价格的时候，还需要考虑以下一些问题：历史价格是在什么条件下建立的，是否公平合理？市场环境、技术条件等是否已经发生改变？过往是否只有一家合格的供应商在合作？历史价格是否是基于一定的采购数量、采购质量确定的？历史价格是否包含模具摊销、工程费用、样品费用（避免出现案例 8 -4 中的“暗度陈仓”的问题）？

大部分的企业在采购价格的管理上是混乱且缺乏有效记录的。在 ERP 系统里所记录的采购单价只是一个死的数据，它的背后实际上包含着丰富的内容，这些内容有的记录在了报价单上，有的体现在合同里，有的可能仅仅存在于某个采购员的工作笔记或者大脑里，这些没有被有效记录的历史数据，会随着文档的销毁、采购员的离职等消失殆尽，对企业的采购价格管理起不到任何的帮助。因此，采购历史价格的数据管理，往往就能体现出一家企业采购管理的系统化水平。

（2）竞标。招标是大家都很熟悉的竞价方式，因其流程透明、程序标准，被广泛使用在政府和企业的大宗采购项目中。然而，任何事物都有两面性，尽管招标有如此之多的好处，在实际的采购工作中，我们同样会发现它也存在着许多问题：不招标还好，越招标价格越贵；供应商低价中标、以次充好、恶性竞标；围标、绑标、串标时有发生，还容易滋生腐败；手续繁杂，时间过长，并且牵扯人员多，管理成本高；何况有时候，供应商还不太愿意参与招标……

因此，竞标并非是一剂万能的汤药。政府采购因其对过程的公正公平性的要求，往往需要大量地使用招标作为其竞价方式。然而，对于企业来说，滥用招标很有可能会造成许多负面影响。曾经有一位资深采购人说过：“企业招标有时候变成了一项政治任务，不得已而为之！”这是许多采购人员想说却又不敢说的话。

那么，企业里什么类型的采购项目才适合招标呢？通常市场竞争激烈，有较为广泛的供应商资源，采购项目具有足够吸引力时，可以采用公开招标的方式；对于市场竞争有限，但是依旧有几家供应商有意愿参与竞争的情况下，可以采用邀请招标的方式。我们说的“杠杆型”采购品类就非常值得考虑采用招标方式来降低成本。

虽然有标准的参考流程，但是组织一次成功的招标还是非常不容易的。作为采购方，我们至少需要在以下几个方面把好关：招标文件的制作；公告发布的渠道；评标方法的确定；专家团队的选择；项目验收的标准等。关于竞标，市场上有许多专业的书籍和培训，建议读者可以根据需要进行拓展，这里不再赘述。

（3）互联网/电子目录采购。随着电子商务的普及，传统的目录采购已经逐渐被互联网/电子目录采购所取代。电商采购平台最大的特点是服务流程清晰、价格透明、执行效率高，因此越来越多地被企业所采用。但是，电子目录采购也有一定的局限性，事实上该方法比较适用于品种繁杂、品牌确定、标准化产品的采购，特别是我们在前文中所述的“日常型”品类的采购。

电子商务在为采购方带来便利和高效的同时，也带来了一些风险。互联网上曾有个笑话：“你不知道坐在那头跟你聊天的是不是一条狗”。这个比喻虽未必恰当，却提醒我们在实际采购操作中，对于电子目录供应商的准入依旧需要甄别筛选，依旧需要定期的绩效评估。

（4）反向拍卖。所谓反向拍卖，即由采购方提供希望得到的产品信息、需要服务的要求和可以承受的价格定位，由卖家之间以竞争方式决定最终产品提供商和服务供应商，从而使采购方以最优的性能价格比实现购买。随着技术的发展，反向拍卖通常采用电子投标的方式，供应商可以在线观察各方的动态报价，从而提高了竞价的合理性，减少所谓的“赢家诅咒”的风险。电子反向拍卖自 2000 年以来逐渐在欧美开始流行，由于它把反向竞价过程放到网上执行，可以充分发挥互联网的优势，同传统的谈判方式相比，这种做法能给采购方平均节省 11% ~12% 的成本。在这方面，通用电气公司称得上是佼佼者：2000 年，它组织了 1 万多次反向竞价，省下了大约 10 亿美元。

实施成功的反向拍卖也需要满足一定的前提，首先是需求明确，尤其是通过互联网实施的反向拍卖，买卖双方往往无法见面沟通，一份明确的需求说明书将大大降低买卖双方沟通的成本；其次是需要有足够的竞争，因此反向拍卖往往适合“供大于求”的大采购金额产品，由此产生足够的利润来吸引众多的供应商参与。

（5）价格对标分析。所谓对标（Benchmarking），需要对现行市场价格进行判断，企业通常会邀请外部顾问、同行或内部专家参与对标分析。对标分析往往取决于专家的经验和知识，可能需要花费大量的时间或顾问费用。由于其不是基于成本模型的分析，还容易受到顾问专家主观因素的影响。

案例8-5：宜家——中国代工还能更省吗[①]

宜家帝国在全球27个市场拥有315家商场，年销售额287亿欧元。其创始人英格瓦·坎普拉德是全球顶级富豪之一。如同宜家的采购风格一样，英格瓦的节省早就出了名。他家里没有一件奢侈品家具，全是老旧的宜家货；他没有私人飞机，出行都选经济舱。2014年他88岁高龄之时，从瑞典到中国的长途飞行坐的还是经济舱；一位宜家中国高管层在多年前陪英格瓦逛过北京的雅秀服装市场，英格瓦会为20元人民币和商贩砍价超过半小时。

这种习惯折射到公司经营上，则是宜家永远挂在嘴边的成本控制。作为宜家在中国的战略合作供应商，江阴南泰家纺用品有限公司是可以被宜家拿来当作榜样的供应商。其董事长陈利民更是深谙与宜家的合作之道。南泰家纺在江苏有四家工厂，生产的浴帘占宜家全球采购的80%，沙发套则占到35%。按销售额算，它是宜家大中华区300多家供应商里的前3名，即使在全球1002家供应商中，也能排进前50名。陈利民每年都会收到宜家的降价KPI的指标，2015年双方共同讨论定下的目标是3.5%。尽管和宜家合作了18年，这依然是最让陈利民头疼的一件事情。

要知道宜家对供应商的要求不只是每年降价，后者还必须遵守商业道德，比如最低工资、减少环境污染、合理的工作时间和工伤保险。既要控制成本，又要保证员工福利，还要能够保持一定的盈利水平，任何经营者都很难在两者间找到完美的平衡，曾经就有中国供应商在这些要求下不堪重负。2012年，一些供应商联手宣布停止给宜家供货，理由是宜家的压价让它们再无利润空间。其中12家代工厂联合创立了“嘉宜美”家居品牌，标榜自己曾为宜家做过代工，再以低于宜家的价格售卖类似的产品。这些主动与宜家决裂的供应商的抱怨不无道理。随着人工、租金、原材料成本的增加，要同时满足宜家成本控制和商业道德两方面的要求越来越难。中国内地已不再是20世纪90年代宜家刚进入这个市场时那个最理想的“世界工厂”。宏观环境的变化，对宜家和它的供应商来说，基本可以等同于一枚螺丝还能节省几分钱的算术题——它的解题技巧已经很高，但还是不够应付新局面。

陈利民会用“鼠目寸光”来形容那些他曾经的同行、现在的宜家叛逃者。这位会说英语、卷发配框架眼镜、神似香港明星谭咏麟的制造商认为，能满足宜家要求的供应商，以后就能轻松满足其他客户的要求。也正是宜家的订单，让他的工厂的销售额从2005年的1400万欧元增加到2014年的1.4亿欧元。

陈利民多次提到宜家是在和供应商“共同成长”。他刚买的自动包装设备运作不

① 见《宜家还能更省吗?》，作者：黄瀚玉，发表于《第一财经周刊》，2015年8月第365期。

正常，宜家知道情况后派了一个机械设备专家去厂里教工人操作。陈利民的工厂现在有180个包装工，如果熟练运用那台设备，包装工的数量会在3～5年内减少40%，从而降低人工成本。按宜家的说法，类似的辅导、培训在它和供应商的接洽中已成为常态。它会对同一个产品的不同供应商做比较，找出每个生产环节最节省成本的做法，再把它教给其他供应商。在2012年供应商倒戈事件后，这家瑞典公司总对外界强调——它没有一味强压代工厂，而是交给它们一些方法。宜家在内部也换了一种说法：不会直接指出某产品价格高了，而是婉转地表示“哪里还能节省”。

已掌握了和宜家合作技巧的陈利民正在采取一些更主动的措施。四五年前，工厂生产的新品只占总货品的20%左右，现在这一比例上升到了30%多，更新了款式，还有颜色和材质。“新产品不需要做降价，你保持不断更新，就应付得了宜家每年的降价要求。”陈利民说，他的设计团队里有5个工程师、3个设计师，十几个销售人员都有设计的职能，而他自己也是主要设计师。陈利民说他感到这3年来，他的合作伙伴越来越重视供应商提供的点子，而不是仅仅交给供应商一个任务，让它们去完成。这些点子中不乏一些可以同时降低成本并保持质量的他们所开发的新技术。他回忆起不久前宜家公司的人到工厂里做“头脑风暴”的事情。宜家人员拿着设计稿，寻找那些同时满足成本和质量要求的供应商。陈利民说客户来的两天里他们大概设计了10款新产品，他相信其中至少3～4件最后会上市。“现在就是要搞Develop on the factory floor，就是在工厂地板上设计产品。”

宜家同供应商关于利润空间的矛盾会继续存在。这不只是宜家的问题，它会出现在任何上游和下游的合作过程中——亚马逊对书籍定价态度强势，即使出版商认为自己的利益受到了损害，也不得不同它继续签约；更不用提沃尔玛，为了控制成本压低采购价，它同供应商的纷争从来没有停止过……

2. 成本分析与建模

成本分析是成本管理的“深层”分析阶段。对于金额较大或长期采购的物资物料，采购方有必要使用成本分析技术。产品的设计决定了产品的成本，因此成本分析的最佳时机是产品开发阶段。这方面，日本企业所擅长采用的目标成本法就是典型的例子。基于市场对售价的预期确定目标成本，按照产品的组成结构以及供应链上各种作业活动对目标成本进行分摊来实现设定的目标成本。

成本分析分成以下几个步骤：定义成本要素；获取成本数据；建立成本模型；跟踪并调整成本模型。

第一步：定义成本要素。

在总拥有成本（TCO）的概念里，成本要素应当包括以下几部分。

（1）采购价格：购买材料的价格。

（2）取得成本：从购买地到使用地的费用，如寻源、运费、存储费等。

（3）使用成本：机会成本、安装使用成本、耗材维护成本等。

（4）寿命末期成本：处理成本、残值、项目费、库存损耗、模具报废等。

我们应该对以上每一项成本逐一分解，明确采购项目的所有成本要素。例如，以采购价格为例，成本要素包括如下部分，如图 8－7 所示。

（1）材料成本（Direct Material）：直接材料的成本。

（2）人工成本（Direct Labor）：将直接材料转化为成品或完成服务所需要的直接人工成本。

（3）制造或服务费用（Overhead）：制造的非直接成本（Indirect Cost），包括资产减值、工厂维护、工厂管理、检验等；服务的非直接成本包括项目管理、差旅、非直接人工等。

（4）总务、管理及销售费用（GS&A）：在管理公司及产品营销中发生的费用，包括办公人员工资、信息系统、市场和销售费用、法务等。

（5）利润（Profit）：为了企业平衡风险和盈利所获得的必要收入，毛利是卖价减去总成本后的那部分，包括未交的税金。

类似地，我们也需要对取得成本、使用成本、寿命末期成本的各项要素进行分解和定义。

直接材料
+直接人工
+制造或服务费用

=COGS
+GS&A
+税前利润

=采购价格
+取得成本
+使用成本
+生命周期成本

=总拥有成本

图 8－7　成本结构表

第二步：获取成本数据。

不是所有的供应商都乐于分享成本数据，他们担心提供的成本数据被采购组织所误用，例如变相压价。我们常常遇到供应商利用其优势地位拒绝提供这些数据。此时，我们可以采用以下一些方法。

（1）通过与供应商建立战略合作伙伴关系，获得协议保密的成本数据。世界级的采购组织将它们的供应商视作方案提供商，与供应商建立紧密的互信合作关系有利于共同努力，从而实现比竞争对手更低的成本。

（2）通过报价请求（Request For Quotation，RFQ）、征求建议书（Request For Proposal，RFP），从有意愿合作的供应方获得成本数据。有时候虽然我们仅仅获得了部分数据，但是这些数据对我们后续建立成本模型同样能有所帮助。

第三步：建立成本模型。

无论供应商是否提供数据，采购方都应当尽可能地对采购项目建立成本模型。成本模型使用得当，能够帮助公司或客户理解产品的成本结构，能够帮助公司与较为被动的供应商建立基于事实的谈判。采购工作中建立成本模型的方法有很多，笔者推荐合理成本估算法（Should Cost Model）。

我们需要先以行业数据或者是供应商提供的数据作为参考，建立一个行业或供应商的基础成本模型，如表8－4所展示的便是某塑料产品的基础成本模型。

表8－4　　某塑料产品的基础成本模型

成本要素	占比（%）
直接材料	56
直接人工	8
制造费用	12
COGS	76
GS&A	15
税前利润	9
价格	100

有了基础模型以后，我们就很容易地根据其中某项我们所知的成本推算其他部分的成本数据。例如，我们往往可以通过拆解某个产品而推算其直接材料成本，再根据其在成本结构中的比例来推算其余成本要素的数值。就以前文所述某塑料产品为例，它的直接材料成本为6元，根据我们所建立的基础成本模型，我们知道直接材料成本在总成本占56%，由此我们可以得出产品其他各成本要素的数值，如表8－5所示。

表8－5　　根据某塑料产品的基础成本模型推算其各成本要素的数值

成本要素	占比（%）	成本（元）	计算方法
直接材料	56	6	已知
直接人工	8	0.86	(6/56%)×8%
制造费用	12	1.29	(6/56%)×12%
COGS	76	8.15	6＋0.86＋1.29
GS&A	15	1.61	(6/56%)×15%
税前利润	9	0.96	(6/56%)×9%
价格	100	10.72	各成本要素加总

第四步：跟踪并调整成本模型。

我们在上一步骤中所建立的基础成本模型仅仅只是一个开始，随着我们对行业、品类、供应商了解的加深，随着环境、市场的变化，我们需要在未来长期的时间里不断对模型进行修正调整，以使之更加贴近并反映实际情况。

这里需要指出的是，我们所分解出来的成本要素，许多都和当前的经济环境有着千丝万缕的联系。例如直接材料成本，可能与某个大宗金属材料的市场价格相关联，如铜、不锈钢等，我们可以考虑参考国际国内一些大宗商品市场的价格曲线图来建立我们模型中的直接材料成本的曲线图；再如直接人工成本，可能与当地的劳动力成本指数等相关联，我们可以参考当地的政府或劳动部门所公布的官方数据进行调整。诸如此类的信息及数据，都可以成为我们成本模型的一部分。许多跨国企业都建立了专门负责采购成本管理的团队，他们很重要的一部分工作就是建立、跟踪并完成企业采购项目的成本模型。

3. 利润分析

作为采购管理人员，我们常常把双赢挂在嘴边，但是心里却很虚。一方面，担心供应商没说真话，把利润率定得太高，把采购员当傻子耍；另一方面，又担心把供应商压得太死，让供应商没有利润，配合起来没有什么积极性。说到底，是因为我们在成本管理中，没有进行利润分析这一项工作。利润分析是成本管理中的“最后一层皮”的分析阶段，其目的是与供应商建立合理的利润水平，做到买得踏实、卖得放心。为了能与供应商就利润的计算方法达成一致，我们有以下一些选项。

（1）当前供应商的利润水平：新合同将使用与当前供应商或合同相同的利润水平，不管未来合同期内的供应商风险或附加价值发生任何变化。

（2）行业利润水平：新合同将使用行业平均的利润水平，供需双方应当就行业数据来源达成一致。

（3）行业利润水平 + 奖励：世界级的采购组织希望他们的供应商能够获得高于行业平均水平的利润，因此在行业平均水平基础上，采购组织会根据供应商的贡献大小给予一定的利润奖励。

（4）固定的单位产品利润：供应商的利润是基于单位产品的固定金额，不管未来总成本发生任何变化。这样做的好处是，供应商不必担心推动成本降低将会对其利润产生任何负面影响。

（5）固定的总利润（Return on Invested Capital，ROIC）：假设初期利润已经合理地补偿了供应商的资本投入，没有任何追加投入，总利润将以绝对值的形式支付给供应商，不论采购量的多少。当总量增加时，对客户有利，反之则不然。

（6）加权成本要素指标法：该方式通过把每一个成本要素与其利润比例相结合的方法，来计算总的成本与利润。

这些方法在 CPSM（美国供应管理专业人士认证）的教材中有较为详细的解释，有兴趣的读者可以进行拓展阅读。需要指出的是，为了能够激励供应商更好地履行合同并且吸引更好的供应商，利润分析中有几条原则需要考虑。

（1）鼓励供应商承担更多有挑战的工作，激励那些主动提高工作效率或者长期供应高品质产品的供应商，并补偿供应商因为承担了风险所付出的努力。

（2）在合同谈判的初期就应当明确表示“确保供应商的合理利润”。

（3）假如利润成了成本中的关键部分，例如在成本结构中超过了材料、人工和管理费用，采购专业人士应当仔细与供应商进行讨论分析，例如，利润中是否包括了专利、高风险收益、知识产权等内容，若果真如此，采购人员应当分析是否值得承担这部分成本。

第四节　多品种小批量产品供应管理的制胜之道

定制化时代的来临意味着过去企业以少数几个明星产品吃遍天下的日子已经一去不复返。为了面对不断加剧的市场竞争，许多大企业不得不进入更加细分的市场，采取多品种小批量的产品策略来挖掘属于自己的“蓝海”，这同时对企业的采购供应管理提出了更高的要求。长期以来，许多大企业都习惯于将采购供应管理部门定位为强势部门，动辄以居高临下的姿态来压迫供应商接受成本目标、增加固定资产投资、增加存货、缩短供货周期。当企业迫于市场的压力逐步向多品种小批量产品策略转移时，往往没有预料到供应市场对此将做出的反应，也没有提前规划并制定相应的策略来保护企业的成功转型。

消费类电子产品最为典型。就以全球手机市场为例，仅从 2000—2015 年的 15 年间，多少默默无闻的小品牌一夜间强势崛起，又有多少国际大品牌在这个战场上黯然退场。那些靠着一时风起赚得盆满钵满的企业，对零件供应商也大有招之即来、挥之则去的“大公司气派”。然而，当市场急转直下，过去动辄可以卖到数十万台的单一品种机型，最后只能卖到几千台甚至是可怜的数百台。在向多品种小批量产品转换时他们显得手足无措，许多企业还以老的思路与供应商谈判、砍价，甚至不惜以空头承诺来换取短期的利益，这种压榨式的谈判最后演变成企业的信用危机和灾难。在他们黯然退出市场的背后，也为我们留下了许多值得深思的问题。

相较单一品种大批量采购而言，多品种小批量采购有着与生俱来的劣势，由于量少品种多，难以形成规模效应，对供应市场缺乏足够的吸引力，采购供应管理往往比较被动。笔者认为，许多长期处于多品种小批量产品行业的成功企业，诸如航空制造业、专业设备制造业、电子制造服务业、个性消费品制造业里的众多知名企业，他们在采购供应管理上的策略有着许多值得借鉴的地方。

1. 采取延迟策略降低产品的差异化

延迟策略是指通过"设计或重新设计产品和工艺以使流程中形成多个产品的差异点尽可能向后延迟"的策略。延迟策略将供应链上的产品生产过程分为"不变"与"变"两个阶段，通过将不变的通用化生产过程最大化来推迟产品差异化的形成过程。当接到客户订单时，企业便能以最快的速度完成产品的差异化过程与交付过程。延迟策略是多品种小批量产品最惯用的供应管理策略，通过将"不变"阶段尽可能向后延伸，大大提高了部件的通用性，从而增加了部件采购的批量，降低了采购成本，缩短了产品的交货提前期，并最终降低了供应链运作的不确定性。

在延迟策略上做得最为出色的企业之一是瑞典的宜家（IKEA）公司，他们采用模块化理念来设计家具，顾客可以根据需求选择不同的模块来进行个性化组合，方便的设计使得宜家甚至能将组装工序交给顾客自己完成，也就是将延迟点推到了客户的家里。因为产品是模块化的，宜家可以轻易地在全球范围内进行制造外包，通过招标的方式选择质优价廉的供应商。

实施延迟策略需要企业研发部门的投入，甚至需要设立专门的标准部门推动该策略的执行，这对于以创新为理念的企业往往是一个巨大的挑战，因此企业应在供应战略战术的制定上予以明确定义和要求。

2. 让供应商早期参与产品开发（ESI）

许多企业都间接地要求过供应商参与新产品的研发，例如企业通过对新设计的零部件进行信息或价格征询时（Request For Information or Quotation，RFI/RFQ），往往会要求供应商基于制造工艺的可行性对零件的设计提出一些建议，从而逆向推动企业进行设计更改。但这与供应商早期参与产品开发（Early Supplier Involvement，ESI）有着本质上的差别。供应商早期参与产品开发是邀请战略供应商参与产品的研究开发的全过程。例如波音、空客等飞机制造商在研发新一代机型时，都会邀请关键供应商加入他们的研发团队，为新型飞机的设计提供诸如新材料新工艺可行性分析、零件供应市场分析、竞争对手分析等重要的讯息，同时供应商也获取了部件技术要求、生产计划等信息，为他们提前准备产能，提前安排制造、组装、物流等环节提供了重要的参考数据。

多品种小批量产品往往具有较高的市场利润以及较大的技术及市场风险，推行ESI能为企业预测市场、规避技术风险提供重要的参考信息，具有重要的意义。供应商早期参与产品开发应在供需双方互信互利的基础上展开，通常企业只邀请关键部件的供应商加入ESI项目，并签订保密及长期供货协议，以确保项目的顺利实施及对供应商的激励。

3. 采用TCO（总拥有成本）核算方式

制造企业里，财务核算成本的公式通常是：单价 = 材料采购成本 + 人工 + 制造或服务费用+GS&A。同样的公式，在“少品种大批量企业”与“多品种小批量企业”里的运用应有所不同，这里面的原因我们通过一个简单的例子来分析说明。

一家生产金属切割刀具的企业，既生产市场上常用的刀具，也为一些企业定制专用的特种刀具。企业最近收到了一张订单，客户需要采购5把常用刀具、5把特种刀具。作为采购经理，我们需要帮助财务核算报价，即核算产品的材料采购成本。常用刀具的合金材料比较通用，市场上通常有现货，最低起订量为100千克，每千克价格为30元，可以制作10把刀具；特殊刀具的合金材料因为较特殊，需要从日本进口，最低起订量（MOQ）同样也为100千克，每千克价格也为30元，也可以制作10把特殊刀具。我们应当怎样给财务经理提供材料采购成本呢？

首先说常用刀具，按照前述工具，它的材料成本应当为：10千克/把×30元/千克=300元/把。假如我们用同样的方法计算特殊刀具的材料成本，得出的结果显然也为300元/把。两者的计算方式一样，得出的结果自然一样，但是假如我们拿这个价格报给财务，企业显然要亏本了。在采购管理中，有一个所有权总成本的概念，即TCO（Total Cost of Ownership），它指的是产品或服务在其整个生命周期过程中所产生的所有成本。我们按照所有权总成本的概念来重新计算一下这5把刀具的单价。为了制作这5把特殊刀具，我们所购买的MOQ 100千克特殊合金钢，由于只能用于该张订单，无法预测未来是否有其他客户能够用到，所以这部分多余的材料企业最终很有可能要选择报废而没有别的用途。因此，报废成本也应当分摊到这5把刀具的材料采购成本中去。除此以外，由于这次采购所产生的其他的额外成本，例如运输费用、清关费用等也都应当统统分摊进去。多余材料的成本为50千克×30元/千克=1500元。假设运输、清关等其他费用为800元。我们需要将这2300元（1800+500=2300元）分摊到5把刀具中，分摊后的成本为460元/把，加上原来的300元/把，最终的成本应当是760元/把，这才是每把特殊刀具的真实材料成本。

多品种小批量企业的采购成本核算，还有许多值得细细推敲的地方。限于篇幅，我们这里不做更多展开。

4. 推行价值工程/价值分析

价值工程（Value Engineering）是在产品开发设计阶段即进行的价值与成本革新活动，因为仍在工程设计阶段，故称为价值工程；而在一旦开始量产后，企业通过持续分析以发掘可以降低成本或提高价值的改善点，此阶段所进行的分析是降低成本的主要手法，被称为价值分析（Value Analysis）。

价值工程/价值分析最经典的案例是美国通用电气公司（GE）的石棉事件。第二次世界大战期间，美国市场原材料供应十分紧张，GE急需石棉板，但该产品的货源不稳定，价格昂贵。时任GE工程师的Miles开始针对这一问题研究材料的替代方案，通过对公司使用石棉板的功能进行分析，发现其用途是铺设在给产品喷漆的车间地板上，以避免涂料沾污地板引起火灾。Miles很快在市场上找到了一种防火纸，这种纸同样可以起到以上作用，并且成本低，容易买到，因此取得了很好的经济效益。

对多品种小批量产品而言，单纯的砍价通常很难发挥持续有效的作用。企业应当适时回归到理性思考的范畴，回归到最基本的产品价值形成过程中去，努力发掘一切与价值形成过程相关的各个阶段中是否有可以改善或改进的方案，从而推动成本和交期的持续改善。

5. 通过反向营销培育供应资源

反向营销是Leenders和Blenkhorn于1988年提出来的概念，反映了供应商关系管理的一种新理念。反向营销要求企业像对待自己的客户一样对待供应商，不是供应商说服制造商来采购他们的产品，而是制造商主动向供应商提供机会。反向营销认为制造企业为了某件产品将过多的精力花费在合格供应商的选择上是不明智的，企业应该将精力放在供应商的能力与发展潜力上，而不仅仅是关注供应商现有的产品组合，这样一旦企业有需求，供应商就能够提供任何企业所需要的产品。供应商关系管理是反向营销的核心，建立友好合作的供应商关系是企业反向营销战略成功的基础，例如通过对供应商进行培训、建立共同的配送通道、建立信息共享平台等推动供应商和企业的思维与知识体系的相互融合，推动更高层次的价值创新。

在多品种小批量采购中，买方市场已经逐步转变为卖方市场，企业无法通过强势采购获取稳定的供应资源，但通过反向营销却可以为供应商提供附加价值，以此来弥补由于采购量少、品种繁多带来的不足，维持稳定并可持续发展的供应商关系。瑞士ABB是电力设备行业的知名制造商，生产的多属于典型的多品种小批量产品，它在1994年正式进入中国（除港澳台外）市场后，并没有像丰田汽车公司那样带上自己的供应商跨国迁徙，而是花费了近十年的时间在工厂的周边逐步地培养了一批本土的中小规模优质供应商，为ABB在华业务的稳步成长提供了稳定的供应资源。

6. 有效的战略采购结盟

战略联盟是两个或两个以上的企业或跨国公司为了达到共同的战略目标而采取的相互合作、共担风险、共享利益的联合行动。战略采购联盟是企业间战略联盟的一种表现形式，它通过整合联盟企业的需求来增加联合采购的规模，从而对上游供应市场施加强有力的影响。

美国著名饮料企业优鲜沛（Ocean Spray）是世界上最大的酸果蔓（Cranberries）饮料制造商，也是美国第一大罐装和瓶装饮料制造商，2002年他们通过与雀巢饮料公司结成战略联盟来提升联盟公司的制造和供应链效率。通过战略联盟，Ocean Spray与雀巢公司相互合并了旗下同一区域的多家制造工厂，并通过联合采购降低其原材料，尤其是包装材料的采购和物流成本。这两家甚至在某种程度上有着一定竞争关系的企业通过实施战略联盟，共同扩大了市场份额并提高了企业的运作效率。如今，企业战略采购联盟的形式越来越多样化，涵盖的行业也越来越广泛，只要能为企业带来增值效益，组成联盟就具有实施的可行性。

实施战略采购联盟对于多品种小批量企业有着非凡的意义，它能使处于弱势的企业个体迅速结合为强势联盟，共同出击抢占供应资源。作为企业的战略制定者以及供应管理部门的专业人员，应当不仅仅将视野放在对供应市场的分析管理上，还应当将目光投向身边的优秀企业甚至是竞争对手，在互惠互利的基础上适时地推行联盟采购，以开创企业的双赢或多赢局面。

综上所述，相比单一品种大量采购而言，多品种小批量采购虽然有着许多不利因素，但也并非无计可施。相反，众多优秀企业的成功为我们提供了丰富的案例。此外，我们还需要谨记，多品种小批量的供应管理优化不仅仅是采购供应管理部门的事情，它涉及企业的战略决策部门、设计部门、生产制造部门等多个部门的相互协同，需要企业上下一致地共同参与和努力，这样企业才能也一定能找到一条适合自己的制胜之道。

第五节　风险采购管理

案例8-6：客户“空手套白狼”，我该怎么办

高航最近遇到了一件烦心事。他的公司在年初采购了一批价值过百万元的物料，至今还有50%呆滞在仓库里。每个月高航都会收到采购部门的报告，告知他这批物料的使用状况和呆滞情况，看着数字一步步从绿色变成黄色最后变成红色，他的心也凉到了极点。

年初，一家客户信誓旦旦地承诺会有一个大项目上马。为了赶进度，客户要求高航按照需求预测提前准备材料，并口头承诺在六个月内会把这些物料全部消耗完。至于订单呢？对方的采购经理陈鑫拍着胸脯说：“你尽管采购，我们这么多年的老关系了，难不成我骗你？”高航虽然十分忐忑，但是考虑到这家大客户占了公司70%的业务，万万得罪不起。闽南人做生意，“三分天注定、七分靠打拼”，都有几分赌的血性！况且对方是一家上市公司，不可能随便欺骗咱们。于是，高航咬了咬牙，拿着陈鑫给的采购预测就大着胆子买材料了。

尽管如此，高航起初还是留了个心眼，只采购了20%的材料，准备先看看情况再采购后续的材料。没想到，第二个月陈鑫就下达了30%的订单，由于采购周期需要两个月，这一下就出现了10%的缺口。陈鑫不依不饶地在电话里把高航狠狠地批了一顿，并警告高航：如果再跳票，就把订单转给别家。高航也不敢再有丝毫的怠慢，通知采购员一口气把余下的物料都给买了。

然而，老天似乎特意要捉弄高航。几个月过去了，物料陆陆续续抵达了，然而陈鑫的订单却迟迟不来，高航只好每周都打电话催订单。陈鑫被逼急了，七七八八地又陆续发了20%的订单过来，从此便杳无音讯了。一连二十多天过去了，高航等来的却是陈鑫离职的消息。这个消息如同晴天霹雳，高航再也坐不住了，抓起公文包，奔向机场……

这样的案例每天都在上演。缺乏诚信度，恐怕是时下中国商业活动中最普遍的问题之一了。然而，除了谴责客户缺乏诚信，我们还能做些什么？笔者曾经和不少成功的企业家有过交流。他们骨子里那种敢打敢拼、永不服输的气质着实让人佩服和敬仰。然而，输赢却往往就在一念之间，成了一条龙，败了一条虫。尤其在中国，无论从法律或是文化的角度出发，人们对失败者都是缺乏足够的保护和宽容的。在那些幸运的成功者背后，又有多少因为“一念之差”而妻离子散、抱憾终身的失败者，让我们不禁扼腕叹息、嘘唏不已。

创业确实也需要激情。公司还小的时候，企业家可能还“赌”得起。然而，当企业上了一定的规模，如果还是凭借企业家的“赌”性而梦想一夜暴富，就缺乏足够的理性了。

案例中所谈到的，其实是一个典型的关于风险采购的例子。有许多原因驱使企业进行风险采购。例如预计原材料价格上涨、汇率会发生波动、气候的变化可能导致收成受到影响，还有案例中为了满足客户提出的要求等，都有可能驱动企业提前购买材料，进行风险采购。对于企业来讲，风险采购往往不可避免。因此，关键的不是回避风险采购，而是对潜在的风险有所准备。具体来说，在进行风险采购时，可以采用以下一些方法。

1. 与客户探讨合作

客户是一次性采购，还是可以分批次采购？采购的物料是专用物料，还是通用物料？假如是专用物料，需要制订呆滞风险预案。例如可否由客户承诺，在出现呆滞的情况下，将该物料用到其他新机型上？如果有可能的话，建议客户提高材料的通用性。如果客户企业对供应链有足够的认识的话，应该有标准化通用化部门，在企业内部推动部件的标准化通用化工作，而不是一味地将风险推给自己的供应商。当然，这有时候取决于客户的供应链管理水平。我们可以找机会委婉地教育客户，但不能因此而丢掉生意，需要权衡利弊。

虽然欧美一些国家的法律，承认口头承诺在某些情况下同样具有法律效力，但是在中国，一纸文书才是对企业最好的保护。商业合作的前提是协议，即便是一份无法将风险完全规避掉的协议，也比空头支票有效得多。

2. 与供应商探讨合作

是采用全额付款采购的方式，还是可以采用预付定金给供应商，从而锁定材料供应计划的方式？可否采用无固定期限合同采购的方式，也就是锁定材料的采购量，但不锁定交货时间？可否与供应商讨论，未来出现呆滞风险，将物料转卖给其他客户的可能性？可否提前找到呆滞物料的处理商，谈好变卖的价格？一旦出现客户砍单，立即进行变卖处理，尽可能减少产品的跌价损失。越早地与供应商讨论风险，能够越早地进行预防。风险分担的前提是信任与合作，任何遮遮掩掩的行为最后都是害人害己。

3. 企业内部的流程与沟通

企业需要制定一套适用于风险采购的流程。风险采购流程应包括风险评估、风险决策和风险预案三个部分。例如不同金额的风险采购应由不同级别的人来审批，需要制订同等高级别的风险预案。风险采购流程的要点在于“控”字，要注意防范流程中的“Short Cut（抄近道）”，即通过打擦边球、走例外审批等办法绕过正常的流程的做法。跨国企业通常会将涉及企业重大风险控制的流程，在“员工职业道德规范”的年度培训中进行宣导和教育，避免因为一些小的纰漏造成企业轰然垮塌的悲剧。

事实上，以上一些方法更多的是针对风险采购的对症下药，做到的往往只是头痛医头脚痛医脚。要做到标本兼治，还应当从提高供应链的响应能力以及柔性入手，尽可能降低风险采购所带来的供应链风险。

例如，如何提高供应链上下游信息的传递速度和准确度，加强客户、企业、供应商之间的沟通频率与沟通效率？对风险比较高的项目，销售人员如何紧跟项目进度？必要时，增加拜访客户的频率，第一时间将项目进度传递给公司的相关部门。在电子行业里，很多企业都建立了 S&OP 流程（销售与运营计划流程），这个流程把销售人员和公司的运作人员甚至是财务人员拉到一起来做决策，要求他们定期沟通，以提高供应链的响应速度。

我们还需要考虑如何尽可能缩短采购、生产、物流的周期，提高供应链的柔性。当然，这个方法与物料的种类相关。例如对于某些国外采购的物料，要降低采购周期往往很难，有些企业通过找一些比较大的代理商来分担风险，这些代理商价格贵些，但是服务更好；因为代理量大，往往可以得到原厂的支持，采购周期也更短，也愿意在支付一定比例的定金下帮客户备一些风险库存；因为他们销售渠道广，即便客户最后取消了订单，他们只拿到了定金而不是全部货款，但是他们依旧可以找到相应的渠道处理掉呆滞的材料。这便是在互联网浪潮的席卷之下，有些代理商为什么一直存在而且活得很好的原因之一。

以上这些方法，不一定都有效或者都具备可行性，需要结合企业的具体案例来选择最佳的方式，这里仅供参考。总之，风险采购不可避免，意外也并不可怕，可怕的是风险和意外来临的时候我们不知所措。

案例8－7：OTD虽好，客户却不满意

今天是樊龙走马上任集团供应链中心总监的第一天，对他来说，这可能是迄今为止他职业生涯中最为惊险的一步棋。就在几周前，他还是这家集团公司的人力资源中心总监，踌躇满志地规划着公司未来几年的人力资源战略，没想到总经理的一番话彻底改变了他的职业轨迹。

“小樊，最近供应链中心刘总离职的事情搞得沸沸扬扬，现在那边群龙无首，我很担心会出什么乱子。公司这些年的发展，你是亲身经历的，领导班子对你的工作成绩非常认可，我们想借这个机会让你到业务部门锻炼一下。怎么样，有没有信心？”

樊龙深知领导的用意，前任供应链中心总监是个暴脾气，把公司的“产供销协调会”折腾成了“吵架会”：销售怪生产总是拖延订单，生产怪采购总是缺料，采购则怪计划做得不准确，计划回过来怪销售的预测完全不靠谱。闹到最后供应链总监也无计可施了，索性丢下个烂摊子一走了之。

作为人力资源总监，樊龙向来以善于处理矛盾又不失原则而深得人心。他能理解，高层让他这个毫无经验的人来接手这烫手的山芋也是不得已而为之。于是，樊龙咬了咬牙，应允了下来。

上任的第一天，樊龙让计划经理找来了这几年各子部门的绩效报表。这不看不知道，一看吓一跳。摆在樊龙面前的是一张张异常漂亮的成绩单，尤其是订单准时交付率（On Time Delivery，OTD）竟然好得出奇，一路飘绿，有些部门在部分月份甚至达到了100%，这可与他来之前所了解到的情况截然不同。樊龙参加过几次“产供销协调会”，供应链部门被投诉最多的就是订单交付不及时，但是每次“吵架”，各子部门的负责人都说自己做得不差。那么，为什么大家OTD都这么好，还会被指责交付水平差呢？究竟是哪里出了问题？看来，这将是樊龙上任后首先需要弄清楚的问题。

作为供应链管理的四大指标之一（质量、成本、交付、服务），准时交付率OTD一向是供应链绩效考核的重要指标。表面上来看，这个指标反映的是订单交付的按时达成比例，统计起来应该不难。然而，看似简单的指标，却让不少供应链管理者伤透了脑筋。单是这个指标的计算方法，我们就可以罗列出许多种。

（1）按订单号；按订单行：举个例子，一张订单可能包括十条订单行，如果有五条订单行完成交付，按照订单行计算的OTD为50%，但是按照订单号计算的OTD则是0。

（2）按要求；按承诺：前者是按照客户首次提出的交付日期来计算，后者是按照运营部门首次承诺给客户的交付日期来计算。显然，前者达成的难度比后者高很多。

（3）按交付时间；按交付数量：例如，产品按照指定的交付时间抵达，但是数量短缺了 5%，如果我们以交付时间为准，则 OTD 为 100%；如果我们以交付数量为准，则 OTD 为 95%，甚至可能为 0。

（4）按交付质量；按交付数量：同上，产品按时按量抵达，但是有 5% 的产品存在质量问题，如果我们以交付数量为准，则 OTD 为 100%；但如果我们同时考虑交付质量，则 OTD 为 95%，甚至有可能为 0。

（5）按发运；按抵达：例如，生产部门及时将产品发运出去了，但是由于物流系统的问题导致产品无法按时或按量抵达客户指定的交付地点，如果我们"按发运"来计算 OTD，则为 100%，若"按抵达"来计算，则为 0。

（6）按原始订单；修改后的订单：有的时候，客户等得不耐烦了，只好把延期的订单都取消掉，如果我们在计算 OTD 的时候，排除了这些已取消订单，OTD 的指标显然好看得多。

这么多不同的计算方法，到底哪一种最合适呢？

有的人会说，这取决于我们考核的对象。取"按发运"还是"按抵达"考量举例，如果我们考核的是制造部门，显然应当"按发运"来计算 OTD；如果我们考核的是物流部门，则应当"按抵达"来计算 OTD。

但问题是，供应链是一个端到端的链条，终端客户看的是结果。哪怕是所有的环节都做到了 100%，只要有一个环节出了问题导致订单的延迟，客户就会认为企业的准交率不好。因此，我们应当从客户的角度来重新审视 OTD。

那么客户眼中 100% 的 OTD 应该符合哪些标准呢？

举个例子，临近中秋，我们希望与家人一起品尝阳澄湖的大闸蟹。但是算算时间，离中秋还有两天，自己现在还出差在外，只有中秋当日下午才能赶回家，没有时间去菜市场购买食材。在电子商务发达的今天，我们选择了网购。于是我们在某电子商务网站上下了订单，购买了 10 只大闸蟹，选择了中秋当日下午 3 点 ~5 点配送到家的服务。那么，作为客户，我们认为 100% 的 OTD 应当是：按照约定，这 10 只大闸蟹足斤足两，质量完好，准点按时地配送到家里；同时，由于是网上购买，我们希望商家能够随包装提供原产地质检的证明书。只有满足了以上所有条件，我们才会认为这张订单的 OTD 达到了 100%。

在 SCC（国际供应链理事会）的 SCOR 供应链参考模型中，对这些要求有一个明确的定义，我们称之为完美订单履行率（Perfect Order Fulfillment，POF）。计算公式如下：

$$按时\% \times 按量\% \times 按质\% \times 文档齐全\% = 完美订单履行率\%$$

只有同时满足按时、按量、按质、文档齐全这四个维度的要求时，我们才能说这是一张完美履行的订单。否则，即便某几部分达到了 100%，在客户的眼里，这依旧是一张有缺陷的订单。

回到案例中。作为供应链总监，经过一段时间的调研，樊龙认识到以客户的标准来衡量 OTD 的必要性，并准备将 POF 列为供应链部门的重点考核指标。然而，摆在他面前还有许多挑战，例如统计方法的统一、历史数据的抓取、新的标准的推行等。这中间最难的还是人的问题。按照新标准计算出来的数值肯定特别难看，如何说服各个部门接受并且通力协作来改善它，将是樊龙能否胜任这个新岗位的关键一战。不过，对于做过多年人力资源总监的樊龙，与人打交道恐怕是他最擅长且最喜欢做的事情，想到这里，樊龙自信地露出了微笑！

本章小结

采购管理是供应链管理中十分重要的组成部分。然而，国内的现状是采购管理在企业中的地位低下，从原始级采购到世界级采购，我们的企业还有很长的路要走。在本章中，我们先从世界级采购组织的管理模式讲起，并详细地讨论了如何进行采购的品类管理、成本管理，并就采购管理中的难点——多品种、小批量产品的采购进行分析并提出解决方案。采购管理的知识体系内容庞大，仅凭笔者聊聊万字的阐述只能让读者管中窥豹，建议读者参考 ISM 或 ITC 的采购管理体系进行更加深入的学习。这里笔者将本章的要点罗列如下。

（1）企业里的采购问题其实并非是采购员的个人素质问题，而是一个系统性的问题。当我们把视线投向全球领先企业的采购组织，会发现它们的采购管理流程规范、架构合理、队伍规整，采购管理早已从下单追料、价格谈判、反腐治贪这些比较初级的采购系统问题，上升到了比拼采购资源管理以及供应商关系管理等深度能力的层次之上。

（2）ESI（Early Supplier Involvement）——早期供应商介入，它是指供应商早期介入到产品的开发工作中，与企业共同进行产品的设计研发，从技术、生产、质量、价格、物流甚至售后服务等方面为设计团队提供建议。

（3）相比传统的采购，笔者更喜欢用“价值采购”来描述采购与供应管理的成熟度，它的衡量标准是采购部门为公司所带来的“价值增值”的多少。除了推动典型的成本下降，还有促进品质改善、服务提升、交货准时、技术进步、创新创意以及柔性提高。

（4）组织架构的发展要与组织的发展阶段相互匹配，任何超越或滞后于企业发展的组织架构都很有可能给企业带来负面影响。

（5）我们可以将世界级采购组织的工作内容分为两大块：战略型采购与供应管理活动、运作型采购与供应管理活动。世界级采购组织中，战略型工作活动所占的比重至少应在60%以上。

（6）是否有能力完成一份合格的“品类采购策略报告”是区分“价值型采购者”与“事务型采购者”的一项重要的判断标准；是区分“有思想的专业采购人士”与“普通跟单员”的重要依据。

（7）我们将“支出水平（采购方的力量）”作为横坐标，将“供应机会与风险（供应方的力量）”作为纵坐标，由此可以划分出四个矩阵，分别是：战略类、瓶颈类、杠杆类、日常类。

（8）事实上，把“成本管理”简单地与“降价”画上等号恐怕是我们最常见的错误了。

（9）我们将成本管理分成以下三个部分逐一递进地进行剖析讨论，它们是：价格分析、成本分析与建模、利润分析。价格分析是成本管理的“浅层”分析阶段，它不需要建立成本模型，不需要进行价格审核，价格分析以其简便高效而为采购人员所广泛使用；成本分析是成本管理的“深层”分析阶段，对于金额较大或长期采购的物资物料，采购方有必要使用成本分析技术；利润分析是成本管理中的“最后一层皮”的分析阶段，它的目的是与供应商建立合理的利润水平，做到买得踏实、卖得放心。

（10）相较单一品种大批量采购而言，多品种小批量采购有着与生俱来的劣势，由于量少品种多，难以形成规模效应，对供应市场缺乏足够的吸引力，采购供应管理往往比较被动。许多长期处于多品种小批量产品行业的成功企业，诸如航空制造业、专业设备制造业、EMS电子制造服务业、个性消费品制造业里的众多知名企业，他们在采购供应管理上的策略有着许多值得借鉴的地方。

（11）关键的不是完全规避风险采购，而是将风险所带来的潜在成本降到最低。

（12）要做到标本兼治，还应当从提高供应链的响应能力以及柔性入手，尽可能降低风险采购所带来的供应链风险成本。

（13）我们应当从客户的角度来重新审视OTD。在SCC（国际供应链理事会）的SCOR供应链参考模型中，对这些要求有一个明确的定义，我们称之为完美订单履行率（Perfect Order Fulfillment，POF）。只有同时满足按时、按量、按质、文档齐全这四个维度的要求时，我们才能说这是一张完美履行的订单。否则，即便某几部分达到了100%，在客户的眼里，这依旧是一张有缺陷的订单。

第九章　如何规划良好的资金流

——注入血液　循环增值

许多人都有过坐公交忘带零钱的经历，即便钱包里有好几张银行卡，里面或许存有数万元，但却无法化解那一元钱的燃眉之急。在企业管理中，这种“一分钱难倒英雄汉”的情况时有发生：虽有成百上千万元的资产、几年都做不完的订单、大笔没有收回来的钱，但手头却没了足够周转的资金，此时的企业家好比在刀尖上行走，稍有不慎，企业将轰然倒塌。笔者曾经探访过一个倒闭半年的工厂大楼，门上的封条依旧，透过玻璃可以看到，生产线上的物料、工人的手套制服摆放整齐，桌上却落满灰尘、四处挂着蜘蛛网，如同鬼城一般，感觉刚刚还热闹无比的工厂，刹那间空无一人，极其衰败恐怖。因为资金链断裂而倒闭的企业不计其数，对于企业来说如同末世来临，银行冻结账户、供应商追款、债主上门，一家原本运营正常的企业便这样残酷地被逼而死。但是，它们真的是被逼死、冤死的吗？

根据国际知名信用保险机构科法斯集团发布的《2015 中国企业信用风险状况调查报告》（以下简称《报告》）显示，受访企业中有 89.6% 在业务中采用了赊销的支付方式，其中 49.1% 的受访企业表示其给予客户的最长赊销期限是 120 天或更长。在赊销已经成为常态支付手段的情况下，这些受访企业中的 80% 还时常遭遇逾期付款的情况，其中 56.7% 的受访企业表示在过去一年中逾期金额有所上升。可见，中国企业的总体付款形势颇为严峻。《报告》指出，“中国的实体经济除了高杠杆，融资成本高，部分行业产能过剩导致利润低下，不付款的风险走高应引起重视。”

因此，在这样的形势下，资金流的设计与维护恐怕是供应链的“三流管理”中最首要的任务了，但它往往又是供应链管理人员最容易忽视的部分。之所以容易被忽视，是因为供应链管理人员多半出身于运营，大多有着丰富的采购、物流、生产等管理经验，却缺少必要的财务和资金流管理的知识。而企业按惯例都会将资金流管理交给财务部全权处理，无形中在财务部和供应链部门之间筑起了一道高高的墙，说着不同的语言，做着彼此不透明的事情。

供应链上的资金流管理，是围绕供应链上的交易过程对现金周转的综合规划管理。本章中，我们将围绕现金流管理为大家介绍一些基本的知识和概念。

第一节　赔钱不要紧，现金流断了才要命

案例9－1：我为什么投资京东[①]

2008年，资本市场寒冬降临。在这一年启动了第二轮融资的京东，估值从1.5亿美元开始下降，1.2亿美元、1亿美元、8000万美元……在6000万美元的关口上，有一家著名基金答应投资京东，而此时雷曼兄弟宣布破产，这一下，市场更糟糕了。这家基金也收缩战线，其合伙人见刘强东，将估值砍到3000万美元，被刘强东拒绝了。

这一阶段的融资是刘强东最煎熬的日子，见了三四十家基金，有时候一天见两三家，却没有人愿意投。当时公司的资金链非常紧张。有一次，京东集团副总裁兼通信事业部总经理王笑松拿着付款单找陈生强（现京东金融集团首席执行官），供应商说不付款不给货。之前每次他找陈生强要钱，两人都会争论很久，陈生强说这个不能出那个不能出。这一次，陈生强出奇的冷静，看了王笑松一眼说："笑松，明天要给员工发工资，这钱付出去之后，工资就发不出来了。"王笑松再也没说什么，拿着付款单转身离开。

在最难过的时候，今日资本（京东的第一轮投资者）给京东做了四五次过桥贷款，他们心里也发慌了。2008年11月，今日资本召开年会，邀请了LP（有限合伙人）参加，也邀请了刘强东参加。刘强东在台上介绍自己的公司，引起了亚洲知名投资银行家、香港百富勤创始人梁伯韬的注意，今日资本董事长徐新也向梁伯韬引荐刘强东，在晚宴的时候特意将刘强东安排在梁伯韬身旁。梁伯韬觉得刘强东很有激情和信心，通过他当年如何赚第一桶金、如何从线下转向线上的故事，可以看出刘强东既懂零售，又懂互联网。他认同刘强东的战略观点，中国零售效率太低，中间商吃掉了一大笔利润，如果能将中间环节去掉，利益拿来与社会用户分享，是很好的模式。而最终让梁伯韬下决心投资的是他看好京东的资金流模式："很多投资人看公司有没有赚钱，没看现金流，事实上最重要的就是现金流，现金流是正的，就能生存，负的就不能生存。亏损是在流血，但能够产生现金流补血的话，还是能生存的。"

赔钱不会让一家公司倒闭，但没有现金流却会！

赔钱和现金流断裂这两者同时发生并不奇怪，但很多情况下我们会发现，有些公司一直在赔钱，却越办越大，越办越红火。互联网企业最为典型，如案例中的京

---

① 改编自《创京东》，李志刚著，北京：中信出版集团，2015年。

东便是如此。而作为京东的在跨洋彼岸的样板——美国亚马逊公司也是同样的情况。如表9－1所示，2011—2014年，亚马逊的营收从480亿美元增长到2014年的889亿美元，接近翻了一倍。然而在这四年间，它仅有两年取得了盈利，最好的一年2011年的利润率也仅为1.3%。这样一家常年亏损或微利的企业，不但能够屹立不倒，还连续列入全球供应链管理最佳实践25强企业排名（Gartner）的前三名，其背后的逻辑到底是什么呢？

表9－1　亚马逊财务报表（摘选）

年份	2011	2012	2013	2014
营业收入（百万美元）	48077	61093	74452	88988
净利润（百万美元）	631	－39	247	－241

如图9－1所示，企业购买供应商的原材料，并支付货款，这些资金转换成了企业的库存；企业随后通过各种增值行为，将最终的产成品销售给客户，并收取客户的货款。我们把这整个循环称之为企业的价值增值循环。假如企业在每一次循环的过程中，企业的营收大于支出的成本，我们说这家企业是盈利的；反之，这家企业是亏本的。我们通常会认为，盈利的企业可以将增值部分用于投入再生产，确保这个循环不断进行下去；而亏损的企业，则需要不断补充外部资金，才能延续这个循环的过程。这个观点是错误的，因为我们忽视了很重要的一点，即资金的循环过程中存在着时间差。

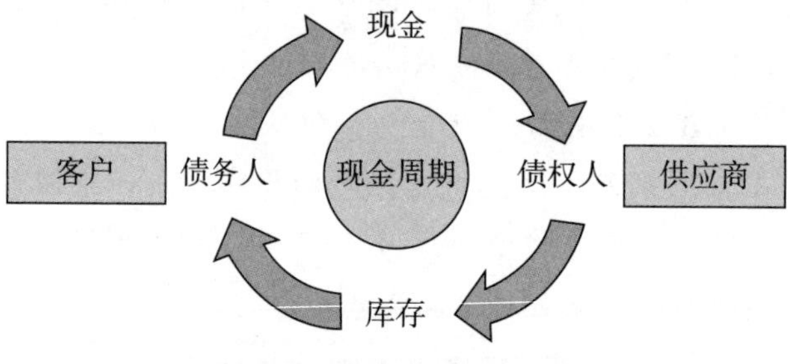

图9－1　企业的价值增值循环

如图9－2所示，我们按照资金的收付时间将增值循环切割为以下几部分。

（1）从收到供应商提供的原材料到将产成品销售出去，这段时间称之为DOI（库存持有天数，Days of On－hand Inventory）。

（2）从将产成品销售出去，到我们收回客户的付款，这段时间称之为DSO（应收账款天数，Days of Sales Outstanding）。

（3）从收到供应商的货物，到我们支付货款给供应商，这段时间称之为DPO（应付账款天数，Days of Payables Outstanding）。

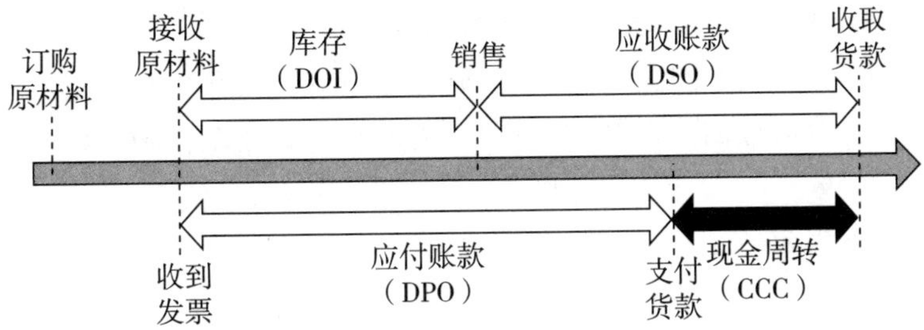

图 9－2　资金收付示意图

如图 9－2 所示，库存天数（DOI）越长，占用企业的现金越久；而应收账款天数（DSO）越长，企业的现金流入越慢；这两者都对现金流有负面作用，因此我们将 DOI 和 DSO 都放在了时间轴的上方；相反的，应付账款（DPO）越长，企业的现金流出越慢，它对现金流有积极正面的作用，所以我们将 DPO 放在了时间轴的下方。将时间轴的上方和下方做一个比对，中间有一个时间差，即我们所说的现金周转期（Cash Conversion Cyde，CCC）。

如果企业的 CCC 为正值，说明我们资金的流出速度快于流入速度，这里会产生一个现金的“时间空洞”。对于盈利的企业，若营运资本加上增值的部分足够弥补这个时间空洞，企业的增值循环是可以继续进行下去的，这就是为什么赊销账款大量存在的原因；但假如企业是亏损的，营运资本又不足够，如果没有外部资金及时进行补血，这个时间空洞将造成企业现金流的断裂。

反过来，如果企业的 CCC 为负值，即我们的资金的流入速度快于流出速度，我们将获得一个现金的“时间盈余”。只要企业的规模是增长或维持不变的，即资金的流入量等于或大于流出量，企业将可以永续经营下去。这就是亚马逊或京东在保持快速增长的同时，虽然一直亏钱还能继续吸引投资者的奥秘。

因此，我们总结一下，什么样的现金流模式对企业最为有利？答案是：现金流为正，即现金的流入大于流出（现金周转期为负数），而这与企业是否赚钱并没有必然的联系。有的人可能会有疑惑，现金的流入大于流出，不就意味着企业赚钱了吗？这个理解是错误的。我们可能听说过庞氏骗局，即所谓的“空手套白狼”或“拆东墙补西墙”，利用新投资人的钱来向老投资者支付利息和短期回报，以制造赚钱的假象进而骗取更多的投资。只要骗子能够一直保持进来的投资资金大于流出的资金，至于赚不赚钱并不重要，他可以把这个骗局继续下去。然而，庞氏骗局往往最终会走向破灭。原因是当气球越吹越大，终究会有破掉的那一天。这在供应链上是同样的道理，如果企业无法保证持续扩张，或者找到真正的盈利模式，很难持续保证现金流为正的格局。而投资人之所以愿意投入这类亏损企业的原因是，大多因为企业所处的是新兴行业，企业在成长过程中需要持续投入，虽然短期内是亏本的，但是企业需要以速度换取市场占有率，只要现金流良好，企业最终能够撑到盈利的那一天。当然，这已经超出了我们本章所要讨论的什么是健康的现金流模式的范畴了。

类似亚马逊或京东的案例在今天的企业管理中并不鲜见，尤其是那些2C（直接面对终端个人消费者）的互联网或直销型企业。个人消费通常习惯于提前或即时支付的形式，这就为2C的企业提供了一个极短（甚至为负数）的应收账款天数（DSO）。而企业通常支付给供应商的应付账款多少都会采用赊账的方式，如前所述，短则数天，长则几个月。只要企业控制好库存天数（DOI）和各项费用成本，往往很容易把现金流做成正数。

然而，对于2B的企业，要把现金流做成正数往往难度较大，因此需要供应链架构师投入更多的智慧。通常，我们可以从三方面着手，如图9－3所示，分别是提高营收、降低成本、提高营运资本的管理。

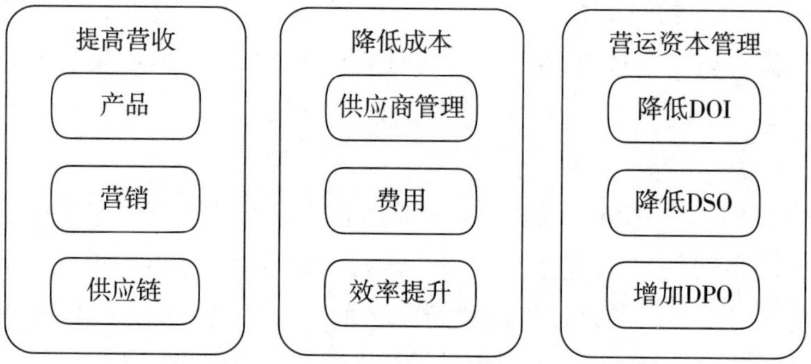

图9－3 改善现金流

这里面的大部分我们在前述章节已经花了大量的篇幅来阐述，因此不再赘述。我们重点来看看如何降低DSO和增加DPO。它们的计算公式如下：

DSO＝（年平均应收账款金额/年销售成本）×365

DPO＝（年平均应付账款金额/年销售成本）×365

降低DSO通常是销售和财务部门的职责之一，我们通常会针对不同的客户类型定义不同的回款时限，并与客户进行商谈取得一致后，在具体的商贸中严格控制客户的回款。作为销售方，市场面临来自客户的压力。一方面我们希望尽可能缩短客户的回款周期，而另一方面我们又担心因为回款周期过短，造成客户体验变差，最终导致客户流失。

类似地，增加DPO是采购部门的日常工作之一，作为采购方我们通常会采用以下几种方法：一是延长支付周期，这恐怕是我们最常用的方法了。当采购方较为强势时，供应商迫于压力，通常会接受一定程度的延期。这种方法虽然能够提高采购方的资金流动效率，但却将压力传导到了供应商一方。所谓羊毛出在羊身上，供应商最终仍然会将增加的融资成本通过其他方式分摊到产品成本中去。而由此所产生的产品质量问题，以及供应商的财务风险问题也是采购方需要额外加以注意的。第二种方法是通过提高采购量等方式加大采购方的谈判筹码以换取更好的付款周期。然而，采购量的提高可能会造成呆滞库存的上升，DPO 虽然增加了，DOI 却也增加了，最后很可能得不偿失。第三种方式是使用代理商垫付货款。这种方式虽然有利于延长付款周期，但是代理费用的增加依然会导致采购成本的上升。

显然，以上这些方法虽然都奏效，但都是双刃剑，增加付款周期的同时，可能造成了别的问题。那么有没有什么新的方法，可以帮助我们以较小的成本获得足够的现金，来维护企业健康的现金流管理？我们将在下一节里介绍——供应链金融工具。

第二节　供应链金融工具

有一个笑话：一游人来到小镇旅馆，拿了一千元给店主挑了个房间，他上楼时，店主拿着一千元支付了欠的肉钱，屠夫去猪农那里还了猪钱，猪农又跑去还了饲料款，饲料商正愁没钱还召妓的钱，害怕妓女找上门来催债被夫人知道，这下救了燃眉之急。而妓女呢，拿着钱赶紧去旅馆还了这些日子欠的房钱，这一千元转了个圈又回到了店主手里。没想到，游客这时下楼说房间不合适，虽然一千元分文不剩地拿走了，但全镇的债务都还清了。

这是一个皆大欢喜的故事，虽然是杜撰的，但它背后的寓意与我们本节所讨论的供应链金融有着异曲同工之妙。那么，什么是供应链金融？笔者认为它是围绕供应链中的真实交易，通过第三方为交易环节注入资金，并提供风险控制、物流管理、信息管理等相关联的服务，从而驱动交易中的实物流、信息流、资金流三流循环增值与效率提升的综合性服务。

我们在第一节中曾提到了在企业的增值循环过程中存在着资金收付时间差的问题。由于这个时间差的存在，企业在资金流管理上往往会出现现金流为负的状况，给企业的经营带来了巨大的风险。尤其国内的中小企业，资金来源比较单一，无法从金融机构获得足够的资金，出现了“银行追着大企业跑，小企业追着银行跑”的尴尬局面，而民间融资的成本极高，资金问题往往成了制约中小企业发展中的一块绊脚石。因此，供应链金融服务应运而生。

与大多数供应链管理工具和方法类似，供应链金融也发源于欧美，较早从事供应链金融服务的是我们熟知的 UPS（美国联合包裹公司）。

案例 9－2：UPS 的供应链金融

1998 年，美国最大的物流企业 UPS 成立了 UPS 资本（UPS Capital，UPSC），并于 2000 年并购美国第一国际银行，将其融入 UPSC，开始为客户提供供应链综合服务。UPSC 的客户定位主要为中小企业，为它们提供包括国际贸易融资、动产抵押贷款、应收账款回收等一系列金融服务。

举例来说，A 公司为美国某采购商，在满足以下门槛的条件下，A 公司方可申请加入 UPSC 的供应链融资计划。①年收入在 5000 万到五亿美元之间；②担保的货物需要由 UPS 提供物流服务及受到 UPS 的监管。

在 UPS 的融资平台上，A 公司与海外的供应商 B、UPSC 签订三方协议，在该协议下，A 公司与海外供应商 B 签署采购合同并产生应付账款，供应商将全球物流业务外包给 UPS 物流，UPSC 以货物为质押物提供融资，用于 A 公司先行支付 B 公司的货款，以满足 B 公司正常的生产经营需要。UPS 物流在完成货物的运输、通关等一系列物流服务后，再与 A 公司进行结算，回收融资款以及相应的服务费，如图 9 –4 所示。

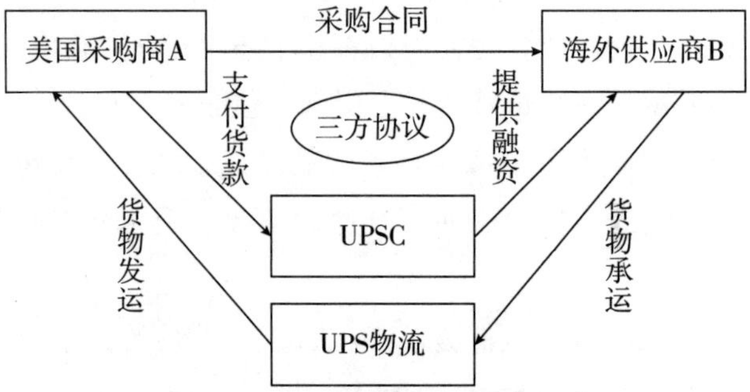

图 9 –4　UPS 的供应链金融服务

案例中所述的只是 UPS 所提供的供应链融资方案中的一种。具体来说，供应链金融有三种常见的融资方式，即：应收账款融资、库存融资、预付款融资。另外，还有一种新型的融资方式：战略关系融资。

1. 应收账款融资

供应链应收账款融资模式是指企业为取得运营资金，以买方与卖方签订真实贸易合同产生的应收账款作为还款来源的融资业务。例如 B 企业为 A 企业的供应商，A 向 B 采购原料时，约定付款周期为 90 天。此时 B 企业可向金融机构申请应收账款类融资产品，如保理产品或保理池产品，在 B 企业发货后，将应收账款债权转让给金融机构，如 UPS，由其为 B 企业提供融资支持。应收账款融资的主要方式有保理、保理池融资、反向保理、票据池授信等。应收账款融资的风险控制应重点关注应收账款是否合格，即债权是否有瑕疵、权利是否有纠纷、是否重复质押、与交易对手是否关联公司、账期是否符合规定、是否有争议等。

2. 库存融资

库存融资又被称之为存货融资，是以存货控制为基础的商业贷款融资模式。例如 A 企业为生产型企业，有大量存货。A 企业资金紧张时，可向金融机构提出存货质押融资，在第三方监管公司的监管下办理货权质押给金融机构，金融机构为 A 企业提供融资支持。存货融资的主要方式有静态抵质押授信、动态抵质押授信、仓单质押授信等。存货融资的风险控制应重点关注权属是否清晰、存货是否易保存、是否容易变现、是否重复质押、价格波动是否过大、监管公司是否合格、质押手续费是否齐全等。

3. 预付款融资

预付款融资是指以金融机构与客户及上游厂商签订的商务合同为基础，通过签订三方协议，为客户提供预付款融资。例如C企业为A企业的经销商，A向C销售产品时，要求C预付货款。此时C企业可向金融机构申请预付款类融资产品，由C企业交纳一定比例的保证金给金融机构，金融机构开出汇票给A企业，A企业收到汇票后，办理向C企业的发货。预付款融资的主要方式有先票/款后货、保兑仓、进口信用证项下未来货权质押、国内信用证、附保贴函的商业承兑汇票等。预付款融资的风险控制应重点关注企业是否提供担保、是否承诺回购、保证金比例是否符合要求、价值是否稳定等。

4. 战略关系融资①

战略关系融资的独特之处在于要求资金的供给与需求方相互非常信任，通常发生在具有多年合作关系的战略合作伙伴之间。例如A企业各事业部会根据以往交易数据筛选出关键供应商。针对这部分供应商，A企业事业部会主动向其询问是否出现资金短缺情况并鼓励供应商进行生产设备、管理设施的改善升级。A企业在总部设立财务审核部门，A企业各事业部根据供应商需求向总部财务部审核部门提出申请，然后由企业总部直接对供应商进行支持。这种融资方式的独特之处在于，融资并不以某个单独交易为依据，而是以双方的长期合作关系为基础，甚至不涉及抵质押物品。战略关系融资的风险控制应重点关注供应商的财务状况、供应商的关联交易、贷款使用情况等。

关于供应链金融的详细知识，推荐两本权威书目给大家作为拓展阅读。第一本是由深圳发展银行、中欧国际工商学院组成的“供应链金融”课题组所编著的《供应链金融——新经济下的新金融》，第二本是由中国人民大学宋华教授所著的《供应链金融》。

供应链金融依托实体供应链，解决了广大中小企业融资难的问题，加上互联网热潮的推动，供应链金融与互联网金融在许多层面相互融合，取得了快速的发展。我们在供应链架构过程中，不要简单地将供应链金融看作一个金融工具，仅仅在需要的时候才使用它，而是应当将其融入我们供应链的三流集成的设计之中，充分发挥其在提升资金流动效率，以及对实物流和信息流的效率提升的辅助作用。为了能让读者更深入地理解如何使用供应链金融来完善我们的三流集成供应链设计，我们看一个案例。

---

① 见《供应链金融》，宋华著，北京：中国人民大学出版社，2015年，第149页。

案例9－3：白糖供应链金融和物流整合一体化模式

弘信国际物流有限公司（以下简称弘信物流）成立于2002年，隶属于弘信创业工场股份有限公司物流产业板块，是国内较早涉足供应链管理的本土企业之一。

作为中国物流领先企业的代表，弘信物流的发展并非一帆风顺。其历程之曲折，从公司历年的销售数据（仅指物流业务）上可见一斑。如图9－5所示，公司成立近九年来，虽平均而言总体业绩处于上升趋势，但也历经起伏跌宕。2005年以前，公司从事传统拖车和货代业务，业绩平稳上升，但增长幅度不大。2005年开始，公司大胆地进入了空运包机市场，业务量剧增，但因利润过低而不得不最终选择退出。此后的两年间，公司业务逐年萎缩，这也是当时我国物流行业竞争不断加剧、物流服务产品日趋同质化的真实写照。在紧要关头，公司与已服务多年的国际知名饮料企业A公司之间进行了一次重大的合作战略调整，共同搭建"白糖供应链金融和物流整合一体化模式"。这次战略调整使得弘信物流能够在2008年全球金融危机来临之时，业务收入不降反升。

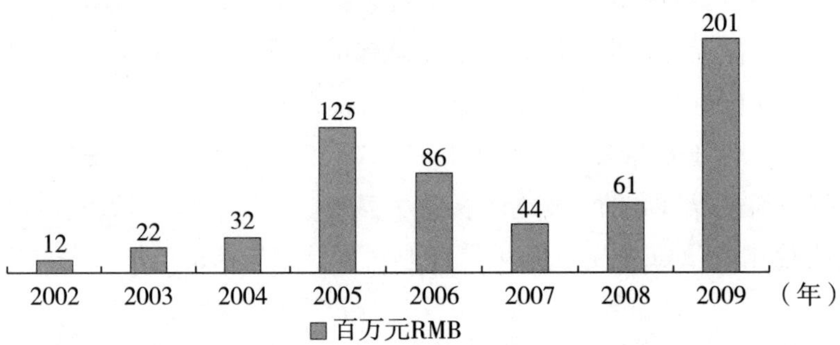

图9－5　弘信国际物流有限公司历年销售收入（仅指物流业务）

白糖是食品饮料行业的主要原材料之一。正常情况下，中国年产白糖超过1200万吨，主要产区分布于广西、云南、广东、海南、新疆等地，其中广西地区的产量占整个中国总体产量的70%。在主要糖厂中又以广西南华、永鑫糖业、南宁糖业、东亚糖业四大糖厂所占份额最高，四大糖厂占全国产量的1/3多。中国白糖市场的年需求量为1400万吨左右，缺口部分主要依靠进口和国储拍卖。由于市场对白糖的需求量稳定增长而产量却已基本饱和，导致这一缺口呈现扩大的趋势。

产地集中、资源有限，导致目前中国制糖行业形成强大的卖方市场。糖厂在价格、结算条件等方面拥有绝对强势的话语权，这一点即便是像百事可乐、可口可乐、蒙牛、王老吉等国内饮料行业的巨头也同样无法改变。与之相对应地，白糖物流管理水平长期以来发展缓慢，与快速发展的中国饮料食品行业极不适应。

A公司是国际知名的非碳酸饮料品牌企业，在中国超过20个城市有自建或外包的装瓶厂，这些装瓶厂的原材料采购、物流配送、生产计划、销售等所有与供应链相关的业务均由A公司统一管理。

A所需要的白糖主要从广西的大型糖厂集中采购。一方面，由于糖厂先款后货的交易惯例，白糖采购占用了公司大量的流动资金。同时受到国内国际经济、生产等方面因素的影响，国内白糖价格不断攀升，白糖采购成本不断增加。另一方面，A公司从广西集中采购的白糖需要分配到分布于国内不同区域的装瓶厂。白糖从产地运达装瓶厂通常需要10~20天的时间，为了保证正常生产，每家装瓶厂必须准备足够多的库存。同时，为保证质量，每一批次的白糖在到达A公司的仓库后，还需要采用“十日絮凝法”进行检验（从抽样到检验结果出来需要10天的时间）。因此，白糖从付款到投入生产需要至少30~40天的时间，A公司不得不承担高昂的库存成本和资金成本。此外，由于装瓶厂的原材料库容有限，一般仅能存放不多于7天的白糖，剩余白糖需要先存放到第三方仓库，由此又额外产生了多一次的装卸和短途运输费用。而由于糖厂只能提供30天免仓期，往往致使A公司提货仓促，难以与生产计划完全匹配，导致跨区调拨白糖的情况时有发生，这又增加了额外的调拨费用。A公司的白糖供应链陷入了困局。

为了解决A公司在白糖供应链上的困局，改善A公司的生产计划、降低库存水平、减少调拨费用，A公司需要寻找一种有效的解决方法来改进已有的白糖采购模式。A公司可以选择直接通过中国的白糖贸易商采购白糖，但是从贸易商采购白糖难以保证白糖质量、难以控制采购成本、难以保证供应，而且从贸易商采购难以满足分布在全国各地装瓶厂的需求。

“客户的痛点就是弘信的机会”。2009年上半年，经过大量的调研分析、精密计算，弘信物流经深思熟虑后大胆地提出了所谓“供应链金融和物流整合一体化方案”。图9-6直观地解释了整个方案的流程。

总体而言，弘信物流解决方案的主要流程包括：①A公司与糖厂、弘信物流签订“定量不定价”的年度框架采购协议，确定当年白糖采购的总体数量，而结算价格在每月交割时再敲定；②每月实际采购时，A公司与弘信物流和糖厂共同签订三方协议，通过弘信物流的供应链融资向银行获得采购专项资金，弘信物流代A公司向糖厂支付货款并管理库存，按A公司的要求进行质量检验、出库发货、精确在途管理以及末端配送；③A公司在收货后与弘信物流结算货款。通过上述模式降低A公司的库存水平、减少二次配送带来的额外费用以及提高资金周转率。

罗马不是一日所建成。事实上，“供应链金融和物流整合一体化方案”也不是一蹴而就的。该方案的形成主要经历了三个阶段，历时近一年半，其间的酸甜苦辣也只有亲身经历者才能体会。

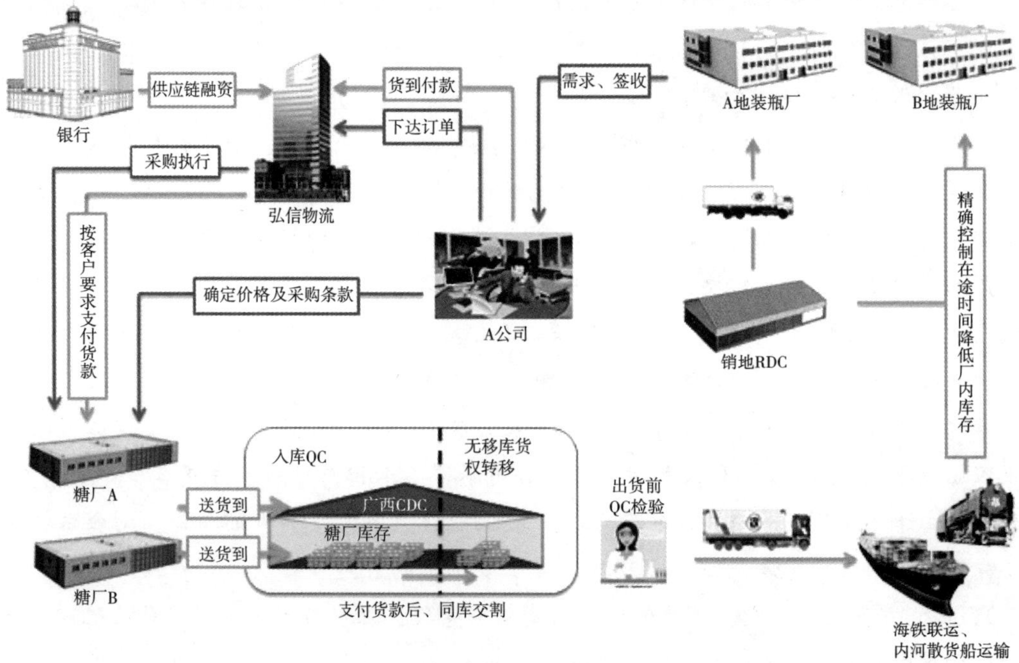

图 9－6　弘信白糖供应链金融和物流整合一体化方案

阶段一

如前文所述，一方面，白糖库存占用了 A 公司大量的流动资金；另一方面，受到国际糖价的波动，A 公司的资金风险也颇高。基于这个问题，弘信物流在最初的方案中大胆地提出了“白糖供应链金融解决方案”。所谓供应链金融，是指通过对供应链上企业间的信息流、实物流、资金流进行有效整合，围绕核心企业，运用各种金融产品为供应链中上下游企业提供资金支持的服务。

供应链融资流程如图 9－7 所示，A 公司通过与弘信物流签订战略合作协议，并配合弘信物流向银行提供相关资料以确定向银行申请融资额度，用于执行 A 公司的订单。当实际采购时，A 公司只需支付货款的 10%，银行便能依照合约的要求向弘信物流发放剩余 90% 的贷款，并通过弘信物流的账户支付到糖厂。待 A 公司收到白糖后按约定支付糖款、利息及物流服务费至弘信物流在银行的指定账户后，弘信物流用收回的货款归还给银行以偿还贷款。从上述流程可以看到，这种模式的优势在于利用银行的资金解决了 A 公司在付款环节的资金问题又不占用 A 公司自身的授信额度，而是凭借着 A 公司良好的商誉作为弘信物流的回款保证，帮助弘信物流向银行融资，而 A 公司只需承担相应的利息及物流服务费。

供应链金融是解决 A 公司白糖采购最核心的工具，弘信白糖供应链融资业务在

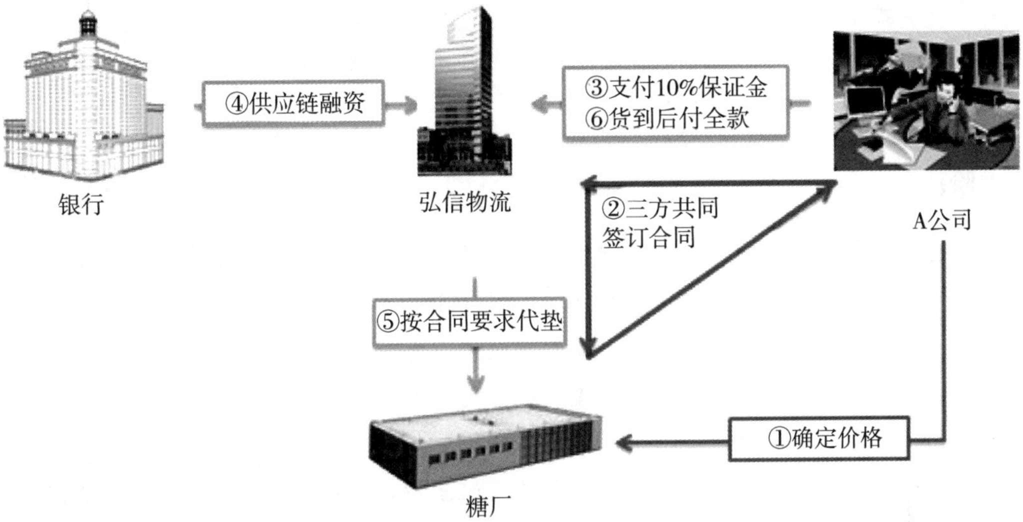

图9-7 供应链融资流程

2009 年下半年就获得了中国银行授信 1.4 亿元人民币，并开始运作。

阶段二

仅仅有金融工具是远远不够的，供应链金融只解决了周转资金的问题，并没有实质性地提升供应链的运作效率。弘信物流还必须再进一步，从库存和物流管理的角度为客户设计一套更有效的方案。有没有什么办法能帮助客户提高白糖采购质量的同时能降低客户所持有的白糖库存呢？弘信物流看到了两个机会。

1. 通过签订采购框架协议，建立中央仓库，提前锁定高质量白糖

A 公司在每年白糖榨季开始前与糖厂签订全年的采购合作框架协议，锁定全年采购量，合同签订后双方约定以弘信物流在广西租赁的中央配送仓库（Central Distribution Center，CDC）作为彼此的交割仓库。因为榨季初糖厂本身也需要寻找仓库进行白糖存放，所以在榨季初出糖的时候就进入共同的交割库可减少 15 元/吨的二次装卸费及 30 元/吨的短途运输费用。每月交割前库存的白糖归糖厂所有，由糖厂承担仓储费用；交割后由 A 公司承担仓储费用。交割后 A 公司既可以选择将白糖立即发往全国各地的装瓶厂，也可以选择将白糖作为战略库存继续存放，以配合和满足需求计划和物流计划的需要。

2. 通过白糖质量检验点的前移设计，大大缩减库存的持有量

A 公司通过对弘信物流在 CDC 设置的白糖实验室进行认证并委托检验，可在白糖入库、存放、出库时进行相应的检测，通过质量控制（Quality Control，QC）前移，可利用货物在途期间对相应的白糖进行抽样检验，省去了“十日絮凝法”所额外占用的

时间。这样，当白糖送到装瓶厂时，检验已出结果，货到工厂后，只需检查白糖的外观及批次是否相符，合格后便能上线投产。QC 前移直接缩短了至少 10 天的库存天数（A 公司对白糖检验需要 10 天时间，原有模式下要到了装瓶厂才能检验，这样便会至少有额外的 10 天安全库存）。

阶段三

在经历了前两个阶段的供应链优化后，弘信物流并没有停下创新的脚步。很快他们又找到了新的突破点，那就是区域配送中心（Regional Distribution Center，RDC）的优化。过去，A 公司在全国近 20 家装瓶厂都需要自备白糖库存，有没有什么办法能够把这部分库存量也降下来呢？另外，各装瓶厂之间的白糖调拨也时有发生，导致物流成本增加。为此，弘信物流为客户设计了一套“RDC + JIT（Just-in-time，即时配送）”方案，即为相邻的几个装瓶厂建立区域仓储及配送中心，通过快速配送系统实现即时供应。

A 公司只需向弘信物流提供未来数周的用糖计划，由弘信物流通过精确在途控制并结合 RDC 的库存实现对各个装瓶厂白糖配送的快速响应。A 公司向弘信物流发出送货指令后，装瓶厂在 2 ~ 3 天内就可以收到配送的指定数量的白糖。各装瓶厂的库存水平由原来的 30 ~ 40 天大幅降低至 2 ~ 3 天。具体如图 9 – 8 所示。

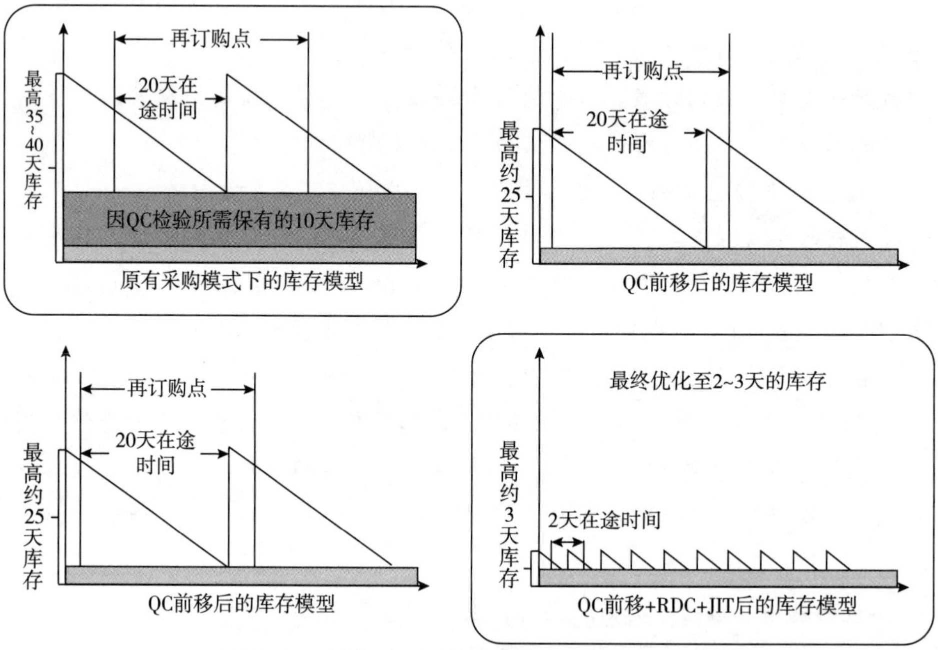

图 9 – 8　库存水平的优化示意

A 公司与弘信物流的合作目标是：经过三年的建设，弘信物流在全国设置的区域物流中心应基本能够覆盖A公司的所有装瓶厂。

方案的盈利分析：以A公司的东莞装瓶厂为例，东莞工厂2010年1月的白糖订购量为2万吨，此时白糖单价5500元/吨。在原有模式下发生物流费用621.3万元，资金成本194万元，产生直接管理费用49.5万元，白糖采购费用支出总计864.8万元。而采用供应链金融和新的物流模式后，发生物流费用556.9万元，资金成本58万元，产生管理费用7万元，白糖采购费用支出总计621.9万元。合计节省242.9万元，折算一吨节省121.5元，如表9－2所示。

方案实施效果：弘信白糖供应链金融案例的创新性并不在于它使用了供应链金融这个工具，而在于它一步步地将供应链金融、采购优化、库存优化以及物流优化很好地整合在了一起，为客户提供的是一体化的解决方案。该方案通过物流商采购执行和供应链融资的运用降低了用糖企业的资产负债率，提升了资金周转率；同时又通过QC检验前移、供应商管理库存、设置区域库存、JIT配送等一系列供应链物流技术的创新，让白糖供应变得计划有序、数量精准、品质有保障，这种全流程的供应链解决方案帮助用糖企业解决了白糖采购过程中所遇到的采购瓶颈与物流瓶颈，大幅度提升了白糖的流通效率，降低了总成本，让整条供应链变得更加可控和透明，甚至在保障了食品流通环节质量安全的同时，也为完善配套、带动产业升级起到了积极的作用。

表9－2　　方案的盈利分析　　单位：万元

模式 项目	原有的白糖采购模式	新的一体化白糖采购模式	新旧模式的成本对比
物流成本	621.3	556.9	减少64.4
资金成本	194	58	减少136
管理成本	49.5	7	减少42.5
总成本	864.8	621.9	减少242.9

拓展阅读

大宗商品供应链管理——从ABCD四大粮商说起

美国前国务卿基辛格曾经说过：控制了粮食，就控制了人类！

在全球的粮食贸易中，就有这么四大家族，行事低调、少为人知，却牢牢地控制着全球80%的粮食交易量。一方面，它们处处攻城略地，收购、整合、重组，以蚕食鲸吞的方式进入并掌控各个粮食品类；另一方面，它们之间又相互竞争，不仅仅在本国，同时还将商业战场扩展到了全球各地。我们习惯称他们为ABCD四大粮商。他们是：美国ADM、美国邦吉、美国嘉吉、法国路易达孚。

虽说是四家不同的公司，它们的发展路径却极为相似：通过纵向一体化的方式，掌握从源头到餐桌的端到端体系，通过控制资源、获取信息、掌握价格来获取利润；再将这种盈利模式复制到不同的品类，进行横向扩张，一步步地占据各个粮食品类的垄断地位。

简而言之，在大宗商品领域，谁控制了供应链，谁就拥有了定价权！

这与我们传统的观点截然不同。传统的观点大多认为，在大宗商品领域，谁控制了原材料资源，谁就拥有了最大的话语权。例如石油行业有垄断性的欧佩克组织，可以联合制定国际石油价格；再如铁矿石行业，中国年进口量占全球的50%，但依然被三巨头（必和必拓、力拓以及巴西淡水河谷）所掣肘，年年谈判年年输。类似这样的例子数不胜数，在大宗商品市场中，“资源为王”大行其道！

然而，事实确实如此吗？

我们知道，从2014年开始，国际大宗商品市场惊天逆转。从“石油价格开启下跌模式”，到“铁矿石暴跌，澳大利亚欲与中国谈判”，再到“玉米价格暴跌”“白糖高价难以为继”……类似的新闻不绝于耳。于是，我们开始发现，原来巨头们也有日子难过的时候啊。

如果真的这样想，就只能说明我们太天真了！事实上，不论市场涨跌如何，大多数国际巨头都可以保本获利，甚至有些还能赚得盆满钵满。原因很简单，这些巨头们拥有的不仅仅是原材料资源，供应链才是它们真正立于不败之地的法宝。

以邦吉为例，邦吉能成为全球四大粮商之一，得益于其构建的“农资+农场+终端”一体化供应链。该链条注重“从农场到餐桌”的每个环节，以市场为导向，主营业务与物流服务协同发展。

（1）农资方面：邦吉以巴西为中心开展化肥业务，生产各种肥料、饲料、营养剂、添加剂，向农民提供化肥、种子、农药、农用器械。另外，向农户推广农业现代科技方法，提供农业生产技术支持。

（2）农场方面：邦吉基于在南美的发展优势，经营大规模农场，种植玉米、小麦等初级农产品，控制农产品原料，谋求可持续发展。

（3）终端环节：邦吉积极构建物流网络，在主要城市兴建港口；同时，成立全球营销部门，使农产品、油类产品、糖类产品、品牌食品以较低成本销往世界各地，成功实现“从农场到终端”的发展愿景。

然而，仅仅是因为控制成本而不惜重金兴建农场、港口、仓库等设施，构建所谓的“一体化供应链”。这似乎并不能充分解释四大粮商如何在市场风云变幻中还能立于不败之地。这背后还有没有别的一些更深层次的原因呢？

事实上，国际大宗商品市场风云变幻，并不会因为寡头们掌握了原材料资源就拥有了绝对的定价权。原因并不复杂：一方面，用户不是傻子，当某个产品价格过高，为了打破市场垄断格局，一定会有人积极地寻找可能的替代品。例如，石油的紧缺迫使全人类都在寻找它的替代品，如天然气、植物燃料以及其他清洁能源。可以想象，随着新能源的开发，石油的供需格局将逐步被打破。另一方面，当大宗商品的价格已经远远高出经济所能承受之限，市场需求必然走软，它将倒逼大宗商品价格进行调整。市场这只无形的手，总会在必要的时候出现，虽然有时候它的出现将给经济带来剧烈的震荡和伤害。

因此，如果仅仅只是希望通过坐拥大宗商品的原材料资源，就可以高枕无忧，这与痴人说梦并无差异。(可笑的是，有些本土企业直到今天还在做着这样的黄粱美梦!)

然而，反观国际大宗商品的寡头真正赚钱的秘诀是：打造大宗商品的“期现一体化供应链模式”！无论市场涨跌，都可以获取高额利润。

何谓“期现一体化供应链模式”。笔者认为，它的核心在于“现货－期货互通互转”。

（1）在现货端，通过收购、兼并、重组等模式，将生产、仓储、港口、物流等实体供应链掌握在手中，从而掌握市场的第一手资料。

（2）在期货端，充分利用杠杆融资、对冲、套利等交易手段规避风险，赚取差价。

（3）把在现货端和期货端上所掌握到的数据进行对比分析，发掘各自的机会，随时进行转换或者调节。

期货和现货互转互通，好比淋浴的两个水龙头，一个热一个冷，无论各自怎么变化，都可以通过调节各自的阀门，得到最终所需要的温度。

期现一体化供应链模式（见图9－9）将供应链的三流——实物流、信息流和资金流完美地结合了起来。国际巨头们通过控制三流，将定价权牢牢地掌控在了自己的手中。在此基础上，四大粮商不断开疆拓土，将“期现一体化供应链”模式不断地复制到新的粮食品类上，甚至跳出粮食行业，转投能源行业，只要是掌握了大宗商品的供应链，他们就能翻云覆雨，立于不败之地。

但是，反观国内，我们与国际巨头们还相去甚远，尤其是在供应链管理上。一方面，由于实物供应链并不发达，现货交割存在巨大的风险。期货仅仅充当了对冲风险和套利的金融工具；另一方面，本土企业只是国际大宗商品供应链上的一个参与者。虽然企业的规模庞大，却依然无法掌控价格。

反映在期货市场上，本土企业以“赌”为先，输多赢少，抑或是谨小慎微，利润微薄；反映在现货市场上，信息缺失导致预测水平低下，造成库存高企，或是商品短缺。现货是现货、期货是期货，各自为政，无法转换。如同淋浴的水龙头开关，冷水热水都由别人控制，自己只能瞪眼干着急！

差距虽然明显，但我们坚信，束手无策的局面不会就这么长此以往。面对国际巨

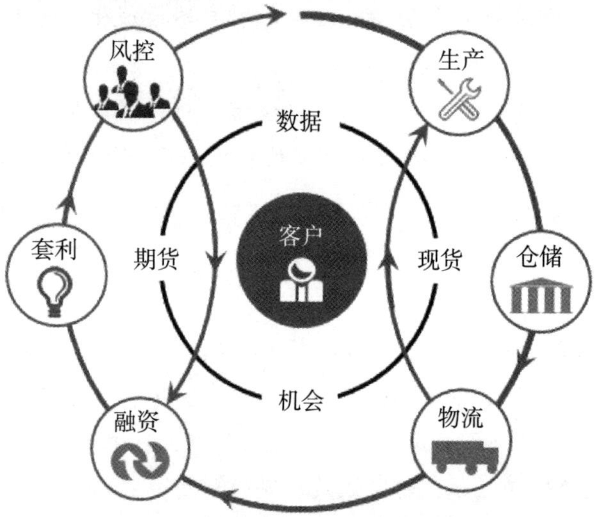

图9-9 “期现一体化供应链模式”

头们的挤压侵占，许多本土企业也逐渐认识到供应链管理对于大宗商品的重要性，并大胆地倡议本土企业联合起来构建“期现一体化供应链模式”。“上糖网”便是积极的倡导者和践行者之一。

上糖网是一家从传统线下供应链走向线上的O2O企业。基于多年深耕白糖供应链的网络布局和资源基础，它尝试联合行业上下游，构建一个透明、开放并且拥有线下服务能力和支持体系的白糖产业互联网平台。

案例9-4：上糖网

（一）行业之痛

白糖是典型的大宗商品，是食品饮料快速消费品行业最重要的生产原材料之一。它占糖果成本的50%以上，占糕点、饼干、含糖饮料等成本的20%以上。对用糖企业而言，白糖采购虽是刚需，却长期面临多重挑战：一方面，现货市场价格波动剧烈，导致用糖企业的采购需求无法得到有效保证。涨价时制造企业和贸易商囤货惜售，跌价时供应渠道减少；另一方面，期货市场无法锁定具体品牌及交割地点。实物交割后，用糖企业还需安排自提和品质检验。配套服务的缺失导致中国用糖企业的期货参与度不到20%。

事实上，不仅是用糖企业，生产和流通企业也面临诸多问题。首先，白糖存在季节性生产、全年均衡销售的特点。每年11月到次年4月为榨季，白糖库存陡增；榨季过后，各地经销商又不得不承担长时间的库存囤积成本。其次，仓库的分布与用糖需求互不匹配，白糖在各区域仓库间的调拨经常发生。徒增了物流成本，也影响品质的稳定性。最后，不同库区的管理水平差异巨大。即便是同一地区不同仓库的仓单，也会出现较大的价格升贴水。市场信息不透明大幅增加了交易的成本。

中国白糖市场的年需求量为1400万吨左右，其中85%都由本土糖厂供应。即便如此，糖厂也并没有因为掌握了上游资源而拥有了白糖的定价权。伴随着国际市场行情的起起落落，本土白糖企业也是盈亏互现。

（二）供应链迭代

上糖网的前身是弘信物流的白糖供应链部门，它为众多的国内外知名食品饮料客户提供物流、仓储、供应链金融等供应链管理服务，开创了白糖作为大宗商品的“一体化供应链管理模式”并大获成功。

2013年，笔者与厦门大学的许志端教授、弘信物流的供应链总监郑邦兴合作，将其撰写成了案例《弘信物流——供应链之凤凰涅槃》（这篇文章有幸被收录到了中国MBA百优教学案例之中）。在案例中，我们讲述了弘信物流如何从一家从事传统拖车和货代业务的小企业华丽变身为一家具有多方资源整合能力的一体化供应链运营商，阐述了公司在发展过程中各关键阶段所面临的机遇、挑战及相应的解决方案。如今看来，这其实只是弘信物流的发展历程中的一个片段。从“白糖物流”到“白糖一体化供应链模式”再到如今的“上糖网”，弘信白糖供应链的每次迭代都由行业的痛点所驱动，这一次自然也不例外。

“互联网+”掀起了传统行业的又一次整合与创新的浪潮，弘信的上糖网项目在这样的时代大背景下启动了。自愚为“糖僧”的弘信物流集团常务副总颜建宏，带着一支精干的团队踏上了“上糖网”的创新之路。这一次，他们将互联网“加”在了这个有着一千亿元人民币市场的大宗商品行业——白糖产业链之上。他们希望基于弘信物流多年深耕白糖供应链的网络布局和资源基础，与产业链上的各方合作，共同打造一个透明、开放并且拥有强大线下服务能力和支持体系的白糖产业互联网平台。

（三）取经之路

谈到产业“互联网+”，是一件令人热血沸腾的事情。因为这里面有太多的想象空间，大数据、物流可视化、智能交互、O2O。然而，商业并不是纸上谈兵，还需要脚踏实地。只有从资源、技术、团队、商业模式等方方面面都精雕细琢，推出符合用户需求的产品的平台，才能将梦想实实在在地落地开花。

上糖网将改善产业流通效率作为自己的使命，从提升供应链运作水平的角度来达成商业目标。创造多赢，是平台搭建的基石。为此，上糖网构建了一个面向客户、糖厂、物流公司、期货公司、贸易商等各方的产业平台，每一方在平台上都能找到自己的位置和利益点。

多年深耕于白糖供应链，使得上糖网拥有了完备的线下物流体系和良好的大客户资源。弘信物流在全国设有8个大型白糖物流中心，38个主要城市设有区域物流中心和办事处，已经实现对全国95%以上区域的覆盖，拥有干线和城市配送的双网络系统。上糖网与可口可乐、王老吉、蒙牛、达利、古龙、盼盼等高端客户建立了长期合作。

图9－10为上糖网平台资源。

商业模式创新	上糖网的商业模式、切入点准确、提出对用糖企业的一对一管家服务、建立全国各级仓单评定体系和交易平台，同时与高校科研机构研发产品定价模型、风控模型、创新交易模式，切实解决了行业瓶颈
客户资源优势	上糖网团队为众多的国内外知名食品饮料客户提供服务，有良好的行业内美誉度。能够迅速扩充为最庞大的交易信息汇总的平台
行业资源优势	上糖网团队在国内白糖市场深耕十余年，和国内主要白糖生产企业、区域白糖贸易商、物流公司、商品期货交易所、相关金融机构有良好合作关系
运营团队优势	上糖网运营团队具有多年白糖行业从业经验背景。上糖网团队的每一个岗位服务人员既对白糖行业有着深刻的理解，又对电子商务运作精通。上糖网平台具有最符合市场需求的服务团队优势

图9－10　上糖网平台资源

但是，仅仅拥有物流和大客户资源是远远不够的。为了打造行业O2O平台，上糖网规划了一条适合于本土产业链特点的发展路径。简单来说，它分为四个步骤。

（1）汇集需求：通过贴身式的一站式服务汇集用糖企业的需求，建立全行业需求数据库。

（2）供应数据库：通过糖厂库存前移和仓单评定系统建立起库存分布数据库，对结构性供给做有效性把握，建立供应数据库。

（3）开放式云协作平台：完成糖源、物流、资金三个数据库的建立。从进行交易的全程服务到交易环节分发，最终实现买卖各方的自主交易平台。

（4）基于平台的服务：基于平台提供物流、质检、期货策略、供应链金融、仓单串换等一系列的增值服务。

图9－11为上糖网路径规划。

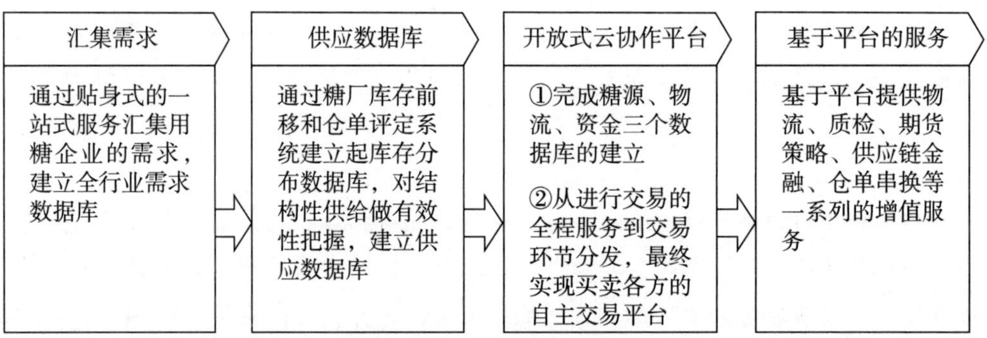

图9－11　上糖网路径规划

上糖网构建实物流、信息流、资金流三流集成服务平台，不仅仅是为了提高信息的透明度，为客户降低从交易到交付全过程的成本。更重要的是，它通过构建标准化的供应链服务体系打通了期货和现货转换的层层障碍，为国内白糖大宗商品市场实现“期现一体化供应链”模式提供了良好的平台基础。

图 9－12 为上糖网服务产品。

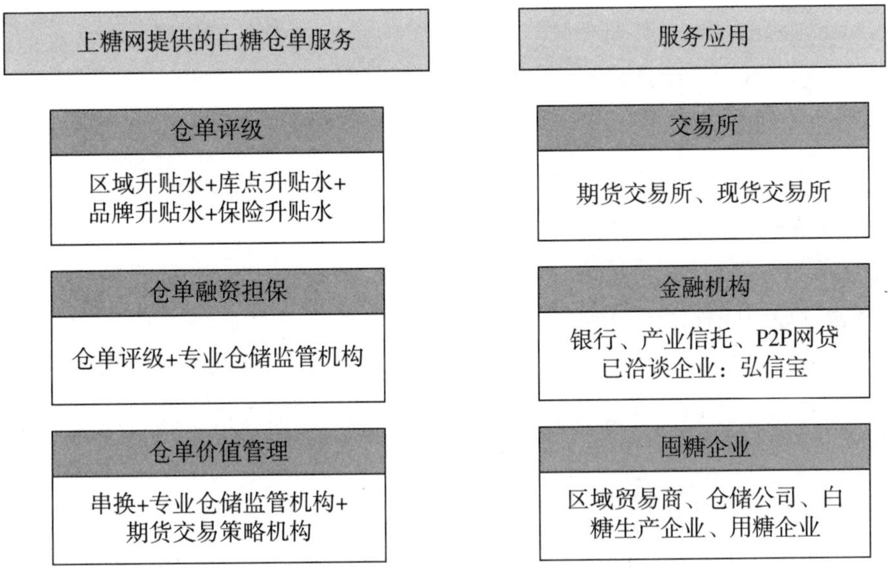

图 9－12　上糖网服务产品

我们以上糖网提供的标准化仓单服务为例，上糖网联合国内大宗商品交易所共同建立起白糖仓单的评级标准，并为所有进入到认证仓库的白糖库存提供仓单评级及其相关的融资服务。在此基础上，白糖期货与现货可以进行一一对应，购买期货的客户也不用再为期货交割的风险所担心。不仅如此，不同库区的仓单还可以进行串换，好比我们在北京存入银行的钱可以在广州提取兑换一样，不需花费一分钱物流费用便轻松地实现了白糖资源的调拨。

诚然，从线下走到线上，从服务于几十家客户到服务成千上万家客户，上糖网未来的每一步，都将是不断学习、挑战和自我完善的过程。但我们可以相信，凭着“唐僧师徒”取经般的锲而不舍，凭着创业者骨子里孜孜不倦的拼搏精神，凭着对“甜蜜事业”的一往情深，上糖网一定会与合作伙伴们开创中国白糖产业上的又一个成功模式。

本章小结

资金是企业的血液，健康的资金流管理不仅为企业守住了生命线，还为企业的发展提供了充足的动力。有的企业天生具备良好的资金流，这是由其所在的行业特点决定的。然而，大部分企业的资金流是需要设计和规划的。本章中，我们分析了企业资金流规划的必要性，并对资金流规划的传统方法，以及近几年出现的供应链金融工具进行了粗浅的介绍。

（1）资金流的设计与维护恐怕是供应链的“三流管理”中最首要的任务了，但它往往又是供应链管理人员最容易忽视的部分。

（2）赔钱不会让一家公司倒闭，但没有现金流却会！

（3）资金的循环过程中存在着时间差。

（4）我们按照资金的收付时间将增值循环切割为几部分：①从收到供应商提供的原材料到将产成品销售出去，这段时间称之为 DOI（库存持有天数，Days of On - hand Inventory）；②从我们将产成品销售出去，到收回客户的付款，这段时间称之为 DSO（应收账款天数，Days of Sales Outstanding）；③从我们收到供应商的货物，到支付货款给供应商，这段时间称之为 DPO（应付账款天数，Days of Payables Outstanding）。

（5）CCC（现金周转天数，Cash Conversion Cycle），公式为：CCC = DOI + DSO - DPO。

（6）如果企业的 CCC 为正值，说明我们资金的流出速度快于流入速度，这里会产生一个现金的“时间空洞”。对于盈利的企业，若营运资本加上增值的部分足够弥补这个时间空洞，企业的增值循环是可以继续进行下去的，这就是为什么赊销账款大量存在的原因；但假如企业是亏损的，营运资本又不足够，如果没有外部资金及时进行补血，这个时间空洞将造成企业现金流的断裂。

（7）如果企业的 CCC 为负值，即我们的资金的流入速度快于流出速度，我们将获得一个现金的“时间盈余”。只要企业的规模是增长或维持不变的，即资金的流入量等于或大于流出量，企业将可以永续经营下去。

（8）什么样的现金流模式对企业最为有利？答案是：现金流为正，即现金的流入大于流出（现金周转天数为负数），而这与企业是否赚钱并没有必然的联系。

（9）什么是供应链金融？笔者认为它是围绕供应链中的真实交易，通过第三方为交易环节注入资金，并提供风险控制、物流管理、信息管理等相关联的服务，从而驱动交易中的实物流、信息流、资金流三流循环增值与效率提升的综合性服务。

（10）供应链金融有三种常见的融资方式，即：应收账款融资、库存融资、预付款融资。另外，还有一种新型的融资方式：战略关系融资。

（11）在大宗商品领域，谁控制了供应链，谁就拥有了定价权！

第十章 生产管理与 TOC
——突破瓶颈 提升效率

全局观是供应链架构师的基本素质。供应链管理的内容博大精深，知识纵横交错，还衍生出了许多深奥精微的工具和方法论。面对如此纷繁复杂的知识体系，我们要做到兼收并蓄、博采众长。好比中国传统建筑之美，开四面门、迎八方客，四平八稳、不偏不倚，学会在适当的时候选择最适当的知识和工具。

在生产制造管理中有两个门派，分别是 Lean（精益生产）与 TOC（约束理论）。它们好比金庸笔下《笑傲江湖》中华山派的剑宗与气宗，两者虽出同门，但对剑术有着各自不同的理解，修炼的方式也有所不同。剑宗以练剑为主，练气为辅；气宗则恰恰相反，以练气为主，练剑为辅。类似地，生产制造管理中的这两派，前者以消除浪费为首要目标，而后者则以增加有效产出为首要目标。然而，正如剑宗和气宗终归都需要剑气兼修、不可偏废一样的道理，无论精益生产还是约束理论，这两者最终都是殊途同归，而集大成者往往能够兼收并蓄、取长补短。

关于精益生产的知识，市面上有种类繁多的书籍，建议大家进行拓展性阅读。本章中，我们将会重点讨论 TOC。

第一节 精益理论 PK① 约束理论

曾经有专家做过一个有趣的比喻，他把 TOC 比作是企业的望远镜，而 Lean 则是放大镜，一个从系统的角度找到并解决瓶颈问题，另一个从细微处着手把事情做到极致。那么，这两个体系到底有什么区别，是什么神奇的魅力使得他们既互相争论却又彼此惺惺相惜?

众所周知，精益生产理论源于丰田生产模式，是第二次世界大战后日本汽车工业遭到的“资源稀缺”和“多品种、少批量”等市场制约的产物。它是从丰田佐吉开始，经丰田喜一郎及大野耐一等人的共同努力，直到 20 世纪 60 年代才逐步完善而形成的一套运作模式。它的优越性不仅体现在生产制造系统，同样也体现在产品开发、协作配套、营销网络以及经营管理等各个方面。

① PK：外来词汇，指游戏中玩家相互战斗的模式（player killing）。此处引申为对比。

精益生产提倡消除一切浪费，即所有不产生增值的行为。为此，精益生产的创始人之一大野耐一（Taichi Ohno）定义了七种浪费，分别是：等待的浪费、搬运的浪费、不良品的浪费、动作的浪费、加工的浪费、库存的浪费、制造过多（早）的浪费。

精益生产追求的是完美状态，好比我们拿着放大镜，精益求精、一丝不苟，不放过每一处可以改善的机会。然而，当每个部门、每个人都拿着放大镜找问题的时候，很容易陷入局部改善和争夺资源的困境。

例如，精益生产所推行的"均衡化生产"需要满足几个前提，即设备和人力负荷的稳定性、各工具的制程和良率的稳定性。假如生产一个产品总共有八个工序，如果每个工序的良品率都为99%，最终产品的良率也只有区区92%（99%的8次方≈92%）；为了使产品的总良率达到99%，需要确保每个工序的良率都要保持在99.9%以上。假如每个工序都需要加大人力和设备的投入才能达到99.9%的良率，那么在资源有限的情况下，为了使每个工序的良率达到99.9%，势必出现各个工序抢夺资源的情况。

因此，大规模推行的精益生产常常需要配合大规模的投入。以丰田为例，为了做到JIT（Just In Time），它要求自己的供应商尽可能在丰田工厂的园区内或者周边设厂，缩短交付距离，以减少等待和搬运的浪费。同时，为了提高效率，需要对原有生产设备和人员结构做大幅度的调整升级，所带来的投入成本也将大幅升高。

设计良好的全面精益化会带来巨大的回报，这是毋庸置疑的。但是，并非每家企业都有这样的资源实力，即便是资金雄厚的企业家也有捉襟见肘的时候。因此，我们也需要考虑如何把每一分钱花在最有效果的地方，这是TOC更擅长做的事情。

约束理论（也被称之为约束理论或制约理论）是由以色列物理学家高德拉特（Eliyahu M. Goldratt）博士在20世纪80年代创立的一套理论，与精益生产、六西格玛并称为全球三大管理理论。它立足于企业系统，通过聚焦于瓶颈的改善，达到系统各环节同步、整体改善的目标。

第二节　四种典型的瓶颈模式

那么，什么是瓶颈呢？我们通过几个简单例子来理解四种典型的瓶颈模式。

模式一：从瓶颈流向非瓶颈。如图10－1所示，X是瓶颈工序，每小时只能加工1个产品；Y是非瓶颈工序，每小时能生产2个产品。假如市场需要200个最终产品，那么X工序需要200小时来完成生产任务，效率为100%；Y工序只需要100小时就能完成任务，效率为50%。在这种约束条件下，我们会发现Y工序的工人经常无事可干，但我们能因此而责备他们吗？

模式二：从非瓶颈流向瓶颈。如图10－2所示，这次反过来，X是非瓶颈工序（2个/小时），而Y是瓶颈工序（1个/小时），其他条件不变。如果非瓶颈X的生产效益达到了

100%，由于受限于瓶颈的产出能力，将会在瓶颈 Y 的前端堆积大量的在制品库存（WIP）。而瓶颈 Y 为了消化在制品则需要经常加班，但我们能因此而责怪他们经常加班吗?

图 10－1　第一种瓶颈模式

图 10－2　第二种瓶颈模式

模式三：将瓶颈和非瓶颈的产出进行组装或合并。如图 10－3 所示，类似地，由于受限于瓶颈的产出能力，将会在瓶颈 X 的前端堆积大量的在制品库存（WIP）。

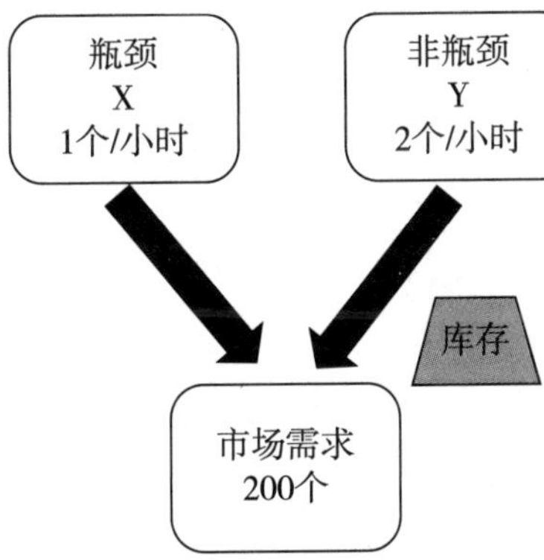

图 10－3　第三种瓶颈模式

模式四：瓶颈和非瓶颈的产出供给各自独立的市场。如图 10－4 所示，X 是瓶颈工序（1 个/小时），而 Y 是非瓶颈工序（2 个/小时）。各自都生产 200 个小时，X 工序产出 200 个产品，而 Y 工序则产出 400 个产品。假如市场只需要 200 个 X 产品以及 200 个 Y 产品，这个时候市场反倒成了瓶颈。

这四种瓶颈模式经常出现在企业的内外部。表面上看，似乎很容易就能找出问题并加以解决。然而现实的情况是，如果我们站在局部的角度或者站在消除浪费的角度，往往会不知不觉地走入误区。例如，企业如果花巨资购买了昂贵的设备，一定会尽可能充分利用这台设备的生产能力，希望它的效率达到 100% 从而摊薄它的投入成本，而忽视了由此造成的在制品库存堆积的情况；再如，企业里某些部门天天加班加点，而其他部门则闲得发慌，加班加点的部门因为要支付加班费而常常被老板质问，而闲得发慌的部门想帮帮忙却因为部门之间的藩篱而无从入手……

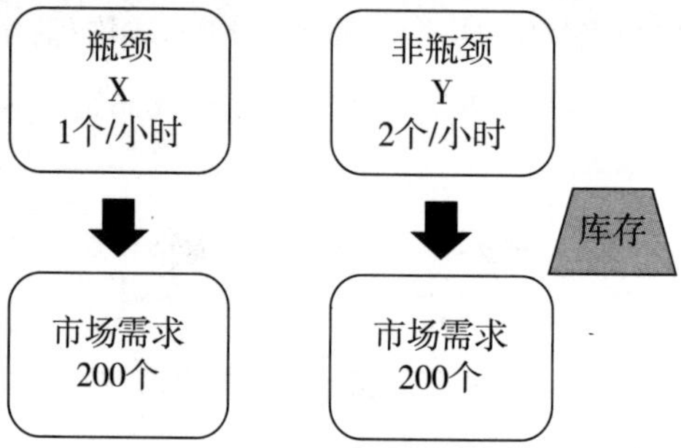

图 10-4　第四种瓶颈模式

第三节　有效产出会计

为了产出最大化的现金，TOC 创立了一套独特的财务管理体系，即有效产出会计。它在财务指标的设置上与我们通常使用的财务指标有所不同。

如图 10-5 所示，有效产出会计主要关注三点：净利润、投资回报率、现金流。为了达到这三个指标，TOC 设置了三个运营评价指标，分别是有效产出、库存和运营费用。因此，生产的根本功能是，增加有效产出同时减少库存和运营费用。

销售额 - 材料成本 = 有效产出

有效产出 - 运营费用 = 利润

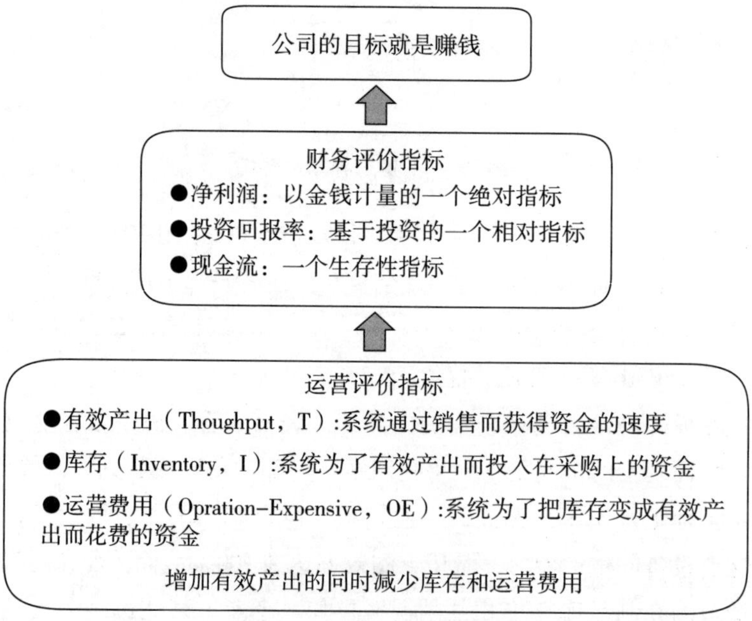

图 10-5　TOC 的指标体系

TOC 的财务管理理念的独特性在于它对运营指标的优先级的理解上与传统财务以及日式 JIT 的思维逻辑都不一样。如表 10－1 所示，按照传统的财务管理理念，为了增加利润，我们首先需要降低运营费用，然后努力降低库存，最后是增加有效产出；日式 JIT 要求我们先要尽可能地消除库存，最好是做到零库存，然后提高有效产出，最后是降低运营费用；而 TOC 的财务体系，首要的目标是增加有效产出，其次才是降低库存和降低运营费用。

表 10－1　TOC 的财务体系与其他体系的差异

顺序	传统方式	日式 JIT	TOC
1	OE↓	I↓	T↑
2	I↓	T↑	I↓
3	T↑	OE↓	OE↓

注：①有效产出（Thoughput，T）：系统通过销售而获得资金的速度；
②库存（Inventory，I）：系统为了有效产出而投入在采购上的资金；
③运营费用（Opration Expensive，OE）：系统为了把库存变成有效产出而花费的资金。

我们来看一个例子。如图 10－6 所示，产品 X、Y、Z，都可以通过由 ABC 三个工作中心组成的生产线生产出来，假设我们只有一条生产线，我们应当优先选择生产哪个产品呢？如果单纯以单位产品利润率来看，生产一个 X 产品，我们可以赚到 20 美元；生产一个 Y 产品，我们可以赚到 15 美元；生产一个 Z 产品，我们可以赚到 15 美元；似乎最优的方式应该是优先生产 X 产品，因为它的单位利润率最高。

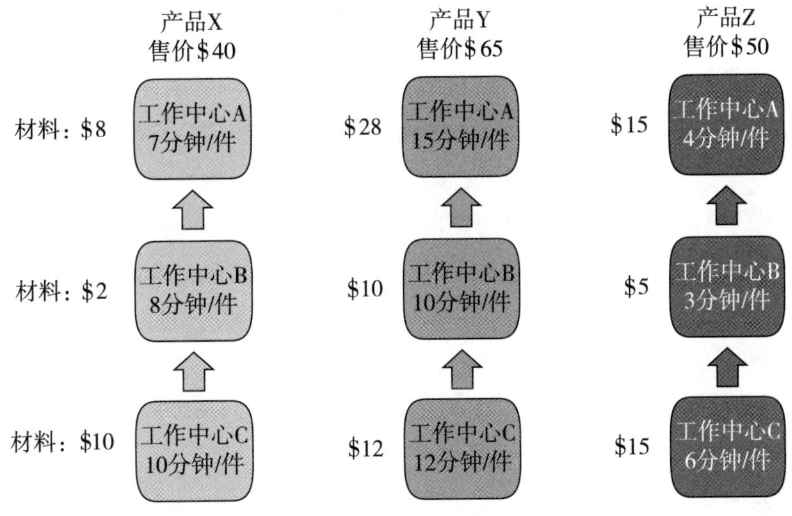

图 10－6　选择生产产品

但是如果我们以 TOC 的财务逻辑来思考，结果会截然不同。按照 TOC 约束理论，我们需要计算一个重要的指标：瓶颈的单位时间产出率 T/CU。其中 T 指的是有效产出，也就是售价减去变动成本。CU 指瓶颈每生产一单位产品所用的工时。

从这个例子来看，生产 X 产品，瓶颈是 C，因为生产每件需要 10 分钟，每小时只能产出 6 个；生产 Y 产品，瓶颈是 A，每件需要 15 分钟，每小时产出 4 个；生产 Z 产品，瓶颈是 C，每件需要 6 分钟，每小时产出 10 个。那么它们的小时利润率分别为：X 产品 120 美元，Y 产品 60 美元，Z 产品 150 美元，如表 10－2 所示。因此，按照小时利润率来衡量，我们应当优先生产 Z 产品。

表 10－2　　用小时利润率来决定生产的优先顺序

					毛利最大		总利润最大
产品	瓶颈	作业时间/单位	产品产出率	售价	原料成本	单位利润	小时利润
X	C	10 分钟/件	6 件/小时	$ 40	$ 20	$ 20	$ 120
Y	A	15 分钟/件	4 件/小时	$ 65	$ 50	$ 15	$ 60
Z	C	6 分钟/件	10 件/小时	$ 50	$ 35	$ 15	$ 150

小时利润率只是 TOC 产出会计里的常用指标之一，除了我们举的例子，产出会计还包含了丰富的内容，建议有兴趣的读者参考阅读其他书目。

第四节　鼓、缓冲、绳子

高德拉特博士为了推广 TOC 理论曾经写了几部小说，其中最有名的便是《目标》。他在书中提到了一个有趣的故事，小说的主人公罗哥带着一帮童子军进行荒野探险。这个过程颇费周折，童子军们有的走得快，有的走得慢，罗哥想了各种办法来帮助童子军们提高行进的速度。其中最大的挑战是一位叫贺比的胖男孩，他是整个队伍的瓶颈。刚开始，行军的队伍被拉得很长，而贺比则远远地落在了队伍的最后头。然而，远足的目的不是比赛谁最快抵达终点，而是要大家一起走到终点。为了打破这种局面，罗哥对队伍做了 180°的大翻转，他把贺比安排在了队伍的最前面，而把走得最快的小朋友安排在了队伍的最后。这样一来，走得快的小朋友没办法超越前面的人，便只好想办法怎么帮助其他小朋友提高速度。例如他们分担了贺比所携带的包裹，使贺比的行走速度得到了大幅提升。队伍之间的间隔也再没有出现过。

这个故事很好地阐述了 DBR 模型的结构。所谓 DBR，即鼓、缓冲和绳子，如图 10－7 所示。

以生产系统为例，鼓（Drum）指的是瓶颈工序的生产节奏，我们应当以瓶颈的排程来决定整个系统的生产节奏。小说《目标》中的那个胖胖的男孩贺比就是童子军远足队伍中的 Drum。好比行军中打鼓的士兵，他的鼓点节奏决定了我们行军的速度。

缓冲（Buffer）是为了保证瓶颈产能的最大化而在瓶颈前面设置的缓冲。缓冲又分

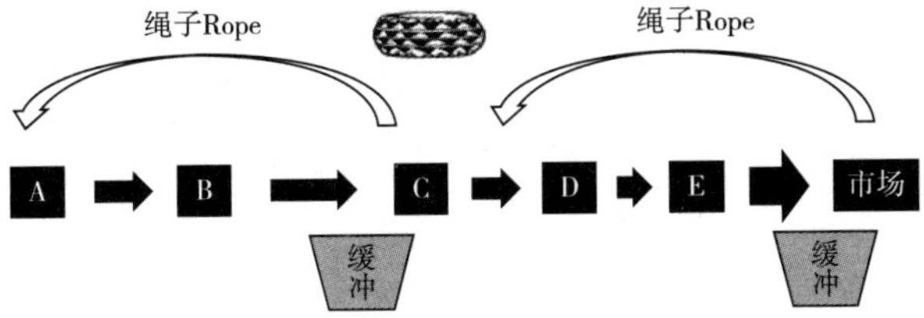

图 10－7 DBR 模型

为时间缓冲、发运缓冲、装配缓冲等。

绳子（Rope）是什么呢？试想，如果行军的队伍比较短，大家都能听见鼓声而同步向前。但是，如果队伍过长，无法保证全体成员都能听到鼓声时应该怎么办呢？我们可以尝试用绳子拴住每个人的腰。这样即便队伍很长，也不会有人掉队。但这个方法有个缺点：如果有成员摔倒，整个队伍都得停下来。因此，我们可否把贺比和带头的孩子用绳子系在一起，而将其他孩子都放在中间？这样既规定了最大距离，还能在需要的时候对队伍的长度进行调节。而且无论中间有谁摔到，整个队伍都不会停下来。事实上，把贺比（瓶颈）和带头的孩子（投料工序）连接起来，这个方法可以算是“鼓、缓冲、绳子”的核心思想。

实施 DBR 模型通常有 5 个步骤。

（1）找出系统中最大的瓶颈。

（2）决定如何最大化地挖掘系统瓶颈自身的能力（不涉及投资）。

（3）所有其他环节都迁就瓶颈的节奏。

（4）为瓶颈进一步松绑（可以追加投入）。

（5）假如步骤（4）打破了原有的瓶颈，那么就回到步骤（1），千万不要让惰性成为系统的瓶颈。

得注意的是，约束可能来自企业内部，也可能来自外部。约束有可能来自物料、能力、市场、政策、公司固有的制度、员工的态度、习惯等，而由于公司政策制度所造成的约束对实施 DBR 系统所造成的阻力最大。

关于 TOC，限于篇幅，我们无法展开更多。国内 TOC 的运用一直处于不冷不热的状态，但一直有一群热爱 TOC 的专业人士为此持续不懈地进行研究和推广。特别是高德拉特机构的罗镇坤老师，他是高德拉特的嫡传弟子，笔者曾经听过他的课，年近 70 的高龄，还热情洋溢地在台上授课，而且一上就是四天的时间，让人十分敬佩。

关于 TOC 与精益生产孰优孰劣，业界原本有过许多争议。为了纠正观念，高德拉特博士生前曾经写过一篇文章，并提出“和”的思路。他认为，我们应当采取整合的思维，创建一种团结的做法，兼容并蓄、相辅相成。此后，TOC 与 Lean 逐渐融合，在各自所长的地方发挥作用。这与供应链管理架构的原则一致，即：供应链架构，没有对与错的选择，有的只是合适或不合适。

后 记

在供应链管理领域里，我永远是个没法毕业的学生，因为它博大精深、变幻莫测，犹如浩瀚的星河。这种敬畏之心一直推动着我如饥似渴地学习，丝毫不敢有任何的懈怠。

然而，学得太杂太多太快，消化不良是常有的事情。所谓消化不良，有几种情况：第一，人云亦云，没有吃透；第二，穿肠而过，浪费营养；第三，吃坏东西，跑肚拉稀。因此，学习仅仅只是开始，还得不断地进行实践、总结、分享和反思……过去十几年，我一直沿着这样的循环轨迹来筛选、吸收、固化和提升我所学到的知识。未来，这个循环还将一直往复下去。

《供应链架构师——从战略到运营》是我的第一本书，也是我对过去十几年里在供应链管理行业内摸爬滚打后的一个阶段性小结，有成功的经历也有失败的泪水，更多的是点点滴滴平凡的思考的汇总。

我的第一份工作是机械产品设计师。大型项目的研发讲究的是顶层设计、并行工程和底层创新。因此，十多年前，当我刚刚接触供应链管理的时候，我习惯性地将这些思考方式带入到了我的供应链管理学习之旅，并有幸地站在了一个独特的、设计师的视角来观察和思考供应链。这是我写这本书的初衷，也形成了本书的第一部分：架构篇。

初次接触供应链管理的时候，我是一个地地道道的“文盲”。知识的匮乏让我萌生了读书求学的欲望，随后的 MBA 的求学之旅为我开启了一扇门。在那里，我不仅从课堂上学习到了供应链管理相关的知识，还收获了一群志同道合的良师益友。在此后的数年间，我与朋友们一起读书游学，分享知识和观点，举办公益讲座，参加各类课题项目。每个月至少一次的活动，极大地拓展了我的视野，并让我形成了一个从上至下概览整个供应链的全局观和系统观，它们形成了本书的第二部分：战略篇。

然而，无论是通过课堂，还是做些观察，或者是参加活动，都远远不够。在这十多年里，感谢那些帮助和提携过我的领导们，让我有机会从事采购管理、项目管理、生产制造管理、计划物流管理、库存管理等不同岗位的实践工作；亲自操刀过采购资源部门的组建、外资 ODM 供应商的寻源、工厂的跨国转移和供应链重构、ERP 项目上线等大型项目；带领过来自不同文化、不同国家和地区的团队，为了共同的目标而协同作战。这些工作经历，让我能够深入到供应链的每一个环节一窥究竟，它们形成了本书的第三部分：战术篇。

从架构、到战略、再到战术，是我对供应链管理作为一个复杂生态体系的探究。这种研究，没有唯一的答案。我所给出的更多的是一种参考的意见，是我在学习过程的某个中间阶段的产物，甚至仅仅是一个开始。未来，伴随着我经历的丰富、阅历的增长、知识的拓展，以及通过分享后获得的读者们的反馈，我相信，这套体系将更加完整和深入。因此，真诚地期待来自读者的持续反馈！

我从 2015 年 7 月开始陆续在我的个人微信公众号上发布原创文章，每周一篇，我给这个公众号取名为“供应链架构师”，微信账号是：SCM_ Art。很巧的是，Art 是 Architecture 的英文缩写，也有“艺术”之含义。我想借此表达：供应链架构既是一门科学，也是一门艺术。

最后，谨以本书献给我的家人和我的母校。感谢我的恩师：厦门大学中国供应链管理研究中心的许志端教授、美国罗德岛大学的 Douglas Hales 教授；感谢为本书作序的费致修先生、詹斯敦先生、程晓华先生；感谢为我推荐和联系出版社的郭肇明主任；感谢一直鼓励支持我写作的颜建宏先生；感谢协助我审稿的张茜女士、禹冰女士、魏婷女士等。要感谢的人太多，还有许许多多给我以帮助的老师、领导、同学、同事、朋友、读者们，这里没法一一列举。感谢大家一直以来的鼓励和支持，我才得以完成此书。

本书中的观点仅代表作者本人的观点，作为探讨，如有不妥之处，真诚期待读者的建议和反馈！

施云